中国名镇志文化工程
Culture Project of Local Records of China's Famous Towns

王家坪镇志

LOCAL RECORDS OF WANGJIAPING

湖南省张家界市永定区王家坪镇志编纂委员会　编

方志出版社
Publishing House of Local Records

图书在版编目（CIP）数据

王家坪镇志 / 湖南省张家界市永定区王家坪镇志编纂委员会编 . -- 北京：方志出版社，2017.10
（中国名镇志丛书）
ISBN 978-7-5144-2687-8

Ⅰ . ①王… Ⅱ . ①湖… Ⅲ . ①乡镇 – 地方志 – 张家界 Ⅳ . ① K296.45

中国版本图书馆 CIP 数据核字（2017）第 276566 号

· 中国名镇志丛书 ·

王家坪镇志

编　　者： 湖南省张家界市永定区王家坪镇志编纂委员会
责任编辑： 陈　菁

出 版 人： 冀祥德
出 版 者： 方志出版社
地址　北京市朝阳区潘家园东里 9 号（国家方志馆 4 层）
邮编　100021
网址　http：//www.fzph.org
发　　行： 方志出版社图书经销中心
电话　（010）67110500
经　　销： 各地新华书店
排　　版： 北京纺印图文设计制作有限公司
印　　刷： 北京中科印刷有限公司

开　　本： 787 × 1092　　1/16
印　　张： 22.75
字　　数： 429 千字
版　　次： 2017 年 10 月第 1 版　　2017 年 10 月第 1 次印刷

ISBN 978-7-5144-2687-8　　**定价：** 135.00 元

序一

连绵不断地编修地方志是我国特有的文化传统，为传承中华文明作出了巨大的贡献。在党中央、国务院的高度重视和支持下，这一古老的文化传统焕发勃勃生机，展现新的活力，成为保存、继承、发扬光大中华优秀传统文化的重要依托，培育和践行社会主义核心价值观的重要媒介，社会主义先进文化建设的重要组成部分，发展中国特色社会主义，增强道路自信、制度自信、理论自信的重要载体，在实现“两个一百年”奋斗目标和中华民族伟大复兴中国梦进程中具有不可替代的地位和作用。

事物总是在不断发展中前进。经过改革开放以来30余年的发展，中国特色地方志事业与传统的编修地方志已不可同日而语，形成了志（志书）、鉴（年鉴）、库（地情数据库）、馆（方志馆）、网（地情网站）、刊（期刊）、会（学会）、研（理论研究）、用（开发利用）等多业并举的新格局。截至2015年10月底，全国编纂完成首轮、二轮省、市、县志书8000多种，编修部门志、行业志、专业志、乡镇村志27000多种，编纂地方综合年鉴2300多种，累计整理旧志2500多种，还编纂出版了大量的地情书，字数以百亿计，形成以反映国情、地情为主要内容，全面系统、持续不断、卷帙浩繁的社会科学成果群。另外，还开通了27个省级网站、230个市级网站、816个县级网站；建成国家方志馆1个、省级方志馆16个、市级方志馆86个、县级方志馆近300个。这些成果，成为国家极为重要的文化资源，是国家文化软实力和公共文化服务体系的重要组成部分。

最近几年，地方志工作的触角在不断延伸，部门志、行业志、专业志、特色志、乡镇村志编纂方兴未艾，成为当前地方志事业发展新的增长点和亮点。特别是乡镇志，兴起了编纂热潮，从自发的民间行为逐渐过渡为政府组织的文化行为，有的省份以政府令形式将其纳入地方志编修范畴，像河南省还以省政府办公厅名义要求全省普修乡镇志。

乡镇志并不是一个新生事物，据现有资料可考，宋代常棠所撰《澉水志》是现存最早的一部乡镇志。与省、市、县三级志书相比，乡镇志虽属小志，但意义却不小，特别是在当前国家全力推进新型城镇化建设的背景下，乡镇志的作用更显重要。

启动中国名镇志文化工程，是适应当前新型城镇化建设形势发展需要、地方志事业发展形势需要的重要举措，也是充分发挥地方志存史、资政、育人功能的重要手段。作为最基层行政组织的志书，镇志是最接近中国社会发展变迁的国情、地情记录文本，具有重要的历史文献价值。而作为充分反映本区域自然、政治、经济、文化和社会的历史与现状的资料性文献，镇志又能全面展示发展脉络，摸索发展经验，为探索中国乡镇未来发展方向提供借鉴和参考。当然，对于祖祖辈辈生于斯长于斯的中国人来说，故乡就是一个魂牵梦萦的地方，故乡的情怀终生难忘。留得住乡愁，记得住乡思，充分展示名镇文化魅力，激发爱乡、爱国情怀，正是中国名镇志文化工程题中应有之义。

是为序。

中国社会科学院院长
中国地方志指导小组组长　王伟光

2016年2月

序二

“国有史，邑有志”，中国自古就有注重编史修志的传统。按照我国目前地方志行政法规，国家各级地方志机构的法定职责是编纂省、市、县三级志书，并不包括县以下的乡镇志和村志。这种规定，一方面可能因为全国有数百万自然村落和数万乡镇，全部实行官修很难实现；另一方面可能因为我国历史上就有“皇权止于县”的说法，县以下的民间社会历来是一个以自治为主的领域。然而，改革开放几十年来，我国社会正在发生巨变，这种巨变在基层社会的乡镇、村落、家庭领域更为深刻。作为“乡之首，城之尾”的镇，逐渐被日益崛起的大都市淹没了光彩，村落在快速的城镇化过程中每天都在大量消失，农村家庭的小型化、空巢化趋势非常突出。在这种情况下，我一直在思考，如何留得住历史文化记忆和乡愁，如何把修志的工作向基层社会延伸？

中国人的“家国情怀”，是从“诚意、正心、修身”开始，到实现“齐家、治国、平天下”。所以从国家一统志，省、市、县三级志，到乡镇志、村志、家谱，也是一个完整的系统。

正是在这种背景下，我们决定启动中国名镇志文化工程。乡镇是无数中国人生命的底色和成长的摇篮。如何在城镇化进程中，留得住乡愁，记得住乡音，忘不了乡思，事关城镇化进程的人文关怀和文化保护，事关文化血脉的传承。同时，科学记录城镇化进程，反映城镇化成就，也为今后探索城镇化发展规律、积累经验提供了基本素材。作为全面系统记述一定行政区域的自然、政治、经济、文化和社会的资料性文献，志书是以上功能最好的载体。

我国目前有 4 万多个乡镇，全部修乡镇志还不具备条件。中国名镇志丛书选择的是传统文化名镇、历史军事重镇、革命历史名镇、民族特色名镇、特色经济名镇、旅游景观名镇等类型的乡镇，应该是最具代表性的，在中国乡镇文化传承和社会发展中具有标杆意义。

编纂中国名镇志丛书是对乡土历史文化的保护。随着城镇化进程加快，有不少乡镇被撤并，有些还是在历史上有重要意义的历史文化名镇、特色镇等。如不及时对其历史进行整理、记录，这些重要的历史资料将散佚殆尽。因此，中国名镇志丛书的编纂是对宝贵历史资料的抢救。

编纂中国名镇志丛书是对乡土意识的传承。什么东西有魅力？故乡的山水，乡音乡情的记忆，乡土的气息和家乡菜的味道，不管走到哪里，总是触动心弦。中国名镇志丛书记录的是家乡的山山水水，家乡的历史文化，家乡的风土人情，留住的是乡愁。这些最能激发远方游子和本地民众的爱乡情怀、爱国情怀。

编纂中国名镇志丛书是一种学术探索。镇志的编纂，实质也是一次深入的社会调查研究。“麻雀虽小五脏俱全”，相比省、市、县，乡镇第一手资料的获得需要付出更大的努力。我们也希望在志书编纂上有所创新，使中国名镇志丛书成为一套图文并茂、雅俗共赏的新型志书。

中国社会科学院副院长

中国地方志指导小组常务副组长

2016 年 2 月

《王家坪镇志》编纂委员会

《王家坪镇志》编辑部

晨曦

中国名镇志丛书凡例

一、以马克思列宁主义、毛泽东思想、邓小平理论、“三个代表”重要思想、科学发展观、习近平新时代中国特色社会主义思想为指导，坚持辩证唯物主义和历史唯物主义的立场、观点和方法，存真求实，全面、客观、系统记述我国城镇化进程和改革开放成果，传承和抢救乡土历史文化，留住乡愁，为探索中国特色新型城镇化发展经验、发展模式、发展道路提供历史智慧和现实借鉴。

二、记述上限追溯至事物发端，下限至启动名镇志编修年份。详今明古，着重反映时代特色和地方特点，重点体现各镇的“名”与“特”。

三、各镇志叙事区域范围为现有行政区域，以及其他历史上属于该镇的行政区域，适当增加横向对比、联系等内容。

四、采用纲目体，横排门类，纵述史实，述而不论。体裁运用适当创新，篇目设置不求面面俱到，一般意义上的乡镇级内容略去不载。

五、综合运用述、记、志、传、图、表、录等各种体裁，以志体为主。

六、使用规范的现代语体文记述，文字力求朴实、严谨、简洁、流畅、优美，增强可读性。

七、各项数据一般采用国家统计部门数据。数据缺乏的，采用主管部门或主办单位正式提供的数据。

八、只收录具有存史价值和名镇特色的图片，版面图文并茂。

九、民国前使用朝代年号纪年，括注公元年份，同一朝代年号在同一条目中只在首次出现括注。民国后使用公元纪年。本志“××年代”，凡未加世纪者，均指20世纪的年代。

十、记述各个历史时期的党派、机构、职务、地名等，均以当时的名称为准。对频繁使用的名称，首次用全称，其后用简称。“新中国成立前”“新中国成立后”以中华人民共和国成立日1949年10月1日为界；“解放前”“解放后”以该镇解放日为界。

十一、人物部类遵循“生不立传”原则，人物传主按生年排序，只选录对本镇发展有重大影响的历史人物，不面面俱到。

十二、为节省篇幅，避免重复，本志采用条目互见法。参见条目的表示形式为：参见本志“××类目·××分目·××条目”。

十三、对旧志、古籍中的繁体字、冷僻字一般用简化字或通用字替换，易引起误解的则保留。

十四、数字、标点遵循国家标准出版规定，GB/T 15834—2011《标点符号用法》，GB/T 15835—2011《出版物上数字用法》。

十五、计量单位采用国务院1984年2月发布的中华人民共和国法定计量单位。考虑到社会使用习惯，全书中亩不统一换算。

十六、各镇志需要单独说明的事项，均在各自编纂始末中记述。

王家坪镇在中国的位置

永定区
王家坪镇
北京
天津
乌鲁木齐
新疆维吾尔自治区
西藏自治区
拉萨
青海省
西宁
甘肃省
兰州
宁夏回族自治区
银川
内蒙古自治区
呼和浩特
黑龙江省
哈尔滨
吉林省
长春
辽宁省
沈阳
北京市
天津市
河北省
石家庄
山西省
太原
山东省
济南
陕西省
西安
河南省
郑州
江苏省
南京
安徽省
合肥
上海
上海市
湖北省
武汉
浙江省
杭州
四川省
成都
重庆市
重庆
湖南省
长沙
江西省
南昌
福建省
福州
贵州省
贵阳
云南省
昆明
广西壮族自治区
南宁
广东省
广州
香港
澳门
海南省
海口
台湾省
台北
台湾岛
钓鱼岛
赤尾屿
海南岛
东沙群岛
西沙群岛
永兴岛
中沙群岛
黄岩岛
南沙群岛
曾母暗沙
渤海
黄海
东海
南海
黄河
长江
图例
北京 首都
天津 省级行政中心
未定 国界
省、自治区、直辖市界
特别行政区界
名镇(乡)所在区域
名镇
1∶32 000 000
审图号：GS（2017）3218 号

王家坪镇在湖南省的位置

审图号：GS（2017）3218 号

王家坪镇地图

审图号：GS（2017）3218 号

马头山群峰

苏木措之夜

勤劳土家人

马头溪风光

目录

高脚吊脚楼

两千年水墨话士家

鎮

在世界自然遗产张家界东南边陲，在神秘湘西北腹地，有一个土家族民俗风情镇——王家坪，这里生活着19个土家族村落、16188个土家居民，距今已有2000多年历史。早在清初时期就有“九都文化之乡”的美誉。中华人民共和国成立后特别是改革开放以来，王家坪镇已获得“中国民间文化艺术之乡”“全国文明村镇”“全国民族团结进步模范集体”等国家级荣誉称号。

这里是土家先民繁衍生息的土地，它悬于一隅，自然风景秀美，田园风光迷人，民俗风情浓厚，人民生活纯朴，至今保存着大量土家文化遗存和原始农耕器具。土家人的衣、食、住、行和生育、婚葬、信仰禁忌等习俗得以传承，原汁原味的农耕文化、民间艺术和民俗风情在此得以展示。生活在这里的土家人，家家写楹联，人人作诗赋，个个能歌善舞，生活气息里处处透着泥土的芬芳。早在两千年前，屈原放逐楚西，溯沅水到达土家腹地，对“沅有芷兮澧有兰”大发感叹。也许正因为屈楚遗风，给这方山水留下了一份受用不尽的精神财富。

王家坪境内自然风貌秀美，峰峦连绵，山川俊丽，风光旖旎，让人流连忘返。茂密的森林植被，高含量的负氧离子，如同一个巨大的天然氧吧。欧古洞十里百道梯级瀑布，关水坪村水杉林荫大道，上伏溪古柳风光带，马头溪孪生石拱桥，龙凤洞、丹寺洞、将军洞、无锁洞等地下溶洞群落，马头溪百里万亩油菜花生态长廊，罗峰山万亩映山红自然遗产，铁炉湾、香炉山、桃子界、大岗岭万亩古树群落等自然景致，无不构成一幅浓墨重彩的山水画卷，徜徉在这远离尘嚣的古村落之间，让人顿生一种世外桃源的感觉。

大片土家吊脚楼依山傍水而建，两里一碾坊，三里一油坊，五里置风雨桥，沿溪有筒车。紫燕在田野上翩翩起舞，山花在阳光里竞艳绽放，溪流绕山哗哗淙淙，人们在田野上吆喝耕耘。清代本土诗人全翼之曾经不由自主吟咏了“两岸青山碧玉屏，门前水绕一条清。远树含烟朝滴翠，小桥流水夜垂星。人耕绿野披蓑笠，客傍清溪下钓垂。就中恰好农人住，无限风光满户庭”的田园诗篇。

王家坪耕读文化绵久，是享誉湖湘大地的土家文化人才摇篮。清康熙榜眼、三朝拟旨郎，参与编纂《康熙字典》的郑国祥为勉励族人亲题“耕读为本，益国益家”的族训。光绪进士，湖南五大才子之一，昆明知府李尧在泰山庙创办“天香书院”，汇集湘西北文人墨客，揽风邀云，吟诗作对，传经授道。在他的倡导推动下，民间私塾学校遍及马头山下，山村土寨习诵之声不绝于耳，耕读育人蔚然成风。一时人才辈出，科场夺

田园生活

魁者如雨后春笋，在湘西北大地边陲一隅的弹丸之地王家坪得进士、举人、生员、秀才等功名者达 28 人。清末德修溪举人“南相公”攻读进士屡试不第，以为是自己德行不够，隐居德修溪畔潜心修德，寄情诗书，捐出家产修建德修溪风雨桥，以行善事。年近花甲，赴京应试，得以如愿。为先辈学风，乡贤楷模，被后人树立为模范。中华人民共和国成立以来，崇文重教蔚然成风，涌现出盘古岭“状元组”，清华、北大等多个“状元郎”。多年来，全镇有清华大学、北京大学及其他全国重点大学学生共计 890 多人，成为闻名湘西北的“榜眼故里，学子之乡”。

大山里的人们，以诗助兴，以歌为乐，千百年来的习俗，酿就一场场醉人的四季牧歌。春播兴“糊仓”，夏唱“薅草歌”，秋收“扬叉舞”，冬藏腊肉家家香。客人来了

唱迎客歌，敬茶唱请茶歌，敬酒唱祝酒歌，送客再唱分别歌，恋爱唱情歌，姑娘出嫁唱哭嫁歌，生日唱寿歌，建房上梁唱上梁歌，结婚唱喜歌，有人过世唱夜歌，下溪捕鱼唱渔歌，丰收要唱太平歌，上山采茶唱采茶歌，下河放排唱放排歌，历有“白天唱歌润歌喉，晚上唱歌当枕头。一年四季歌当饭，烦闷全靠歌解愁”的歌风旧俗。这里的土家人招待客人是大碗茶、大碗酒、大块肉、大碗饭。旧时常言道：“婚庆喜事打蹄花，建房上梁抛粑粑，姑娘出嫁哭帮嫁，生了孩子还傩愿，死人要跳穿花舞，做道场兴抢丧粑粑，抓贼追赃照水碗，驱邪捉鬼就梯玛。”多姿多彩的民俗风情成为一方土家民族无可替代的精神家园，历久弥新，世代相传。

王家坪虽地处僻壤，却并不闭塞狭隘，历朝历代不乏仁人志士心怀天下，捍卫国家，向往和平。明朝时期蔡家坪张氏兄弟随郑成功收复台湾，为国捐躯。黄埔军校学员，国民党独立团团长全美玉与其弟全宝玉赴上海抗日前线，寄回的家书今天读来仍然感人至深："大敌当前，民族危亡，儿乃军人，决心与日寇决一死战，言来凶多吉少，尔后若无消息，儿必为国捐躯。"后来兄弟俩浴血战场，英勇牺牲。贺龙元帅的联络员、地下工作者全德主为革命从事地下情报工作，建下卓著功勋。自古以来，这些土家儿女在中华民族伟大复兴的道路上，铁骨铮铮，浴血奋战，用血肉之躯筑就了一座座彪炳青史的丰碑。

由于生活环境的相对封闭，土家先民对其栖息环境的高度依赖，很早就有了十分先进的生态观。他们热爱自然，顺应自然，注重人与自然和谐相处，崇尚天人合一，物我相亲，讲究因地制宜，随遇而安，从而形成了王家坪镇土家族人民勤劳互助的民族美德、诚实守信的族群秉性、粗放实用的生活方式和平等秩序的伦理取向。在土家人的生活中，俯首即拾的山食野菜，依山而建的土家转角楼，色彩艳丽的西兰卡普，结草为服的茅古斯舞，粗犷豪放的薅草锣鼓——从生活到艺术，从一粥一饭到画舞歌吟，无不就地取材，随性顺势而为，呈现天地造化的法则和万物生灭的规律。

千年的历史文化积淀，为王家坪留下了众多的人文景观，大自然的鬼斧神工创造了丰富的自然遗产。当人们在外拼搏苦了、累了，厌倦了都市繁华生活的时候，邀几个朋友到王家坪，倚坐在土家吊脚楼里，喝一碗土家阿妹传的大碗茶，吃一块土家阿妈炒的土家腊肉，听一首土家阿哥哼的小曲，喝一碗土家阿伯煮的米酒，欣赏着满园的农耕风光，享受着阳光的沐浴和轻风的吹拂，是一种最惬意的选择。

近年来，王家坪16000多名土家儿女在镇党委政府正确领导下，制定了"土家文化搭台，旅游经济唱戏"的发展战略，全力建设"文化古镇，生态美镇，旅游名镇"。结合王家坪镇资源优势，重点发展以土家吊脚楼为主题的写生绘画、影视拍摄、文化体验等文化产业；以土家歌舞、民间体育竞技、土家婚俗等为主要内容的文化娱乐产业；以马头溪、葫芦溪、德修溪等五溪垂钓，马头溪万亩百里油菜花生态长廊，罗峰山万亩映山红为主要景观的农业休闲度假产业。乡村旅游从零起步，后发赶超，2016年，共接待游客40万人次，旅游综合收入突破亿元大关。2017年6月，三岔—王家坪国家级双向四车道二级公路动工，标志着王家坪的旅游业迎来新的春天。

王家坪镇情

王家坪镇位于张家界市永定区的东南面，东邻桃源县牛车河乡，南抵沅陵县七甲坪镇，西与永定区沅古坪镇交界，北靠张家界市慈利县洞溪乡，距市区64千米，是一个典型的边远山区乡镇。“张桃”（张家界至桃源）、“张五”（张家界至五强溪）公路纵穿全境。境内物产丰富，粮、油、烤烟等种植业为经济主体，板栗、百合、猕猴桃、牛、羊等特色产品享誉八方。

王家坪镇文化底蕴深厚，民族文化源远流长，曾先后被国务院、民政部、文化部、省政府、省文化厅等授予“中国民族文化艺术之乡”的荣誉称号。草龙灯、狮子灯、打溜子、渔鼓、土地戏、民歌等民间艺术享誉全国，哭嫁歌、傩戏也是湘西一绝，受到省、市、区，乃至中央有关部门的高度关注。

鎮

建置区划

建置沿革 汉高祖五年（公元前202年），因境内水系注入沅水，王家坪隶属沅陵。历两汉、三国、两晋、南北朝、隋、唐、五代十国、宋、元、明、清至中华民国建制未变。中华人民共和国成立后，1953年从沅陵县析出改隶大庸县（市）。1988年因大庸市（1994年，大庸市更名为张家界市）地级市成立，隶属永定区。

清初，沅陵县计12都，王家坪隶属沅古坪都（第九都）。沅陵废都里，全县划为6个区，区以下设乡，王家坪属治平乡，下设3保：十二保，辖葫芦溪、两河口、百老界等；十三保，辖王家坪、韭菜垭、黄粟界、桥边河等；十四保，辖古坟岗、石堰坪、飞溪河、泗墩溪、八家河等。

1949年9月18日沅陵县解放，10月18日成立沅陵县人民政府。1950年1月4日王家坪解放，隶属沅陵县第六区，其行政公署为湘西沅陵公署。1953年，王家坪从沅陵县析出划归湘西土家族苗族自治州大庸县，属大庸县第八区，保改农会，原十二、十三、十四保分别改为十二、十三、十四农会。

1953年土地改革结束，划乡建政，成立王家坪、两河口、石堰坪3个乡。1956年，撤区并乡，王家坪由3个乡并为1个乡。1958年后成立东风人民公社，王家坪、两河口、石堰坪划为大队。1961年，公社体制调整，成立王家坪人民公社，辖韭菜垭、马头溪、关水坪、两河口、紫荆塔、砂子垭、桥边河、八家河、泗墩溪、石堰坪、黄粟界、王家坪、古坟岗等大队。1961年后，各大队辖区有变，王家坪与黄粟界合并为红星大队，马头溪与关水坪合并为新庄大队，八家河与泗墩溪合并为新建大队。

中共十一届三中全会后，王家坪各大队恢复到1961年建制。1984年4月，王家坪人民公社改为王家坪乡，辖12个村，116个村民小组。1995年与湖田垭乡合并，沿袭王家坪乡名。2000年撤乡建镇，改为王家坪镇。

行政区划 2015 年，全镇辖王家坪、湖田垭 2 个居委会，韭菜垭、马头溪、关水坪、两河口、紫荆塔、砂子垭、八家河、泗墩溪、桥边河、石堰坪、汪家垭、老龙口、黄粟界、伞家湾、蔡家坪、木山、宋家溪 17 个建制村，共 19 个村（居）委会，185 个村（居）民小组。

区位交通

位置面积 旧时，王家坪镇位于湖南省张家界市永定区东南部，东与常德市桃源县牛车河乡毗邻，南与怀化市沅陵县七甲坪镇接壤，西与沅古坪镇相连，北与慈利县洞溪乡交界，地处北纬 30° 02′43″，东经 111° 52′58.81″，总面积 168.2 平方千米。

道路交通 王家坪镇为湘西北贸易古通道，但多为简陋山道，道路崎岖，物资流通全靠马驮人挑。抗日战争时期，是重庆政府支援正面战场的药品物资运输通道和移民囤军之地。1959 年 12 月开始修建县城至王家坪镇公路，因山高坡陡、地势险要，工程巨大，且全靠人力修建，遂逐年分段施工。直至 1975 年 1 月 1 日正式通车，耗时 16 年。通车那天，万名群众自发聚会，跳起土家族喜庆舞蹈，庆祝这个不能忘记的日子。1978 年修通王家坪至砂子垭、八家河的公路，1984 年修通王家坪至桥边河的公路。至 2015 年，王家坪 19 个村（居）委会全部通车，185 个村民小组有 158 个村民小组通车，80% 的农户公路修到家门口。

王家坪镇人民政府所在地距张家界市城区 64 千米，距张家界荷花国际机场、长（沙）张（家界）高速公路收费站 48 千米，距黔张常高铁站 25 千米。全镇 19 个村（居）委会公路与省道对接，交通标识标牌完善。

自然环境

王家坪镇山川秀美，峰峦连绵，溪河纵横，瀑布飞溅，土地肥沃，气候冬暖夏凉，森林植被丰富，负氧离子含量高，动植物资源丰富。

地貌概况 王家坪镇地处云贵高原隆起区与洞庭湖沉降区之间，既受云贵高原隆起区的影响，又受洞庭湖沉降区的牵制。加上地表水切割和强烈岩溶极其发育的影响，形成境内北高南低，山脉高低悬殊，奇峰林立，呈河谷纵横的喀斯特地貌形态。

河流山川

王家坪镇境内有 5 条河流，其中 3 条河流发源于境内罗峰山脉，呈扇形网状分布全镇，水资源较为丰富。因境内地势北高南低，境内水道自北向南注入沅江。

马头溪 发源于境内罗峰山脉，经鱼洞河、马头溪、龙潭河、关水坪在两河口处与葫芦溪交汇，注入沅水，是沅江的发源地之一。境内长约 25 千米，枯水期流量约 0.5 立方米 / 秒，水质良好，现为中华大鲵生态保护区、长防林生态示范区。

德修溪 发源于慈利县洪子峪，顺罗峰山脉山根流经德修溪、桥边河、八家河，汇入沅水。境内长约 18 千米，枯水期流量约 0.32 立方米 / 秒。

葫芦溪 葫芦溪发源于王家坪镇境内砂子垭，经将军洞、紫荆塔等地，注入沅水。境内长达 15 千米，枯水期流量约为 0.2 立方米 / 秒。

泗墩溪 发源于王家坪镇境内太阳山脉，流经两河口，在麦溪峪处与德修溪合流汇入沅江。境内长约 10 千米，溪水流量约为 0.3 立方米 / 秒，是王家坪镇境内最短的河流之一。

上伏溪 发源于慈利县洞溪乡，流经王家坪镇境内的老龙口、万家河、商家河、飞溪河，注入沅水。境内全长 20 千米，枯水期流量为 0.6 立方米 / 秒。

王家坪镇地处马头群山腹地，境内有马头堖、蛮子界、太阳山、南武当、三泰山、罗峰山等山脉，山势北高南低，北南走向。

马头垴山脉　王家坪镇与桃源县牛车河乡、沅陵县七甲坪镇交界的山脉，海拔最高点 818 米、最低点 438 米，绵延百里。森林野生动植物资源丰富，生态环境良好。

蛮子界山脉　北起石堰坪村和泗墩溪村，境内延至沅陵县七甲坪镇，山脉长达百里，海拔最高点 838 米、最低点 383 米，在马头群山中属较小的山脉。人烟稀少，森林植被丰富，现存有保护较好的大岗岭古树群落。

太阳山脉　北起泗墩溪村，南延沅陵县七甲坪镇，海拔 800 多米。

杨柳池山脉　北起八家河村，南至沅陵县七甲坪镇蚕忙坪，绵延百里，海拔最高点千余米、最低点有 380 米。森林资源丰富，有淘木冲、铁炉湾千亩古树群落，为野生动物保护区。

南武当山脉　因建于唐永乐年间的南武当古寺而得名。西起王家坪镇砂子垭村，南至王家坪镇两河口，全长 15 千米，是马头群山最短的山脉，海拔最高点 928 米、最低点 518 米。

三泰山　因该地建有“三泰庙”而得名。三泰山脉源起沅古坪镇境内，南至沅陵县七甲坪镇洞溪，绵延百里。森林植被、野生动物资源丰富，现为湖南省公益林保护区。

罗峰山脉　是王家坪镇境内规模最大，海拔较高的山脉之一，海拔最高点达 1288 米，山脉绵延百里，横跨常德市桃源县、张家界市慈利县、永定区两市三县区，共 6 个乡镇。罗峰山呈半圆形，将马头群山护卫其中，形成与马头群山南北呼应之势，成为马头群山的天然屏障。

气象水文　王家坪镇气候适中，地处北中纬度，属亚热带季风气候。境内夏长冬短，四季分明，气候条件优越。年平均气温 18.9℃，8 月最热，月平均气温 23℃；1 月最冷，月平均气温 5.6℃。年平均无霜期 309 天，年平均降水量 1949.5 毫米，平均蒸发量 1490 毫米～1905 毫米，年平均湿度 73%～79%。全年风向以偏北为主，平均风速 2.2 米/秒～2.7 米/秒，年平均日照 1670 小时。

土壤植被

王家坪镇土壤地域分布规律很明显，溪河地带以红壤为主，山界丘陵地带以黄壤为主，有机含量 2.26%。红壤有 3 个亚类、5 个土属、8 个土种，呈酸性；黄壤有 2 个亚类、3 个土属、5 个土种，均为含氧量较高的土壤。

羊子岩泥　泥中颜色不一，内夹卵石状岩石，黏性不强，耕种不易，对农具磨损较大，易流失水肥。耕种方法是轮换种植，作物宜早施肥，并以磷钾肥为主。因土质含氮量多，应少施或不施氮肥。

红壤 红壤和黄壤的特点相同，土层深厚，黏性很强，水肥不易流失，作物产量高。但因黏性过重，不易耕耘。宜深耕浅耙，多施农家肥，可使根系通气，吸收光和热量，防止作物病虫害。

大山泥 大山泥带黏性，适应各种作物生长，含肥元素比例适中，是理想的种植泥。

鸡眼泥 是碱性土壤，以施磷肥和带酸性的肥料使其“中和”，可改良其特质。应注意排水和灌水，不能渍水，宜种油菜和绿肥。

风化岩泥 又叫岩片泥，无黏性，不易吸收肥料，不保肥、保水，作物空壳率高，籽粒不饱满。此种土质宜多耕多耙，施肥要早要勤，适合造林。

湖砂泥 湖砂泥易耕耘，不宜多肥，耐旱，作物生长快，适合种植水稻、棉花、花生、玉米等农作物。

王家坪镇森林植被在湖南植被分区中属中亚热带常绿阔叶林，自然植被丰富，大部分为马尾松杉树植被。森林覆盖率96.8%，乔木树种有55种114科225种，还有灌木树种和草本植物。罗峰山万亩映山红是特色植被，景观奇特，成为重要旅游资源。

生物资源

家禽类 有鸡、鸭、鹅等。

家畜类 有水牛、黄牛、猪、马、骡、山羊、草兔、猫、狗等。

野兽类 有虎、豹、狐狸、黄鼠狼、狼、大灵猫、豹、野山羊、黄鹿、豪猪、松鼠、竹鼠、水獭、猕猴等。

鸟类 有野鸡、岩壳鸡、竹鸡、秧鸡、樊鸡、斑鸠、画眉、黄鹂、八哥、乌鸦、喜鹊、杜鹃、麻雀、猫头鹰、岩燕、翠鸟、啄木鸟等。

水产类 有娃娃鱼、团鱼、乌龟、黄鳝、泥鳅、螃蟹、虾、斑鱼、鲫鱼、鲢鱼、鲤鱼、草鱼、蚌、螺、黄颡鱼、马口鱼、桂花鱼、岩板鱼等。

蛇虫类 有家蚕、野蚕、蜜蜂、地老虎、蝴蝶、蚯蚓、蜻蜓、眼镜蛇、青竹标、菜花蛇、乌蛇、绞花林蛇、五步蛇、蜈蚣、蟋蟀、蚂蚁、蝉、蚂蟥、胡蜂等。

林木类 王家坪镇有200多种林木，有松树、杉树、柏树、白杨树、栀子树、椿树、酸枣树、楠木树、枫树、檀木树、土浆树、化香树、稠木树、桑木树、樟树、落叶红、白栗树、麻栗树、漆树、锥栗树、板栗树、柳树、槐树、棕树等。另有香楠、金丝楠、檀香树、银杏等珍稀林木。

野生果类 有泡儿、樱桃、羊奶子、地枇杷、灯笼果、荔枝、木瓜等。猕猴桃、板栗、八月瓜等在境内盛产。

药材 有黄檗、杜仲、山胡椒、破头风、茯苓、七叶莲、药百合、天冬、麦冬、白芨、地骨皮、天麻、灵芝等500多种。其中，天麻、灵芝、茯苓是珍贵药材。

人口民族

民族源流 王家坪镇土家族历史悠久，史称“毕兹卡”。据史料记载，殷商时期，土家先祖之一的巴人主要生活在汉水中游一带。西周初年，周王分封天下，巴人所在之地被封给周王室宗姬，史称巴子国或巴国。春秋战国时期，巴国举国南迁至长江干流，先后在清江、川峡之间至川东立国。公元前316年，巴国被秦国吞并，成为秦之巴都。一部分巴人留在故地，更多的巴人或自动或被迫地开始向外大规模流移、迁徙。一部分巴人陆续从南方进入湖南湘西北武陵山区，部分定居王家坪。

人口总量 2016年年末，全镇总人口1.6万人。土家族人口占全镇总人口的89.9%，苗族、白族、汉族人口占总人口的10.1%。主要有全、龚、欧、李等姓氏。

民族构成 中华人民共和国成立后至改革开放前，境内主要民族有土家族、汉族、白族。1978年改革开放后，人口流动较大，婚姻从镇域通婚走向开放婚姻，民族成分也相对复杂，有佤族、傣族、维吾尔族、白族、汉族、土家族等10多个民族。

经济发展

2010年前，王家坪镇主要经济来源是种植业、养殖业和外出务工收入。2010年后，乡村旅游业成为当地的主要经济来源，人民逐步进入小康生活。

镇域经济　王家坪镇因交通闭塞，水利设施落后，农业品种单一，广种薄收。1945年，遭受百日大旱，造成粮食减产或绝收，百姓乞讨他乡。中华人民共和国成立后，提出“以粮为纲，全面发展”的农业八字方针，王家坪镇重点推广良种良法，改善耕作方式，加强水利基础设施建设，群众生活大为改善。20世纪80年代，实行田土山林承包到户，王家坪镇最大的水利工程——丹寺洞万米盘山引水渠道工程竣工，解决了6个村万亩稻田灌溉问题，使全镇粮食产量由300万公斤增加到1万吨以上，解决了群众缺粮的困难。2010年以后，王家坪镇借助良好的生态环境，丰富的土家文化，重点开发以土家吊脚楼为主题的写生、摄影、婚俗、年俗等文化体验；以土家歌舞、民间戏剧、民间体育为主的文化娱乐；以马头溪万亩油菜生态长廊、罗峰山万亩映山红、铁炉湾、杨柳峰万亩野生蘑菇、八月瓜、猕猴桃等原生态景观为主的观光休闲旅游。2013年，被授予“湖南省旅游名镇”称号。2016年，接待入境游客38万人次，实现旅游综合收入1.5亿元，农民人均纯收入突破8000元。

旅游商贸　为顺应旅游业的发展需求，除合理布局购物网店，保证常规商品供应外，还重点开发本地剁辣椒、腊肉、香肠、水碾米、木榨油、葛根茶、葛根粉等特色食品，土家织锦、刺绣、挑花等特色绣织品。因食品绿色传统，织品特色浓郁，售俏价扬，远销东南亚一带。

种植业　王家坪是一个农耕古镇，耕种是这里土家人的生存之道，土家先民因地制宜种植稻谷、玉米、高粱等五谷杂粮。改革开放以后，随着旅游业的发展，由原来单一的粮食种植发展到烟叶、七星椒、家葛等特产种植，金秋梨、八月瓜、猕猴桃等优质水果种植，

玉米

天麻、茯苓、何首乌等珍贵药材种植。境内粮食作物有玉米、大麦、小麦、燕麦、高粱、豌豆、蚕豆、黄豆、绿豆、红豆、稻谷等。经济作物有花生、芝麻、油菜、葵花籽、油茶、油桐、苏麻子等，其中，茶油、桐油为当地特产。蔬菜类作物有七星椒、青菜、白菜、萝卜、冬瓜、南瓜、苦瓜、甜瓜、芦瓜、莴笋、扯根菜、胡萝卜、葱、蒜、韭菜、黄瓜、茄子、豇豆、辣椒、藕、荠米、洋芋、芋头、洋合笋、苋菜、坨菜、牛皮菜、香菜、番茄、包心菜、洋葱等，其中，七星椒为境内特产。水果类有柑橘、梨、枣、桃、李、枇杷、石榴、板栗、葡萄、木瓜、糖梨、酸梨子、苹果梨、早谷梨、雪花梨、酸李子、黄瓜李、奈李、蜜桃、六月桃等，其中，板栗、柑橘是当地特产。

养殖业 养殖一直是王家坪土家人的主要经济收入来源。境内自然环境优越，山地资源丰富，当地黄牛、黑猪、山羊、乌鸡、草兔等是传统养殖。随着旅游业的兴起，娃娃鱼、竹鼠、竹鸡、珍珠鸡等成为热门特色养殖。

渔业 王家坪境内水资源丰富，水质优良，适合鱼类繁衍生息，加上当地居民历有在稻田、山塘、水库养鱼的习俗，渔业资源十分丰富，但因交通不便，旧时仅为自养自足。

1949 年后，王家坪镇成立了渔业水产管理机构，对辖区内渔业资源进行培管。1978 年后，王家坪镇采取禁渔和鱼苗人工流放补充的方式，大力发展渔业生产，借助渔业资源优势，大力发展钓鱼休闲产业，通过举办“湘西北钓鱼大赛”“湘西北土家鸡罩捕鱼节”等民俗节庆活动，传承土家族渔猎文化，推动农业休闲产业，引领、帮助人民群众致富，现王家坪镇是国家级中华大鲵生态保护区。

外出务工 王家坪镇由于地处大山深处，山多地少，农民一年到头种植和养殖除了能解决一家人的生活之外，无法供养孩子上学。2010 年以前，年轻夫妻通常结婚生子后便将小孩放在家中，让年迈的父母在家照看孩子，夫妻双方外出深圳、广州等南方城市打工，供孩子上学，外出务工也成了当地农民家庭的主要收入。据调查统计，2010 年以前，全镇外出务工收入占整个镇域经济年收入的 60% 以上。2010 年以后，随着王家坪镇乡村旅游的发展，相继有外出务工人员回乡创业。

湘西黄牛

土鸡

黑山猪

山羊

2011 年～ 2016 年王家坪镇经济发展统计表

表 1　　　　单位：万元

年份	农业收入	林业收入	畜牧收入	务工收入	旅游收入	合计收入
2011	2150	1683	1138	3150	858	8979
2012	2180	1580	1200	3350	920	9230
2013	2260	1280	1380	3250	980	9150
2014	2380	1080	1580	3800	1200	10040
2015	2500	880	2280	3200	5500	14360
2016	2800	580	2800	2800	8700	17680

人民生活

王家坪镇交通不便，山多地少，人民物质生活水平不高，但勤劳乐观，简衣素食，精神生活丰富。由于生态环境良好，各村长寿老人较多，80 岁老人能上山种地，下田干活。2010 年以来，乡村旅游业开始走俏，社会供养体制日益健全，人民生活水平明显提高。

人均收入　2010 年以前，因沿袭农耕种植，境内农民人均纯收入仅为 2800 元。2011 年开始发展旅游产业，人均纯收入达 3900 多元。至 2016 年年末，旅游业快速兴起，人均纯收入达 8800 元以上。

居住方式　王家坪镇土家人大多居住在上百年的土家吊脚楼里，1990 年后，由于建筑材料的改变，也有零星的砖混楼房出现，但还保留着吊脚楼的式样，土家吊脚楼仍然是王家坪土家人的世居之所。因境内山峰林立，峡谷纵横，耕地资源少，这里的土家吊脚楼利用山坡落差的有限空间，楼上悬柱，楼下落柱，形成骨架，有左右对称或错落不一的建筑格局，上百种建筑样式。虽然房屋有些陈旧，但通过修缮维护，借助自然环境，巧妙利用选址空间，依然能够改善居住条件。境内山清水秀，环境整洁，土家吊脚

土家人的生活

楼通风透气、有益健康，作为一方土家民族传承千年的民居建筑，已经成为当地的地域文化符号。

文化

王家坪镇文化底蕴深厚，是远近闻名的文化艺术之乡，各类文化艺术创作百花齐放、百家争鸣。

文化站 建于1961年。20世纪70年代成立王家坪阳戏剧团，演员达38人，自编、自导、自演《陈木匠做官》《五女拜寿》《挑女婿》等代表剧目，在湘、川、黔、鄂4省、31个县市、280个乡镇、1508个村寨，巡回演出4788场，创收89.9万元，受到文化部的表彰。20世纪80年代建成人民文化宫，成立了“马头诗社”“马头歌队”等民间文化组织，编写出版了《马头歌集》《马头诗集》等土家文艺丛书。2000年以后，成立了戏剧、诗词、舞蹈、器乐、民歌、婚俗、年俗、农耕文化、土家文化研究等土家文化艺术组织。2008年，被文化部授予“中国民间文化艺术之乡”。2010年以后，成立18支共计2200多人的土家民间艺术传承队伍，实现村村有剧团，组组有文化示范户。

配合镇党委政府建起土家吊脚楼核心保护区，土家文化、农耕文化生态区，土家山歌、土家年俗、土家婚俗保护区。收集整理土家文化史料800多万字318卷，图片、

各协会、各艺术团体在镇民族剧院前合影

视频资料 5 万多件，编写出版《王家坪的楼》《王家坪的诗》《王家坪的联》《土家礼俗》等文艺旅游丛书达 20 多册。组织申报石堰坪国家重点文化保护单位，伞家湾中国传统村落，关水坪中国少数民族特色村寨等 22 个文化保护、旅游开发项目。

举办了湘西北土家万人糊仓节，湘西北土家山歌节，湘西北土家割谷节，湘西北民族体育艺术节，湘西北农民春节文艺晚会，桃源、沅陵、慈利、永定边界四县区土家民歌研讨会，桃妹之歌群英会，傩文化艺术节等一系列重大民俗节庆艺术活动。

自 2010 年开始选拔民间艺人在镇中心学校传授土家民歌、土家舞蹈、土家器乐等，培养中小学生达 820 多人次，成为张家界市土家文化艺术人才培养示范学校。

民族剧院 原名“人民文化宫”，始建于 1984 年 2 月，由群众自发捐工、捐资、捐物修建而成，占地面积 2800 平方米，建筑面积 1200 平方米，有座位 866 个；集影视、演出、展览、阅览、人才培训、文化交流功能于一体，是湖南省常德、怀化、张家界3市4县（区）边界文化活动中心。2014年整修改造，提质升级，原木瓦结构房顶改为钢架金属封顶，整体实施“穿衣戴帽”，仿土家吊脚楼建筑风格改造包装，土家建筑文化符号作用彰显，改名为“民族剧院”。民族剧院建成以后，成为文化活动功能完善的乡镇文化活动中心，先后举办了湘西北山歌擂台赛、湘西北民间戏剧会演、湘西北傩技巫术展演等活动。1995年6月举办“湖南省廉政文化进农村廉政文艺会演”，2002年举办“张家界市农村文化建设现场会文艺会演”，2016年1月24日举办“王家坪湘西北首届农民春节文艺晚会”，2016年8月举办“王家坪湘西北民间体育艺术节文艺演出”等一系列土家文化艺术、民俗节庆活动。

土家文化研究学会 成立于2002年8月，有会员88人。学会成立以后，以保护、传承土家文化为宗旨，先后举办了湘西北土家文化研究交流会、湘西北土家族民歌研讨会、湘西北土家戏剧会演等一系列文化艺术交流活动，对推动保护、传播土家文化发挥积极作用。

医疗卫生

预防保健 王家坪土家人，防病甚于治病，并在实践中积累了丰富的防病经验，形成一套适应环境变化、调食养神、起居有常等防病健体的生活之道。对日常生活也较为

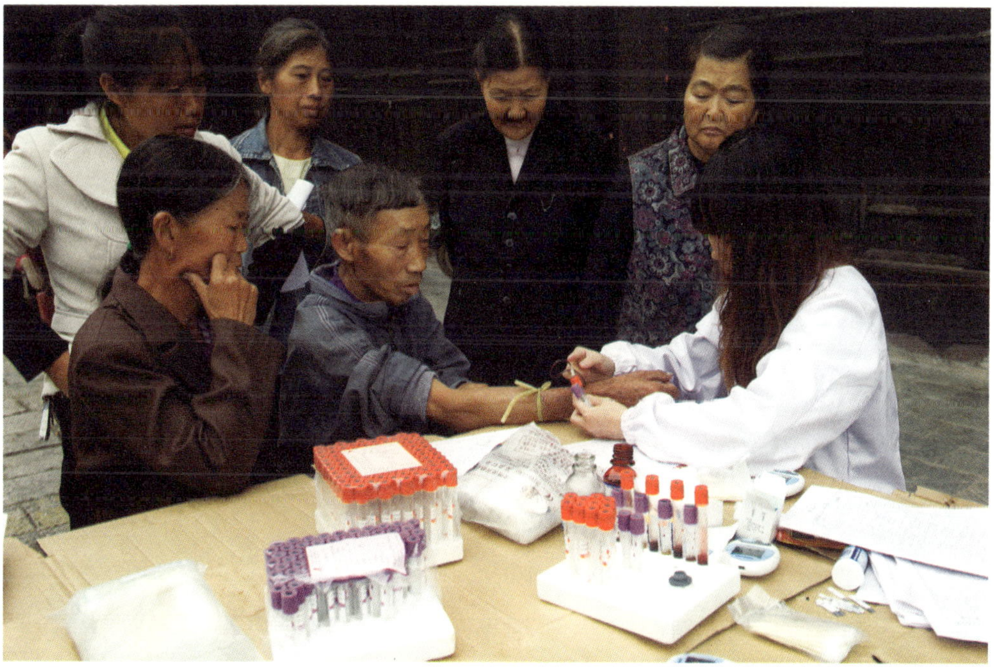

镇医院医生下村为农民体检

讲究，要“三净”（净口、净身、净气）。净口，即不暴食、乱食，居住在山区的人们食物以杂粮为主，兼食细粮；净身，就是勤洗浴，保持身净。净气，即要经常打扫卫生，勤洗衣被。春季将鱼腥草、水灯草、生姜等煎水服用，防着凉。夏秋季用绿豆熬稀饭吃，用薄荷、鸳鸯花熬水，防中暑、痧症；用干艾叶、银花藤、荆芥叶、茵陈等放在室内久烧，防蚊虫叮咬。冬春季服滋补药物，如土人参等，以调补三元气血，强筋壮骨。一年四季有吃大蒜、菜中加醋的习惯，对预防痢疾、腹泻、肠道瘟疾有良好疗效。老年人用药物防病保健方法较多，如肠燥便结的常服蜂糖，有润肠作用；常年咳嗽的常食核桃仁、矮地茶、生姜水以润肺止咳；用锅巴冲开水服用，可防嗝食、嗝气；常服冬瓜子、木瓜、三七、天麻等药物可使耳聪目明。夏季用鱼腥草煎水加适量红糖当茶饮，可防泌尿系统疾病；也可直接将车前草捣烂挤汁，涂搽身上，和小酒外搽，预防蛇斑疮、腰带疮。

2016 年年末王家坪镇居民生活水平统计表

表 2

人均收入（元）	8800
人均住房面积（平方米）	48.5
人均家用车（辆）	0.5
农户家电普及率	100%
公路入村率	88%
供水入户率	89%
宽带入户率	68%
人均使用手机（台）	0.8
最低生活保障	100%
医疗救助率	100%
助学救助率	100%
社会救助率	100%
临时救助率	100%
“新农合”参保率	100%
养老保险率	100%
九年义务教育普及率	100%

医疗机构 1949年以前，境内医疗机构仅有极为有限的民间诊所。1957年成立联合诊所，培养医疗卫生人才，实施中西医结合。1959年联合诊所改为乡卫生所，设2个片诊所，各大队配备1名保健防疫员。1967年设王家坪卫生院，有床位11张，医护人员10人。1972年各大队成立合作医疗。1978年以后，医疗卫生得到快速发展，群众缺医少药的现象大为改善。至2013年年末，王家坪镇有医疗机构5个、门诊部（所）5个，共有床位30张，有专业医护防疫保健人员25名；有B超、心电图、生化仪、血细胞分析仪、尿液分析仪等常规医疗设备，镇卫生院固定资产总值860万元；全镇新型农村合作医疗参保率达100%。

环境卫生 集镇建立了专业环卫站，配备了6名环卫职工，负责集镇街道24小时的清扫和保洁工作。各村配备了1名～2名兼职环卫保洁员，对村公路、公共场所定期进行清扫。各类垃圾采取户集、组拖、村集中的方式处理，镇村都有垃圾处理场所。为增强居民环境卫生意识，结合村民自治，制定乡规民约《王家坪镇环境卫生五提倡五不

快乐土家人

准》，大力倡导讲卫生光荣、不讲卫生可耻的良好风气，全镇出现人人讲文明，个个爱卫生的良好风气，镇容村貌焕然一新。

劳动保障和社会救助　镇政府建立了完善的劳动保障体系，鼓励自主择业，自我创业，对创业人员提供技术、项目、政府贴息贷款 5 万元～ 10 万元的支持，对待业人员实施失业救助。随着中央对农村救助政策的完善，现已实现了医疗保障、最低生活保障、社会养老、城乡社会救助、医疗救助、临时救助等劳动保障全覆盖，为广大居民生活劳动“兜底”。

2016 年年末王家坪镇各村长寿人数统计表

表 3

村名	总人口（人）	85 岁以上老人（人）
两河口	968	158
紫荆塔	1218	163
伞家湾	989	132
蔡家坪	785	96
黄粟界	785	88
韭菜埡	857	92
马头溪	785	83
关水坪	668	82
八家河	918	96
泗墩溪	728	83
石堰坪	718	82

风景名胜

王家坪不仅自然风光秀美，田园风景迷人，农耕景观古朴，而且有深远的历史景观，惬意的文化景观，加上气象变幻和珍稀动植物的点缀，构成了一幅山水人文画。

山川之美

王家坪山川属典型的江南丘陵山脉，不仅山势形状和走向秀美，而且山中大小景观聚集，动植物资源丰富，加上季节变换，春夏绿水青山，秋霜润落红叶，冬雪点缀如国画。

马头山群峰　马头山群峰东起桃源，西讫永顺，共计48座，一字排开，形似奔腾的战马，故土家族人称之为马头山。王家坪镇地处武陵山系余脉，马头群山腹地，山势北高南低，北南走向。“四十八座马头山，头在澧水尾在沅。唯有两座跑得快，而今屹立在桃源。”这是在马头山地区广为传唱的土家民谣。境内有杨柳池、马头垴、观音堂、罗峰山、南武当、太阳山、蛮子界、箱子垴等山脉。

马头山晨曦

马头垴原始次生林群落　马头垴位于王家坪镇、桃源县牛车河乡和沅陵县七甲坪镇三镇交界处。山脉绵延百里，人烟稀少，野生动植物资源丰富，生态环境良好，有保护完好的黄牯界原始次生林群落。相传，明末李自成兵败退据湘西罗峰，继而被追杀逃至马头垴山中，见此地竹林遍野，山势三面峭壁，仅有陡峭的羊肠山道通往山寨，易守难攻，遂传令余部安营扎寨，修筑防御工事，将竹竿制成锐利竹尖插入陡峭的防御坑道，形成敌军难以逾越的屏障，从而赢得宝贵的休整时间。因此马头垴又名“竹尖界”，至今还存有古军事遗迹。

蛮子界古树群落　蛮子界北起石堰坪村和泗墩溪村，境内延至沅陵县七甲坪镇，山脉长达百里，是马头山群峰中较小的山脉。蛮子界人烟稀少，森林植被丰茂，有保护较好的大岗岭古树群落，单株高 50 多米，树冠阔幅近百平方米。境内原始森林茂密，野生动植物资源丰富。

马头山云海

太阳山天然舂米碓臼 太阳山北起泗墩溪村，南延沅陵县七甲坪镇，境内有天然舂米碓臼。相传，湘西北义盗鲁国道金盆洗手退出江湖，在太阳山建成太阳山寺，隐居于太阳山。在太阳山下的百米处，有一天然舂米碓臼，该碓臼每天都会出现可供太阳山寺三个和尚一天食用的大米。天长日久，三个和尚嫌每天下山取米麻烦，就请来当地有名的石匠，将碓臼凿石扩容，自石匠扩容后，该天然舂米碓臼再也未出现过一粒大米，现太阳山古寺大部分已毁坏。

大岗岭"动物王国" 大岗岭位于王家坪镇正东方，是一条连绵高耸的山冈，从黄牯岗开始行脉，绵延数十里后盘旋直下，如舞龙般直达八家河畔。沿岗数万亩原始次生林保护良好，山高林密，人烟稀少，成为动物的王国、走兽的天堂，近年来旅游业发展较快。

杨柳池山脉聚景 王家坪境内最为雄奇、险峻的要数杨柳池，峰顶有个50多亩的大池塘。相传为杨、柳两家合开，故而得名杨柳池。山上是原始次生林，长满野生猕猴桃、板栗、八月瓜、药用土茯苓等珍贵植物，山下淘木冲大峡谷是飞禽走兽的天堂。

由于该处海拔较高，且四周都是丘陵地貌，溪河纵横，登上山顶举目远眺，山没云中，云绕山峰，如仙女散纱，此起彼伏。清晨山托日出，黄昏云没日落，无不成为一道道绝美的风景线。

罗峰山万亩映山红 罗峰山是王家坪镇海拔较高的山脉之一，常年温和、湿润，坐北朝南。山脉绵延百里，横跨常德市桃源县，张家界市慈利县、永定区等2市3县（区），共6个乡镇。罗峰山呈半圆形，与马头群山呈南北呼应之势，是护卫马头群山的天然屏障。罗峰山特有的气候为树冠矮小、向上成V状爆发型树冠的映山红提供了生长条件。加上山体海拔落差较大，导致气温落差也大。受气温影响，罗峰山映山红自每年4月下旬至5月中旬，顺山坡自下而上，成梯级依次绽放。每年"五一"期间，罗峰山万亩映山红迎春绽放，成为一大奇观，是中国摄影家协会自然风光摄影基地。2001年修建两条石板路：一条从王家坪乘车到大塔后右转，过木山到蔡家坪步行，沿石板路直上可到达山顶；另一条从王家坪出发，经选家湾到方石坪的堰湾，再沿石板路攀缘而上，可直到山顶。山顶有木瓦结构的长亭，每年清明节举行湘西北山歌擂台赛。

罗峰山万亩映山红

溶洞之美

王家坪秀美山川下溶洞众多，较出名的有将军洞、怀水洞和丹寺洞。这些溶洞不仅有奇美的景观，更有传奇、优美的故事。

将军洞 原名落水洞，自王家坪南行，过砂子垭后沿路直下，一条大峡谷绵延直到紫荆塔，峡谷入口处就是将军洞。洞口仅容一人通过，入小洞十来米后才是大洞。大洞高 10 多米、宽 50 米有余，洞四周均有钟乳石或挂或立，立如柱，挂如笋。大洞尽头处有一小洞，小洞时宽时窄，忽高忽低。前行约 1 千米后，遇一水洞，洞里深潭处处，过潭须卷裤过膝，靠潭边而过。将军洞的名称源自贺龙元帅。1934 年，红三军军长贺龙率兵北上，经王家坪到砂子垭。此时天色将晚，为不扰民，贺龙决定率队沿途直下。到将军洞后，见山势险峻，可进可退，加上周围数十里荒无人烟，露营在此

将军洞

怀水洞

可以不打扰百姓，于是便驻扎在此，将指挥部设在洞里，稍作休整后才挥师北上。当地人民为了纪念贺龙，将落水洞改称为将军洞。

怀水洞　位于王家坪镇蔡家坪村。村南名为“老木岭”的悬崖绝壁下有小洞，仅容一人侧身而过，然后方能进入大洞。大洞呈半圆形，高 10 米左右。洞内空间宽阔，能容纳万人。洞四周钟乳石保存完好，有的形如走兽奔马，有的形似挂剑投枪。洞右方一角，数十个硝池排列有序，其间垒有灶台、炉锅。大洞前方有一个小洞，小洞一直向下倾斜，一条 3 米～ 4 米宽的阴河横流洞前，上有瀑布，下有深潭。相传明末闯王李自成兵败退至罗峰山一带，到处选址，看中怀水洞群山环绕，易守难攻，又加上洞内硝源较多，能容纳万人，最后在洞中制火药、造枪炮。

丹寺洞

丹寺洞 原名风火洞，位于马头溪发源地，是王家坪最大、最长的峡谷。从王家坪乘车到选家湾村的人山组，沿坡直下至鱼洞河，然后沿河直上近十千米就到了丹寺洞。洞前有一潭名为碗柜潭，深不见底，一道数十米的瀑布直挂潭上，潭四周山高林密，经年不见天日。潭的另一面十多米外，建有一座红砖小寺，寺庙不远处有一个大洞，沿大洞30米左右，一壁间隔两洞，右洞寒风阵阵，奇冷无比，谓之风洞。洞内有不成规则的千百个水田，田中有水，但不太深，洞下面是悬崖，一条阴河飞流直下，声若雷鸣。左洞热浪扑面，走得三五步便是满头大汗，再向前十来米有一个大洞，高30米左右、宽数十米，地面干燥，尘土飞扬，越向前温度越高，谓之火洞。

丹寺洞一名源于郑之仁道士。传说此洞曾被一条水桶粗的大蛇所占，无人敢来洞中。附近马头溪有一道士名叫郑之仁，人称之道士。少年时在王家坪南武当求师学艺，数年后学成武术、法术。听闻丹寺洞蛇王为害一方，遂带两徒前来捉拿。之道士叮嘱两个徒弟："我进洞后将一双草鞋抛入碗柜潭中，见两只草鞋打架要紧催锣鼓，切记切记。"他进洞不久，两徒弟见一双草鞋斗在一起，一会绕着潭，你追我赶，一会又拍着水面，高跳丈余，如此你来我往，两徒弟看得呆了，忘了敲锣击鼓。不久，两只草鞋便缓缓沉入潭中，而之道师也久久没有出来。三四天后，一名村姑在马头溪风雨桥畔洗衣，一只鸭子围着村姑旋转悲鸣，村姑不禁随叫一声："你这样叫得悲切，莫非是之道士吗？"语毕，之道士现身，对村姑深施一礼，含泪而去。之道士回家后，痛责徒弟并将二人逐出师门，将所有法书烧个干净。当地人们非常怀念这位之道士，便在风火洞前建一座红砖小寺，并将这洞改名为丹寺洞。

马头溪瀑布

溪水之美

王家坪虽没有大江大河，但小溪蜿蜒盘旋，溪水清澈见底，山涧小溪形成的天然自生桥，神奇而美丽；溪水跨越峭壁形成的令人心醉；土家人修建在溪上的风雨桥更是一道优美的风景线；溪水冲刷形成的溪坝柳林寂静、惬意；溪边的土家吊脚楼让人流连忘返。

马头溪 马头溪发源于王家坪境内罗峰山脉，经鱼洞河、马头溪、龙潭河、关水坪在两河口处与葫芦溪交汇，注入沅水，是沅江的发源地之一。马头溪河床宽绰而平缓，两岸青山，碧水潺潺，村落错落有致，民俗风情浓郁。清代著名本土土家族诗人全翼之，阳春三月应诗友登高，见马头溪土家村落、土家吊脚楼、风雨桥、水碾坊、木榨油坊、筒车点缀其间，美轮美奂，吟出“两面青山碧玉屏，门前水绕一条清。人耕绿野披蓑笠，客傍清溪下钓垂。远树含烟朝滴翠，小桥流水夜垂星。就中恰好农人住，无限风光满户庭”的佳句。历史上王家坪悬于湘西北一隅，交通闭塞，物资流通全靠人挑马驮，马头溪便成为唯一的水运沅江至洞庭湖的物资运输通道。每年的春夏汛，土家族人将木材扎堆结排，销往沅水流域洞庭湖一带，换回盐巴、布匹等生活物资。因山环水绕，暗礁重重，异常凶险，每有排工葬身途中，历有“排过清浪滩，人进鬼门关，龙王难保你，自投阎王殿”的民谣。

葫芦溪 发源于王家坪镇境内砂子垭村，经将军洞、紫荆塔等地，在两河口处与马头溪成丫字形汇合，注入沅水。葫芦溪因境内水道源头小，尾端状如葫芦而得名。葫芦溪以婉约曲畅的水道，随着马头山山势将一个个土家村落串联成珠。两岸土家吊脚楼傍山依溪而建，融入青山绿水，人与自然和谐交融。1934 年，此地遭受近代以来最严重的干旱，此溪仍未断流，居民丰衣足食，于是在溪边建立龙王庙，祭奉龙王。有诗曰：“淌水清溪韵味悠，炊烟缥缈伴疏流。抬头瞻仰青松岭，放眼沿溪吊脚楼。”

德修溪

德修溪　发源于慈利县洪子峪，因海拔落差悬殊，形成上溪、下溪、头潭坎多处梯级瀑布群落。沿溪古柳、古枫、古樟树、鸳鸯柳风光带绵延5千米，是重要的自然遗产。“德修溪”一名源自清代乡贤求学的故事。清代当地欧上美举人因考进士屡试不第，认为自己德行不够，于是捐出家产，建成德修溪风雨桥，方便行人过溪，并于溪边建起吊脚楼，潜心修德，寄情诗书，花甲之年赴京应试喜中进士，是王家坪一名年龄最大的进士，其德行、学风影响数代人。当地土家人修身齐家，耕读为本蔚然成风，以致后来人才辈出，从这个小山沟里走出清华、北大等全国重点大学学子百余人。两岸土家吊脚楼有的坠入谷底，有的耸入云中，其中欧氏古寨建于清康熙年间，占地面积7800平方米，是张家界市最大的连体土家吊脚楼。院内有两重古槽门，旱碾、碓码等生活设施一应俱全，为原始土家小部落遗存地。

桥之美

王家坪镇桥的种类分为自生桥和人造桥。自生桥以马头溪自生桥最为著名，人造桥又称风雨桥，其建筑工艺可与吊脚楼相媲美。王家坪现存的风雨桥有紫荆塔、马头溪、德修溪、桥边河、八家河、蔡家坪等地共 10 座，其中马头溪、关水坪近年新建 2 座。建筑历史较为悠久的有马头溪、德修溪、桥边河风雨桥。

马头溪自生桥 马头溪自生桥位于马头溪村的最上游，为第一座风雨桥，桥连古道，是张家界、桃源、慈利、沅陵的商旅要道。古道西去沿坡至半山腰右侧有一处深涧，跨涧百余米有两座自生石桥，绿树映涧，芳草铺桥。据说在很早以前，有一对土家族儿女，两人从小青梅竹马，曾海誓山盟，私订终身。但女方父母为其择富贵子弟另嫁，迎娶当天，这对土家族儿女爬上屋侧高山，当迎亲队伍来时，双双跳下深涧。紧接着电闪雷鸣，瓢泼大雨，高山随即倾倒下来，成为两座石拱桥。根据这一传说，当地人又称自生桥为鸳鸯桥。

第一座桥的上侧，有一条一米宽的极陡小道，直达涧底，桥高 45 米，跨度 30 米，厚 3 米左右。桥的上方，如刀斧破开一道不足一米的石峡，有影影绰绰的亮光落下来，映着里边的一处山洞。洞顶有数十个半圆形的石氹，洞前如削石壁的正中一处钟乳石，极像一朵盛开的白莲花。靠莲花的右侧，有一朵形似含苞待放的百合花蕾，其长过米，线条清晰，水桶粗细，色彩明亮，有小水点隔三岔五地从“花瓣”上滴落下来。

洞里潺潺的泉水，据说是从山的另一侧盘塘流过来的，幽谷流泉，水以亲若无骨的身段打磨着石板岩槽，大凡水流之处，都有不尽相同的光晕。

第二座桥要高于第一座桥，其高 50 米，宽 40 米，厚 4 米，两桥相距 80 米左右。

马头溪自生桥

两桥的共同点是，全是青石岩桥身，没有丝毫缝隙，两桥的拱弯极其一致，就像偌大一个圆下截一小半，弧度柔和、优美。桥上挂满青藤，桥下岸边的小草，在水的带动下，不断地晃动腰身，一层薄薄的水雾在幽谷里回旋上升。只有在午时，阳光才能从树的枝叶间隙洒落下来，那桥、那谷才会明亮起来。幽谷的水悠悠流淌，5 个短瀑流至马头溪 5 个小碧潭中，潭中游鱼可数，岸边的水鸟不时叼起一条刀条子鱼，再飞落在对面的大石上。马头溪自生桥很美，幽谷清静凉爽，涧水温柔多情，是马头溪村的一处优美风景。

马头溪风雨桥 初建于嘉庆年间，清朝初年至 1960 年，马头溪是沅古坪、谢家垭、双溪桥、沅溪、三岔、湖田垭等地乡民东出桃源、常德通商贸易的古道。早期因山洪暴发，溪水曾三次冲毁桥墩，桥梁被毁，经乡间名流筹集资金三次修复。1938 年，马头溪绅士欧开修筹资第四次重修马头溪风雨桥，在风雨桥两头分别埋下两坛银圆“镇河妖”，风雨桥中间菱形墩用桐油拌石灰浆砌成、勾缝，并请当地儒生欧化东作桥碑序。1977 年修公路时，民工在对岸桥头挖出建桥时所埋下的银圆并私自瓜分。1978 年 6 月，山洪暴发将被挖走银圆的对岸三扇桥面及横跨河面的桥梁悉数冲走。1980 年，马头溪大队将洪水冲毁的残缺部分重修。

德修溪风雨桥 始建于清乾隆三十一年（1766 年）9 月并立碑纪念，历经百余年，到民国初年只剩 4 根桥梁，1950 年后只残存 1 根横木，德修溪两岸村民将横木作便桥使用。1965 年，由德修溪大队出资，雇请永顺塔卧岩匠在溪中间砌菱形桥墩，湖田垭木匠龚高济掌墨修建桥面，梁木处书标语口号。

桥边河、八家河风雨桥 均为民国年间修建，设有烟馆、赌场和牲口交易市场。清末至 1960 年，桥边河是王家坪境内的重要集市，同时也是乡间草台戏班演唱的地方，

马头溪风雨桥

德修溪风雨桥

关水坪新建风雨桥

三棒鼓、渔鼓、土地戏、汉剧、阳戏逢集市之日随处可见。风雨桥上人来人往，水泄不通，两岸坡上坡下，人山人海，摩肩接踵。桥边河风雨桥集市风靡近百年，是王家坪镇历史上最繁华的集市。

欧公洞十里梯级瀑布

瀑布

王家坪境内溪流从山涧飞泻而下形成众多瀑布，像雨像雾又像纱，既豪情奔放，又优美柔情。

欧公洞十里梯级瀑布　欧公洞十里梯级瀑布是王家坪镇最集中、最具特色的瀑布，位于王家坪镇的木山村欧公洞组。烟子溪从欧公洞欧氏祠堂至溪水尽头共有5千米，中间有103道瀑布，若有朝霞夕照，流光溢彩。雨季涨水时，丈余宽的瀑布

头潭坎瀑布

从 70 多米处一层层成梯形落下来，落差均匀，间距几乎相等，降到 3 米处形成一道短瀑。瀑布的下落处均有大小不一的深潭，“烟子溪”因此处多瀑布且多雾而得名。

头潭坎瀑布 头潭坎瀑布位于王家坪镇西北的德修溪下游处，是王家坪落差最大，水流量最大的瀑布。德修溪从红子峪流至风雨桥畔，河水跌落 30 多米的悬崖，下有一碧水深潭，人们称之为三潭。再沿河直下 500 米左右，有 40 多米的深潭，为二潭。绝壁处有溶洞，人称洞潭。头潭坎高于上游两潭，经实地测量有 80 多米高，两岸高山峻岭，有数十万亩的原始次生林。从三潭至头潭以下数十千米，两岸树木蔽日，涨水季节，瀑布宽数十米，其轰鸣声远传数百米开外，整体生态环境极为原始，是当地人心中的禁忌之地。若有小孩哭闹，大人便吓唬他：“你不要哭，明天带你去头潭坎”，哭声即止。相传清末民国初期，4 个男青年相约到头潭坎下的深潭钓鱼，其中一人在一块直径约 1 米的圆形石头上垂钓，同行另一人说：“你快下来，你那块石头动起来了。”那人赶紧跳下来。回头一看，原是一只大甲鱼缓缓游向潭心。

田园景观

王家坪人文景观主要体现在农田、耕地无荒废，庄稼生长茂盛，农民勤劳朴实，村庄建设和谐，山水风景自然。

石堰坪田园风光　东南有马头垴山，东北有箱子垴山，两山同属马头山脉，并与东南武云仙山遥相呼应。石堰坪村部建于马头垴山下盆形平坦之地，于村部观其山势，两山呈二龙戏珠之态，南方远山亦如笔架，村前沟渠流水西去，且有方塘如砚，荷叶亭亭，山水相映。可谓有文昌之格局，水乡之韵味。

十里水杉大道　位于张家界至怀化省道的王家坪镇韭菜垭村路段，20世纪80年代修建省道后，沿途10余千米栽植水杉数万株。现水杉高达数十米，特别是从马头溪度

马头溪十里水杉大道

盛开的油菜花

假村至关水坪木榨油坊 10 里（约折合 5 千米）路，水杉长势良好，3 米 1 株，排列整齐，大小相似。十里水杉大道直通沅陵县七甲坪镇。

古柳风光带 位于王家坪镇境内的上伏溪流域。上伏溪在王家坪镇境内流经老龙口、万家河、商家河、飞溪河，注入沅水，溪水冲刷出的数十千米的长滩上长满柳树。柳廊在长潭坪沿商家河两岸至武云山下，长潭坪集中连片的柳林长约 1 千米，大河滩有数千平方米的柳荫绿地。临河边古柳已有数百年树龄。河滩的柳树均是 20 世纪 70 年代因溪水改道而栽植的新生树，大多有五六十年树龄。上伏溪柳廊逢春夏两季绿树成荫，遮天蔽日。绿树丛中莺啼鹂啭，紫燕翻飞，树下碧草如茵，溪水如练，是户外度假胜地，历有“小桂林”之称。

万亩油菜花长廊 在王家坪镇各村寨均有种植油菜的传统，马头溪两岸最为壮观。从马头溪风雨桥畔开始，穿过关水坪、两河口至紫荆塔 4 村，形成全长 10 多千米、总面积 10558 亩的环形地带。该地带全部种植油菜，每逢三月油菜花盛开时节，形成一条“黄金长廊”。

石堰坪田园风光

动植物景观

王家坪地处大山深处，有大片的原始次生林和古树群落，气候温和，水资源丰富，适应动植物生长繁殖，境内植物资源及珍稀动物种类繁多。

动物景观　王家坪镇观赏类动物主要有锦鸡、竹鸡、画眉、娃娃鱼等。娃娃鱼爱清洁，爱钻洞穴，王家坪境内马头溪、淘木冲、老龙口、将军洞等地适合其生长繁殖，土家族人视之为吉祥的象征。锦鸡是国家保护动物，身有五颜六色的羽毛，尾长1米多，多用来观赏。竹鸡个体不大，0.5斤左右，声音清脆，呼叫时同伴爱接其音，

娃娃鱼

锦鸡

野鸡

有“一只竹鸡叫，满山都接音”之说。因其爱在竹林觅食，故称“竹鸡”。画眉是观赏价值很高的鸟类，眼睛上有一道长长的白色的“眉”，弯弯的，像画的一样，故称“画眉”。其个体重量不足0.3斤，其声音清脆，又特别爱叫，土家族人撞上能说会道之人，便赞其“画眉开荤”（土家人为使小孩长大后能说会道，在小孩刚满月的时候用画眉鸟“开荤”）。

植物景观 王家坪镇观赏类植物主要有菊花、樱花、兰草、桂花、楠木等。桂花多见于王家坪人日常生活中，菜园一角或吊脚楼前都栽有桂花树。樟、梓、楠、椆是王家坪镇最常见的四种珍贵树木，椆分红椆、白椆。楠有香楠、金丝楠、竹叶楠。蔡家坪村的红豆杉最为珍贵，有600多年树龄且生长茂盛，该村还有500多年的金桂花，覆盖面积多达几亩。银杏是土家族人视为最吉祥的树木，王家坪种植银杏的历史已有几百年了。野生葛根、八月瓜、猕猴桃等植物和珍奇菌类不仅具有观赏价值，更含有丰富的营养价值。

奇菌异果

日出

气象景观

王家坪属亚热带丘陵地貌，森林茂密，水资源丰富，四季分明，云轻雾绕，清晨山托日出，黄昏云没日落，气象景观极美。

日出 日出盛景位于书峰垉。清晨站在书峰垉向东看去，一片淡黄，慢慢地淡黄色变成淡红，太阳从淡红的云彩里冉冉上升。清晨易有薄雾，薄雾散去后，可见朝霞映着莲田，映着河面。

日落　日落美景主要在王家坪风雨桥。太阳西沉，晚霞落在山坡上、河川里，衬托出王家坪宁静、优美的自然景观。

云雾

云雾　云雾是王家坪镇的一大胜景，尤以马头山为最。由于王家坪境内雨多地湿，早晨山川河沟里都是雾蒙蒙的，只有一些小山头露在外面，雾随风飘荡，变化万千。

冬雪　冬雪是王家坪的一大美景，尤以杨柳池群峰最美。冬天，漫山遍野的野生栗树落叶后，树枝向上，雪落在树枝上形成冻株，远远望去，如同白马背脊上的鬃毛。雪中村庄更美，田埂上、原野里，白茫茫一片，房前屋后的树木挂上雪霜，如同山水图画。

冬雪

历史文化景观

王家坪是一个千年古镇，有着悠久的历史，景观遗存众多。主要有郑国祥进士楼、天香书院遗址、皮垭里陶器窑址、悬棺“箱子眼”、马头溪古道驿站、寨子抹古城堡、欧氏宗祠、德修溪老屋等。

郑国祥进士楼　郑国祥是清朝康熙时期榜眼，被康熙皇帝钦点为拟旨郎，历康熙、雍正、乾隆三朝，被称为“三朝拟旨郎”，曾参与编纂《康熙字典》。因郑国祥家乡旧居简陋，朝廷拟拨款为其建筑进士楼，被郑国祥婉拒。后郑氏家族为光宗耀祖，勉励后学，举族人之力建筑了 99 根柱子落地、88 间厢房、内外两重槽门、包院墙，由桐油勾缝而成的小青砖进士楼，时称“湘西北第一楼”。进士楼建成后，历经百年沧桑，虽多次修缮，但木材使用寿命已至极限，主体建筑于 19 世纪 50 年代坍塌，包院墙多处垮塌，现仅两边的偏房余存和部分残垣断壁。曾经的台阶条石经岁月打磨，平溜光滑，虽然野草丛生，也难以掩饰进士楼曾经的辉煌。

郑国祥进士楼遗址

天香书院遗址　位于王家坪镇砂子垭村。书院为木瓦结构，四合井建筑格局，外有包院墙，建于明末清初，毁于“文化大革命”期间，现仅存残垣断壁、基石阶台。院址一峰突起，地势开阔，东临杨柳峰，南望葫芦溪，西眺天门洞，北瞰八家河，登千步青石台阶绕山峰到达泰山庙。相传清朝两榜进士李尧在此创建天香书院传经授道，湘西北文人学士慕李尧才学，云集天香书院吟诗作赋，每得佳句，书于庙壁，供四方香客品评，后编成《天香诗集》，在湖湘大地广为传播，对湖湘文化产生了深远的影响。

皮垭里陶器窑址　皮垭里陶器窑址是明初石堰坪陶器烧制的场所。如今该地还散落大量破碎的陶片。皮垭里窑场制作的陶器、缸、钵等曾在湘西北风靡上百年历史，清中叶因烧制陶器的土坯杂质多而倒闭。

悬棺“箱子眼”　“箱子眼”是远古丧葬文化遗存。在王家坪境内上伏溪一带沿岸峭壁有形似箱子，长2米，高1.2米，深1米，相距不等的悬棺48个，俗称“箱子眼”。据《云南志略》载：“人死则棺木盛之，置之千仞巅崖，以棺高悬为吉。”这种悬棺丧葬文化至明朝末年终止，上伏溪两岸的48个（含桃源县）“箱子眼”完好地保留下来，成为古代丧葬文化遗产。

马头溪古道驿站　湘西北腹地，是历史上的盐帮古道，据《辰州府志》记载：“千年盐帮，万里古道，纵贯两千年，横跨三万里，经池峰，通慈永，达来凤，接辰州，贯黔阳，商贾贸易之要道……”盐帮古道带来了商机，王家坪建起紫荆塔、关水坪、砂子垭、伞家湾、马头溪等古道驿站，最繁荣的驿站是马头溪古道驿站。据《沅陵县志》记载：“……古道驿站，上通慈永，下及常桃，必经之途，四通八达之地。”马头溪这峡谷弹丸之地，木楼鳞比，人马辐辏，碾坊、油坊、茶馆、客栈，各类店铺俱全。南来北往的商贾马队络绎不绝，成为湘西北最负盛名的驿站。

寨子抹古城堡　建于太平天国时期，是湘西北一带巨富豪强为防止太平军劫富济贫，藏匿财物而建造的城堡。建筑时采用劈山取石之法，用石头垒成墙高5米，墙厚3.3米的城堡，自两河口至大垭湾顺山势起伏而筑，长达2千米的城墙分东南西北四个城门，城堡内可跑车马，内有石碓、石磨、石碾等生活设施。城墙现大都毁坏，仅留下部分石头城墙和门楼遗迹。

欧氏宗祠　建于清同治年间，位于王家坪镇木山村花香垴西南山麓，欧公洞上坪，坐东朝西，后靠元宝山，前绕小溪，占地面积1200平方米，建筑面积800平方米，内有祭祀堂、议事堂、谱书陈列室、戏楼等。宗祠两侧上方雕花彩绘装边，两厢、两层、四扇、三间木房相接，窗明格亮，采光合理。内房承袭了明朝建筑风格，呈正方形，中间有南北向长方形天井，长 8.2 米、宽 5.8 米。砖砌墙垣，木构亭楼，石刻斗拱挑檐，彩绘壁画，泥塑鸟兽，扳爪翘角，门扣狮环。虽经百年沧桑，风雨剥蚀，仍古朴恢宏，成为一方宗祠建筑文化重要遗产。

马头溪古道驿站

寨子抹古城堡

木山村欧氏古祠

德修溪老屋

从西南正观，宗祠小巧玲珑，雕龙彩凤，两块耸立的长条石上压一米长的唇石，盖一块长方形条石，即成大门，门板由两块木板镶嵌而成。墙基采用卵石下脚，增加了承受力；条石水平放置，增加整体联结性能；以石灰、细沙勾缝衔接，增加上下墙体的整体稳固性。2015 年 2 月 4 日，被列为永定区文物保护单位。

德修溪老屋　德修溪老屋建于清康熙年间，占地面积万余平方米，建筑面积 8888 平方米，内有居户 20 余户。四周有 4 米 ~ 5 米高的小青砖包院墙，院墙大门用木质坚硬的木材外包铁皮制作而成，内建斜八字槽门，有石碓、石磨、旱碾等生活设施，是王家坪镇最典型的连体土家吊脚楼古建筑。临溪配建土家风雨桥、木榨油坊、水碾坊等民俗建筑，四面群山有古枫、香樟、古柳等古树群落，发源于罗峰山脉的德修溪绕过古寨，注入沅水。现为中国摄影家协会民俗摄影点。

古寺庙宇

唐太祖李渊大力倡导佛教文化，在王家坪这个弹丸之地先后建成大小寺院庙宇 18 座。这些山寺庙宇大都建在高山峻岭。王家坪境内几乎山山有庙，佛教文化盛行，庙会、社戏长年不断。

两河口济公庙 建设年代不详，庙址位于两河口村马头山群峰，毁于 20 世纪 60 年代，占地面积 1200 平方米，建筑面积 600 平方米。传说一日济公云游至此，见此山古木苍翠，峰接云头，地势开阔，祥光升腾，登高望远，48 座马头山群峰尽收眼底。济公一生云游四海，未见如此气象之地，从此不再游历，定居于此，修炼佛法，终得大成，劫富济贫，替天行道，为世人所敬仰。为纪念济公活佛，当地人将此庙更名为济公庙。

白鹤寺、望郎庵 白鹤寺，建于明代，地址在杨柳池旁边的白鹤山山腰。相传，当年一位杨姓公子与一位柳家小姐相爱，私订终身后，二人曾在寺中烧香许愿，当地土家族人有感于他们对爱情的忠贞，在清朝晚期自发捐资，整修过一次，并将杨公子的诗词以及柳小姐望郎归的感人故事刻于寺碑之上，陈列在寺里的忠贞堂传扬后世。20 世纪 60 年代破“四旧”，白鹤寺毁于一旦。望郎庵建于清朝初期，与白鹤寺隔池相望。相传杨公子当年赶考久久未归，柳小姐日复一日爬上池前的孤峰之上望郎归来。后来柳员外修一小庵，以便柳小姐避风躲雨，柳小姐一直未嫁。当地人们有感于柳小姐对爱情的执着追求，将该峰称之为望郎峰，同时也称小庵为望郎庵。望郎庵毁于 20 世纪 60 年代后期。

南武当古寺　建于明代，海拔 800 多米，一峰突起，三面壁仞，耸立于马头山山峰之上，寺址山腰有一“佛心台”，自佛心台 999 级石板台阶盘亘而上到达山顶古寺。大雄宝殿百尊贴金佛像陈列其间，香烟缭绕，晨钟暮鼓。南武当古寺和湖北十堰武当山寺源出一脉。寺联载：“南武灵神通北武，西方活佛应东方。”影响湘鄂边区、湘西北大地，香客信徒鼎盛一时，毁于“文化大革命”时期。

远眺南武当山

伞家湾吊脚楼

土家吊脚楼

吊脚楼是土家族智慧及民风民俗的物化标志之一，反映了土家人崇尚自然的心性。土家人为充分利用土地，节约资源，健康长寿，通过千百年的实践和创新，不断总结经验，研究出一系列适应南方潮湿气候的土家吊脚楼。王家坪土家吊脚楼不论是选址定位、修建工序、建筑样式还是功能布局、建筑装饰都很讲究。

王家坪土家吊脚楼大多一户一栋，无一定规，或避风向，或临溪谷，或傍山腰，随山就势，依地而建，很少刻意修饰，不破坏地貌，错落有致。也有一族人居住在一起，连成一片，形成族居村寨。村寨四周，古树环抱，人称风水林，寨内建筑由吊脚楼（转角楼）、摆手堂、茅屋等构成，摆手堂立于村寨之中，设有祖先牌位和土司王神位，寨中房屋布局自然，随人而定。

吊脚楼依山临水，飞檐翘角，形如一件艺术珍品镶嵌在青山绿水之中。吊脚楼前一汪汪水田，在阳光下焕发出春天的气息，一缕缕炊烟从瓦背上袅袅升起，霞光映在水田里，落在吊脚楼上，色彩鲜明。清晨或雨天，浓雾时聚时散，楼角时隐时现，犹如海市蜃楼，此时的吊脚楼可称得上如诗如画，充满一种和谐之美。

选址定位

王家坪土家人把衣食住行中的“住”看得很重，没有住房即没有“家”。栖身之所的修建也是土家人的立业之本，是一个人在世功业的象征。王家坪土家人对住所选址定位非常讲究，一般都要请当地既懂自然地理，又有建房经验的名人帮助选址定位。通过实地勘察，对饮水源的清洁、烧柴的远近、背风向阳等诸多宜人生存的环境因素十分讲究。定位是修建吊脚楼的“基石”。为增加建筑面积，增大活动空间，又不占用稻田，修筑房屋一般选择悬空建于溪谷旁及山边岩坎上。

依山傍水 吊脚楼是土家族人标识性建筑，选址多是依山傍水而建，这样既和谐自然，又便于上山砍柴，下河洗衣洗菜，更利于喂养牲畜。王家坪境内马头溪、八家河、

依山傍水

德修溪、灰溪河的吊脚楼，大都是临水而建，背靠青山。这种傍水而建的吊脚楼，其坐向受到拘束，土家人向往的房屋最佳坐向是坐北朝南，溪河两岸的房屋往往难以如愿以偿，坐向也就难以讲求，只好因地制宜。临水而建的吊脚楼，因水边潮气大，建筑物结构与山坡地稍有区别。临水吊脚楼吊脚较山坡地高，下层一般不封闭，放置杂物、柴火，以保持通风透气。

随山就势　随山就势的风格多见于在山坡修建的吊脚楼。这类吊脚楼根据地势的走向和地面的宽窄程度选择房屋的坐向，一般选择地势较宽敞的地方建筑房屋。王家坪紫荆塔、大垭湾、关水坪、周家坪散居在山坡上的数十户民居都是随山就势的典型吊脚楼群。形式上，新中国成立后的吊脚楼与民国以前的布局有较大的区别，1950年后的建筑多呈单独性，最大单位是一个家庭。清末至民国年间的建筑群落，多为地方有钱有势的大户人家聚居，修造工艺极为讲究，如清末关水坪张福新与其子张永年1934年修建的庭院、壹椽、骑桐，均饰有花卉、鸟兽浮雕，磉蹬呈鼓形，精雕细刻，工艺绝顶。“文化大革命”时期，这些浮雕被凿去。

随山就势吊脚楼

修建工序

吊脚楼的修建讲究，修建工序严格。分采料加工、穿枋排扇、立屋上梁、打瓦盖顶、落成请酒等主要步骤。

采料加工 吊脚楼修建的第一道程序，分采料和加工两步。采料就是采集合适的木料，首先是选料。王家坪土家人修建吊脚楼在选料上十分讲究，通常以海拔较高的山冈上日照充足，久经酷暑严寒熬炼，木质坚硬，木纹美观，防腐性能较强的天然杉木、梓木、椿木、白杨木等木材为首选，山下背阴的木材次之。做梁木用材更是要求严格，除具备上述条件外，还必须是双枝松柏树木，取“好事成双，松柏常青”之意。采料前主人雇请木匠（俗称墨头，即掌墨的木匠）计算好整栋房屋修建所需木料的种类和数量，一般柱多以栗、椿、椆等杂木为主，枋以松树和椿树为好，然后由主人请帮工上山伐木。将栗、椿、椆、松等木材，加工成半成品的椽、檩、柱、枋等部件，随后雇请人工搬运回家；墨头在家起码、划墨，多名“二木匠”（即会做大料的木匠）听从墨头指派，各司其职，对半成品的材料进行加工。

穿枋排扇 穿枋排扇就是将一根根木枋穿过柱头眼，形成一排排的木扇。穿枋排扇很有讲究，一般先排东头第一扇，从前檐第一柱（龙头柱）开始穿，然后依次将所有木枋穿成木扇。

立屋起扇 立屋起扇就是将各排木扇竖立起来，这天也是土家人大喜的日子，周边邻里、亲朋好友都来“打白工”帮忙。立屋起扇一般需要四五十人共同协作，各排木扇立起之后中间堂屋才放置梁木。上梁木是立屋起扇的高潮，梁木上绘有意表吉祥的图案，多书写“堆金积玉”之类表吉祥的词语。王家坪土家人立屋上梁有很多步骤，墨头开梁口后，要唱上梁歌、赞梁歌、祭梁歌、抛粮歌、赞八卦歌，亲戚朋友将几米长的红布搭在梁上，以显主人尊贵身份；搭梁时要唱搭梁歌，多是一些称颂主人的恭贺之词。

吊脚楼的修建过程

打瓦盖顶 木房屋修建完工后（俗称撩檐出水），把泥瓦传上屋顶，将整个屋顶盖住，俗称打瓦盖顶。土家人通过长期的训练，掌握了一套省时、省力的打瓦技巧。一般十几个人排成一排，通过手工传递泥瓦，檐下一人将三五片瓦叠成一叠用力向上抛，屋上檐边一人用手相接。打瓦盖顶也就是房屋落成之日，亲朋好友都在这一日前来恭贺，主人杀猪宰羊，款待贺客。

建筑样式

王家坪吊脚楼建筑样式常见的有“一进两重堂”“两进三重堂”“四合井”“一字长龙”“跛子赶羊”“岩壁上挂鸡”等。其中，“两进三重堂”式样仅见于德修溪民国年间重修的古建筑，其他式样多常见。土家吊脚楼排扇结构一般是五柱六骑、三柱六骑。德修溪的建筑式样多呈两进三重堂格局，顺坡向上延伸时有6个四合井。四合井样式的吊脚楼是1949年前大户人家居住的房子，四周用火砖围成风火墙，房屋中间是正门，房屋旁边有侧门，大门正面是堂屋，两旁是转角吊脚楼，堂屋正前方有戏台。

一字头式

王家坪土家吊脚楼的结构样式多种多样，最为常见的是一字头、双手推车和钥匙头等式样。

一字头式 这种吊脚楼最为常见和简单，主要取决于地势结构修建而成。这种建筑式样的吊脚楼最少是 3 间排成一排，像汉字中的“一”字，最多也有 9 间排成一排的。一般情况下房间排列越多，建筑年代越久远。普通 3 间多建于 19 世纪 60 年代或 70 年代，当时社会治安非常好，但粮食却相当紧张，一些缺少劳动力的家庭，便从大院中搬离出来，单家独户居住在大山深处或是山坡地带，过着自给自足的农耕生活。

双手推车式 就是在一字吊脚楼的基础上将房屋的两边分别加修两间或三间吊脚楼房，形成直角转角楼，这种房屋结构通常是因孩子成家立业后不够居住而加修的，多为兄弟各住一边，共同拥有中间的公共活动场地。这样既方便使用，又和谐美观。

钥匙头式 就是在一字吊脚楼的基础上将房屋的一边修成 90° 的转角楼，形状像钥匙。

双手推车式

钥匙头式

功能布局

土家吊脚楼根据土家人的生活习性进行设计和功能布局，除睡觉的卧室外，还需有生活取暖的火坑屋、操办大小事宜的堂屋和休闲的转阁楼。

火坑屋 王家坪土家吊脚楼居舍中最具特色的便是土家火坑屋。火坑屋在堂屋两侧，屋中挖一火坑，上方吊一廊架，用于熏制腊肉、香肠、豆腐等腊味。同时，土家人的背篼、箩筐、饭篓等竹器也悬挂在火坑屋上方利用烟熏的方式防止虫蛀腐烂。火坑屋更是土家人做饭用餐、洗澡洗衣、冬寒取暖、来人待客、娱乐学习、休闲聊天的重要场所。

土家人尊火为生命之源，春夏秋冬火坑屋从不断火，冬季腊月火烧得更旺，尤其是大年三十到正月十五，火坑里燃烧着熊熊大火，日夜不熄，寓意着烟火兴旺，后继有人。一个普通的火坑，凝聚着土家人无数平凡而简单的生活故事，沉淀出土家族厚重的文化底蕴。入土家村寨，登临吊脚楼，盘坐火坑边，可以感受火坑屋里那些经年流传的人物故事。

土家火坑屋的那些人和事

堂屋 土家族人的堂屋是最主要的一间屋子，占据整栋房屋正中间。整栋房屋无论多少户都是共用一间堂屋，这是一间“公产房”。堂屋开对字门，两扇万字格窗，进门枋高于其他门枋，意主关财。堂屋内不铺地板、楼板，意思是连天接地。顶上梁木画太极以及八卦图案，堂屋正面是“天地国亲师”位及家神，两旁贴家规、家训，壁板最上面悬挂神匾。当家中娶儿媳时，娘家送号匾悬于右壁，左边是其他亲朋好友送匾所挂之处。

土家族人凡有红白喜事，一切祭祀活动都在堂屋举行。20 世纪 60 年代前，各家堂屋都有神龛，并供有观音、财神、关公等各种神像，下摆香案供桌，有长者早晚各上一炷香，从不间断。“文化大革命”中，神龛及神像大都被撤下。至今，土家族人的堂屋仍是传承香火、正肃家风的神圣地方。

土家转阁楼　土家吊脚楼的建筑格局不下数十种，一般是根据主人的身份、财力而定。小户人家修上三五间落地平房，只要牢固、实用即可。大户人家、功名之士则拉开架势，建成双手推车、吊脚转阁等样式的豪宅大院。

吊脚楼里的堂屋

土家转阁楼是土家吊脚楼的顶级标准，它从正屋大院廊枋转阁经推车吊脚楼，连转两阁，甚至多阁，建成绕楼走廊。转阁楼不仅成为邻舍间往来的通道，更是搞好邻舍关系的纽带。转阁楼檐高廊宽，采光通风，纳瑞招财，雕栏画杆，寓意教化，廊枋之上土家人将串串玉米、摞摞辣椒、扎扎高粱、粮食蔬菜悬挂在上。每当有宾朋从远方来临之时，土家转阁楼也是夏季招待客人最好的地方，成为一道来自远古的风景。现代吊脚楼建筑少有转角楼和跑马楼，清代和民国年间修建的吊脚楼往往两方或三方都有司檐，司檐依屋势转弯抹角，中间为厢房。司檐亦可跑马，谓之跑马楼。清光绪年间所修建的石堰坪楼屋吊脚楼，即今欧汉雄所住民居，有数十米的跑马楼。

转阁楼一角

多层吊脚楼

建筑装饰

王家坪土家先民从穴居、蜗居到木构小瓦吊脚楼，经历了2000多年的建筑历程。到了唐代，土家先民不但注重居舍的实用性，对居房的装饰性也讲究起来，在梁木栏杆、包院墙上浓墨重彩地绘制鱼虫花草、人物故事等图案。明清时期，土家民居吊脚楼装饰进入辉煌时期，从唐代的简单水彩绘画艺术，衍生出造型、浮雕、镂空、油彩绘画、采格等装饰艺术。

造型装饰有粉檐垛脊、扳爪翘角、挂司檐等，这些造型装饰成为一方土家民族的象征和文化符号。浮雕装饰应用于堂屋的主梁、看梁、骑桐、壹椽等处，工艺精致，栩栩如生。镂空装饰大多用于窗饰，这种镂空装饰，前后透光，雕刻难度很大，耗时很长，因窗材不厚，方可镂空。油彩绘画大多应用于墙垣以及平常百姓家堂屋的主梁和看梁。采格装饰常用于走廊外栏杆，也有的用于窗户，一般是万字格、七字格，福、禄、寿、禧等图案。这些精湛的民居装饰大多是寓意教化的图案和人物故事。

飞檐翘角　爪角及屋脊上的飞龙、飞凤意为吉祥如意，房檐笔直的平行线绕屋一周，爪角和屋脊上均有石灰固瓦并作图案与青黑色的瓦相映衬，屋檐单檐悬挑、屋面把翘，其形给人以舒展向上的美感，超出正层，故名“飞檐”。用料讲究天然取材，弯梁和挑梁均不加工修饰，以自然生成为上等。强调返璞归真，无论空间还是构件，都以直率的方式裸露，被美誉为“悬崖上的鸟窝”。

镂空雕刻　干家坪土家吊脚楼不仅造型优美，而且雕刻形式独特。雕刻形式有两种，一种是用于造型。经济条件较好的人家，建屋雕刻较为讲究，花样精美，以示吉祥。土

土家吊脚楼里的雕花

家族人的房屋雕刻重点在槽门、堂屋和转角楼的长枋短柱上。长枋雕刻均为龙凤及各种奇花异草等吉祥图案。富裕人家有观音、关公、财神及各类戏文的人物雕刻，形象生动，栩栩如生。另一种雕刻形式是为了匹配风水。为化解房屋旁边有凶山恶水，镇邪除煞，在槽门或中堂前的柱子上或大门上端雕刻猛兽或哼哈二将，如果门前明堂处山水太过凶险，土家族人会不惜重金在垫柱子的石墩上雕上雄狮图案用以镇守宅院。

吊脚楼群

土家人有散居和群居两种方式。散居式就是家庭式，一家一户独居在大山深处，凭借自己的劳动力开垦荒地，种植杂粮，维持生计。群居式也就是家族式，一般是当地比较兴旺的大家族，集中成片修建成功能齐全的吊脚楼，占地比较宽广。此类建筑一般建设年代比较久远。现居住在吊脚楼里的农户多为农会时期，由生产队统一分配的人家。

石堰坪古吊脚楼群

紫荆塔村大垭湾吊脚楼群

王家坪境内保存完好的吊脚楼群比较多，而且特色不一。

石堰坪古吊脚楼群 石堰坪古吊脚楼群均为民居，集中在石堰坪、团龙岗、楼屋 3 个村民小组。现存最早的古建筑为石堰坪村民小组清嘉庆元年（1796 年）当地廪生全大栋所建的吊脚楼，距今 220 年，现仅存 2 间平房。除此，楼屋吊脚楼群保存较完好的有欧汉雄所居住的三间正屋，修建于清光绪十年（1884 年）。楼屋吊脚楼群始建于光绪中期，现有 1980 年之前所建吊脚楼房上百间，民国时期为石堰坪商贸中心，吊脚楼群绕月亮山脚绵延，气势恢宏，有多家商铺、油榨作坊和木材交易场所。团龙岗吊脚楼属民国年间所建，全如金、郑兴和现居的吊脚楼是民国初年所建。石堰坪村现存吊脚楼 180 余栋，被列入景区文物保护的 45 栋，其余散布在 8 个村民小组。2013 年，石堰坪 45 栋吊脚楼被国务院授牌“石堰坪古建筑群”，被列为国家级文物保护单位。

大垭湾吊脚楼群 坐落在紫荆塔村。大垭湾临溪半山腰处有 10 余栋吊脚楼散布其中，呈零星分布，不集中成片。大垭湾吊脚楼群布局松散，大多属 1980 年后建造，单独修建亦成其特色，为土家族人非群居习俗的独特体现。

老屋湾古吊脚楼群 砂子垭老屋湾古吊脚楼群修建于清光绪末年，由张习坤曾祖父张秉臣主持修建。墨头是曾修建泰山庙的封姓和嘉姓木匠，因年代久远，只知其姓，不知其名。老屋湾吊脚楼群所用的木料基本都是从屋后的山冈砍伐获得的，多以锥栗、板栗、松、杉等树木为材料，柱、梁多是血椿，地脚枋均为锥栗材质，百余年未见腐朽。3 幢楼房连成一片，内设天井 2 个，槽门 1 个，西南楼房下修有旱碾。老屋湾对门有一平房，原本是祖上遗留下来的吊脚楼，其后人恐所吊之脚朽烂，将楼房改成平房。此房的修建年代早于张习坤所居的吊脚楼，1980 年前此楼群居住有 15 个农户。2010 年开办老屋湾农庄时，门前挖池塘曾挖出数段圆木，极有可能是当初修建吊脚楼时所遗留。因掩埋较深，木材变成黑色，难辨木质，但材质完好，无任何腐烂。

老屋湾古吊脚楼群

田家湾吊脚楼

关水坪吊脚楼群 坐落在周家坪马头溪畔，多呈单独建筑形式，与大垭湾吊脚楼群风格相近。吊脚楼群修建于半山腰，山脚下马头溪水潺潺而过。关水坪吊脚楼群大多属现代建筑，唯有竿竹坪、龙潭河张福新及其长子张永年所修建的两栋古宅别具一格。竿竹坪张氏古宅呈双手推车状，雕梁画栋，壹椽、骑桐所刻浮雕都在“文化大革命”时期破“四旧”时被人凿去，但磉磴、阶沿保存完好，岩匠工艺极为精湛。龙潭河张永年修建的古宅，因1934年大旱，虽未按最初设想完工，但整体木工手艺精巧无比，大门左侧有一四方窗格，历经80余年风雨剥蚀，至今榫合处连头发丝都无法插进。两河口田家湾古宅修建于清道光末年，由金竹溪著名木工周洪泰掌墨修建，至今有200余年历史。属一进两重堂格局，槽门筑有挡风墙，梁木书有“智水仁山，礼门义路”8个大字。因年代久远，槽门两边6间楼房几经修复，不见原样，5间正屋保持原貌，但因近百年失修，唯见岁月积淀的风尘。

田家湾吊脚楼 建于清初时期，属双手推车吊脚楼格局，它集槽门、包院墙、转角楼、跑马楼为一体，是土家民居建筑风格集中展示的范本。梁木、栏杆等均采用镂空雕刻工艺，四周板壁装修都采用上乘的“鼓皮”工艺，台阶等由青瓦粉、石灰、桐油搅拌铺设而成，地面乌黑发光，是王家坪镇明清时期以来民居建筑史上的杰作。

砖木结构的古槽门

湖田垭人民公社旧址

湖田垭人民公社旧址 湖田垭人民公社旧址土家吊脚楼建于明末清初，原为一方巨富张氏人家住宅，为双手推车吊脚楼建筑格局。后因人口增加，扩建成四合井建筑格局，为五柱八骑结构，是土家吊脚楼结构顶级标准。建成后的数百年间，先后多次修缮、加固、改造，至今保护完好。1958 年，作为湖田垭人民公社机关办公大楼。保留有"鼓足干劲，力争上游，多快好省地建设社会主义"等标语口号，财务、建设规划等上墙公示的遗迹，以及办公桌椅、手摇电话机、蜡纸、钢板等人民公社办公用品。

槽门 为吊脚楼建筑群落的配属建筑，也为吊脚楼的标志之一，多修建于群居院落的大门前段。1949 年前，槽门的样式有很多，现保留完好的槽门已不多见，德修溪老屋场三进二重堂中有一槽门，田家湾吊脚楼亦有一槽门。此两个槽门设计、修建都极为简单，建筑工艺也很粗糙，未见独特之处。石堰坪村部吊脚楼的槽门是从外地收购的旧物，三开门，有门有当，雕刻精美。该槽门原主人是民国时期砂子垭龚禄卿，2011 年被石堰坪村委会收购。

古镇保护

从20世纪70年代起到2015年，王家坪镇先后编制四次土家文化保护总体规划，规划从保护土家民居建筑历史风貌、土家民间艺术风格、农耕文化习俗、传统村落、古巷、老宅旧貌等层面设计，并分期分批进行了修缮和保护。

保护规划

20世纪70年代到2015年，王家坪镇先后4次编制土家文化保护总体规划，阶段性制定了专项规划，从保护土家民居建筑历史风貌、土家民间艺术风格、农耕文化习俗、传统村落、古巷老宅旧貌等层面设计，并严格按照规划执行。

总体规划　1975年3月，镇成立土家文化保护规划领导小组，在吉首大学规划学院和区建设局指导参与下，制定《王家坪镇1970年至2000年土家文化保护总体规划》，将王家坪镇定位为土家古镇。规划范围为辖区19个村（居）委会，东至历史古建筑群、国家重点文物保护单位石堰坪村，西至中国传统村落关水坪村，南至湖南省传统村落两河口村，北至湖南省传统村落蔡家坪村。

1990年8月，邀请湖南师范大学编制《王家坪镇土家文化保护与发展补充规划》，将镇域布局根据山脉水系文化资源优势划分为三个土家文化生态保护区，根据各区资源特色，实施重点保护。

2000年8月，重新布局调整镇域总体规划。2005年8月，邀请湖南师范大学编制《王家坪镇土家文化保护发展总体规划》，对镇域土家文化实施分类重点保护。

专项规划　2010年3月，由省文物局会同区建设局编制《王家坪镇土家吊脚楼保护发展规划》，指导建立了马头溪、关水坪、两河口、紫荆塔、砂子垭、桥边河、八家河、石堰坪、伞家湾、蔡家坪10个土家族古村落和土家吊脚楼核心保护区，对核心保护区2198栋土家吊脚楼进行重点保护。

2012年2月，由张家界市文广新局指导编制了《王家坪镇土家民间艺术保护与传承总体规划》，成立18支共2200余人的土家民间艺术传承队伍，树立48个土家文化生态户。根据文化资源优势，划分马头溪、关水坪、两河口3个村为土家歌谣生态保护区；划分紫荆塔、砂子垭、韭菜垭3个村为土家戏曲生态保护区；划分八家河、桥边河、石堰坪、伞家湾 4 个村为土家舞蹈生态保护区；划分蔡家坪、木山、湖田垭 3 个村为土家工艺生态保护区。

2013 年 2 月，由吉首大学旅游学院编制《王家坪镇土家文化旅游发展规划》，将古镇定位为中国土家民俗旅游区。重点开发建设四个产业，即：以展现土家吊脚楼风情为主，以影视拍摄、写生绘画、品鉴诗话为辅的文化体验产业；以土家歌舞、民间体育为主要内容的文化娱乐产业；以土家婚俗、土家年俗、土家节庆为主的民俗旅游产业；以罗峰山万亩映山红特色植被、马头溪万亩油菜花生态长廊等农业休闲产业为主的乡村旅游产业。

保护措施

王家坪境内的古建筑保护措施都是在原建筑物的基础上进行修缮加固，以保持原风原貌，并根据不同的建筑物类型进行分类、标示和保护。

古建筑保护 在古建筑的保护上最大限度地维持原貌，修缮要坚持“整旧如故，还原历史本色”。全镇对明清以来的土家风雨桥、古宅老院、古城堡、老庙宇、古槽门、古井等民俗建筑维持原状，保持其远古遗风和历史人文价值。

街巷保护 街道重点保护历史文化传统风貌，突出土家建筑文化符号，对年久失修和自然损坏的古建筑进行修缮加固，对近年新建的钢混建筑实施“穿衣戴帽”、扳爪翘角、粉檐垛脊、挂司檐、仿土家吊脚楼建筑风格改造，整新如旧，力求与街道建筑整体风格相协调。店面保持前店铺后作坊的形式，取名栈、铺、行、坊等传统名号，挂木刻对联。

民居保护 土家民居吊脚楼是土家民族的象征，为加强土家吊脚楼的保护，2010 年成立了 10 个土家村落核心保护区，对 2198 栋土家吊脚楼进行重点保护，并将古槽门、风雨桥、水碾坊、木榨油坊等民俗建筑列为保护对象。2012 年，投入 1200 多万元，采取政府出资、房主投工的方法，对核心保护区 1200 栋明清年代的土家吊脚楼进行修

维修

缮加固。2013 年，投入 800 多万元对民国至中华人民共和国成立初期所建建筑进行修缮加固，对损坏的土家风雨桥、水碾坊、木榨油坊、槽门进行全面整修。

文化遗产保护　2011 年，邀请永定区文广新局、吉首大学规划学院编制《王家坪镇土家文化遗产长期保护规划》，重点对土家歌舞、民间戏剧、土家仪式、土家工艺、农耕习俗、宗教信仰等土家文化遗产进行保护、传承、传播，在保护工作中采取政府主导、部门配合、民间参与的措施。

古镇保护

建立传承队伍。1986 年 2 月，成立大庸县第一个民间“阳戏剧团”，既而成立“马头诗社”“马头歌队”“土家工艺协会”“土家礼仪协会”等队伍，吸引民间艺人 300 多人。2000 年，成立湘西北土家文化学会，吸收桃源、沅陵、慈利、大庸边界四县土家文化艺术人才。2010 年，成立 18 个土家民间艺术团，成员达 1200 多人。

培养土家文化艺术人才。2011 年，实施土家文化进学校活动，培养土家文化艺术人才，选拔了 12 名土家民歌、土家舞蹈、土家戏剧、土家器乐艺术人才在镇中心校传授土家民族艺术，先后培养 800 多名各类土家民间艺术青少年学员，其中，草龙灯、放排歌、扬叉舞在中央电视台《探索・发现》栏目播出。

挖掘整理文化遗产史料，建立图片、视频、文字档案资料。2010 年 12 月，启动王家坪镇土家文化抢救保护工作，每年投资 38 万元，邀请专家、学者、民间艺人、摄像摄影技术人才，对土家文化遗产实施分门别类的整理，选取最具代表性的遗产录像、拍照、撰稿。至 2015 年，文化站有 10 万多幅照片、200 多件视频资料、500 多卷、近千万字的土家文化遗产档案。2012 年，邀请央视《探索・发现》栏目组到镇录制大型婚俗纪录片《庐舍里的婚礼》，分上、下两集，在央视播出后，吸引法国、俄罗斯、英国等海内外客人到镇举行土家式的婚礼，体验土家民俗风情。

申报国家文化遗产保护。2011年，“阳戏”被列为国家级非物质文化遗产，土家“糊仓”“土家扬叉舞”“土家打夯歌”等被列为省级非物质遗产，“土家情歌”“哭嫁歌”“盘歌”“寿歌”“太平歌”等被列为市级非物质文化遗产，“土家老糖干”“土家织锦”工艺被列为省级非物质文化遗产。全镇有各类文化遗产传承人28人。

保护土家文化遗产传承人。将生活有困难的老艺人纳入最低生活保障，对有创业能力的传承人给予创业项目资金和技术支持，组织传承人开展学习、考察；根据传承实效，每年度召开总结表彰会重奖贡献突出的传承人。

重点文物保护 依照国家文物法律法规，对已被确立为国家级重点文物保护单位的石堰坪古建筑群，关水坪、伞家湾、砂子垭等中国传统村落，木山、马头溪、两河口、八家河、蔡家坪等湖南省传统村落，根据实际需要，规定相应的建设控制范围，防止建设活动对文物的破坏。严格按照《中华人民共和国文物保护法》保护为主，“抢救第一”及“修新如旧”的方针进行保护和维修，重点保护其生态风貌和村落文化遗产。

遗址遗迹保护 2010年，邀请市文物局编制《王家坪镇名胜古迹、遗址遗迹长期保护规划》，对境内的塞子抹古城堡，南武当、太阳山、武仁山、济公庙等山寺古庙，老宅，进士楼，上伏溪县棺48个“箱子眼”等重要历史文化遗址遗迹采取镇政府主管、属地管理、民间参与的措施进行重点保护。遗迹保护：划定保护范围，不动一砖一瓦、一石一木，严格控制人类活动；环境保护：保护好生态环境，不砍伐林木，破坏植被，确保整体风貌协调一致；建立标识标牌，加强对旅游人群管理，特殊遗存设立防控范围，禁止人群进入，以免造成不可修复的损坏；修复重建：坚持“原貌复制，修新如旧，再现历史本色”的原则进行修复和重建。

自然景观保护 境内上伏溪十里古柳风光带，德修溪的古柳古枫，欧古洞十里梯级瀑布，丹寺洞、将军洞、怀水洞、无锁洞、地下溶洞群落，马头溪双重石拱桥，罗峰山万亩映山红是重要自然遗产和景观。为加强保护划分保护范围，制定保护目标，确定保护内容。为控制人为乱砍滥伐，破坏生态植被、污染环境的行为，保护好自然景观的一草一木，控制人类活动对景观造成的破坏，采取“保护第一，适度开发，综合利用”的方针，发展旅游产业，通过旅游发展，反哺景观保护。

保护方式

保护方式主要是建立古建筑的档案和挂牌。

办理身份证 对核心保护区的 2198 栋土家吊脚楼的建筑年代、修建工匠进行调查核实，以村为单位建立历史档案，贴上建筑年代身份证。

佩戴“护身符” 为进一步加强土家吊脚楼保护工作，镇人民政府结合村民自治，2011 年 2 月制定《王家坪镇土家吊脚楼管理办法》；2012 年制定《王家坪镇保护土家吊脚楼五不准、三提倡》；2014 年 6 月制定《王家坪镇土家吊脚楼保护与利用规划方案》。对核心保护区的土家吊脚楼实行镇、村、组、户保护责任制，将镇、村、组、户责任人的姓名、联系电话上墙公布。规定土家风雨桥、水碾坊、木榨油坊等民俗建筑由所在地的村、组负责保护维修。

2016 年王家坪土家吊脚楼修缮统计表

表 4

村别	吊脚楼栋数（栋）	整修板壁（栋）	整修结盖（栋）	整修房架（个）	搬迁（栋）	新修（栋）
马头溪村	518	88	316	55	2	8
紫荆塔村	386	78	253	61	2	1
砂子垭村	287	59	163	28	—	2
王家坪居委会	183	46	96	32	1	1
太旭山村	423	86	287	43	10	2
桥边河村	368	296	189	68	—	3
石堰坪村	289	126	126	78	—	1
九龙山村	268	93	185	75	—	2

续表 4

村别	吊脚楼栋数（栋）	整修板壁（栋）	整修结盖（栋）	整修房架（个）	搬迁（栋）	新修（栋）
伞家湾村	190	83	128	33	1	2
湖田垭居委会	189	78	150	28		3
木山村	168	56	128	31	1	2
宋家溪村	175	72	108	29	1	1
韭菜垭村	123	33	101	12		2
合计	3567	1194	2230	573	18	30

2016 年王家坪整修土家风雨桥、木榨油坊、碾坊统计表

表 5

村别	整修风雨桥（座）	新修风雨桥（座）	整修碾坊（个）	新修碾坊（个）	整修木榨油坊（个）	新修木榨油坊（个）
马头溪村	1	2	2	2	2	3
紫荆塔村	3	—	—	—	—	—
桥边河村	3	—	—	—	—	—
太阳山村	2	—	—	—	—	—
石堰坪村	—	—	—	—	—	1
伞家湾村	1	—	1	1	1	1
湖田垭居委会	1	—	—	—	—	—
合计	11	2	3	3	3	5

花灯

诗赋歌舞

王家坪镇是历史悠久的诗词歌赋之乡，诗词歌赋源远流长，历史上人才辈出，李尧、全翼之引领王家坪诗词歌赋繁荣发展，把王家坪文化推向了一个时代的民间文化巅峰。中华人民共和国成立后，前辈诗风歌俗濡染一批文人笔薅砚耕，王家坪镇的诗歌文化空前繁荣，现有马头诗社、马头歌队等800多人的创作队伍，其中有中华诗词协会会员8人，湖南省诗词协会会员38人，张家界市诗词协会会员42人。先后编写《王家坪乡志》《马头歌集》《马头诗集》《王家坪的诗》《王家坪的文》《王家坪的戏》《王家坪的联》《王家坪的舞》《王家坪的楼》《土家婚俗》《土家礼仪》《土家工艺》《话说王家坪》等20多本文艺旅游图书。近年来，该镇有多名诗社成员出版个人诗歌专集计18部，50多人在省级报纸杂志发表作品6000多件，30多件作品入选《中华诗词》《华夏吟友》《湖南诗词》《汉诗精品》等期刊专著。2008年，王家坪镇被文化部授予“中国民间文化艺术之乡”称号；2012年被湖南省诗词协会授予“湖南省诗词之乡”称号。

诗词协会出版的各类诗集

诗词

赴京应试

〔清〕李尧

司命爷爷上九天，我同此日赴幽燕。
且将好事向君奏，莫把狂言对常传。
半世功名原有准，一家福禄岂无缘。
祈爷细阅题名录，报我名题第几联。

悼妻

〔清〕全翼之

弦断他乡客梦悲，秋风雁字写鸾离。
竟教白首无偕日，恰好青云是别时。
报我成名卿尚觉，送卿人士我何知。
可怜孤冢城边月，曾照窗前旧画眉。

鸦片

〔清〕全翼之

清灯帐内影斜横，白日皆迷做五更。
服药只凭丹有力，烧身谁道太无情。
千金买醉皆闲事，一味贪眠过此生。
枯槁形容憔悴色，不堪镜内看分明。

绝句

〔清〕全翼之

袅娜丝杨水面生，波光柳态两盈盈。
搅来风色皆于梦，不许春江绿不成。

自嘲

〔清〕全翼之

闻道投竿渭水迟，十年犹待值清时。
烟霞误我青云路，霜雪催人白发姿。
身是浮萍常作客，腹非经笥愧为师。
平生一一堪歌泣，珠玉挥毫几泪垂。

论文

〔清〕全翼之

万卷书中任取携，班香宋艳各高低。

夸谁妙手楼修凤，炼我金丹禾养鸡。
秋水最难清一色，名家原不落恒溪。
才人笔剖天然色，便尝千金字未移。

赠恩师翼翁老夫子

〔清〕全凤岐

驾到蓬门便作家，高轩非地不停车。
桃源景惯烟霞醉，渭水情深笑语哗。
座上文星光灿灿，人间傲骨气清华。
欲将诗句邀青盼，只恐难为老眼光。

马头山感怀

〔清〕全小卿

鏖战广场忆昔年，相期云路得镳连。
败军将士休言勇，下第文章不值钱。
我亦竟投班氏笔，谁还再着祖生鞭。
故人寄语休多望，花样如今司竞妍。

泰山庙题壁

〔清〕全勋伯

黄经写罢换鹅来，万朵莲花笔底开。
屹屹奇峰排野寺，岩岩泰岳列天台。
朝阳淡照东山景，月影清浮北海怀。
猛着祖鞭携谢句，五松林内共徘徊。

过泰山庙感怀

欧化东

天香社内记同游，今日重来几度秋。
野寺风凉苔没径，故人云散草堆丘。

纱笼粉壁空余梦，鸟语蝉林亦识愁。
到此登临时没目，江山无恙涕横流。

返乡

全湘藩

芹藻采来只自香，一囊书剑返家乡。
乡情最是老黄犬，摇头摆尾陌路旁。

汗班

全湘藩

龙鳞豹点艳光华，不识人还笑是麻。
血汗不知流几许，才能赢得一身花。

马头溪

全子玠

长桥潭影目悠悠，烟锁清溪日自流。
万壑松涛鸣凤曲，千条丝柳荡鸾楼。
两三白鹭眠沙碛，一二渔翁下钓钩。
无限风光图画里，游人到此惯勾留。

罗峰山远眺

全子玠

烟雾蒙蒙锁碧峰，峥嵘突兀势犹雄。
奇花异草空山里，翠柏苍松夕阳中。
蛙鼓鸣时春水绿，杜鹃啼处映山红。
近观村阁三千宇，远视群峦一万重。

七律

全玠玉

马头远眺景峥嵘，阵阵清风拂面新。
响水远从千涧落，仁山高耸数峰青。
醇醪频敬忘年友，翰墨同联老少青。
盛世文明歌大德，万山红遍正当春。

七律

全良玉

马头山顶接天门，四面雄关伏彤云。
紫气云中含秀气，娇娇光上吐灵氛。
远观桃邑三千界，近观村庄十一层。
月影蟠龙相对峙，金鸡报晓大鹏腾。

七律

全良玉

马头来历意如何，历尽艰辛岁几多。
曾说王郎罹苦难，应知秋月爱蹉磨。
背君渔色千秋骂，白马传音百代歌。
四十八山背骨肉，只今泣血泪成河。

游南武当

全汉铭

约伴同登武当游，山跟怀抱两河流。
吹箫牧子横牛背，执戈将军立马头。
凤戏梧桐舒翠羽，莺穿杨柳啭娇喉。
鲁阳难挽西边日，怅望西庄暮霭浮。

隔年游王家坪

全汉铭

今年又到故乡游，正是麻黄稻熟秋。
谁料茅房成闹市，岂知鸟道变通途。
飞车走马排山海，大厦高楼接牛斗。
独爱湘西红一角，人人向往自治州。

望江南·夏日农村

全汉铭

农村好，夏日乐如何？菜绿猪肥池跃鲤，麻黄蚕熟麦盈箩，老少笑声和。
农村好，燕语杂莺歌。叠叠青山横翠黛，条条绿水涌青波，到处插青禾。

咏志

张雁南

平生有志欲漂洋，努力鸡窗雄气刚。
不怕青天高万丈，只凭黄卷两三行。
他年等到龙门跃，异日还从凤阁翔。
赐得锦衣归故里，春风一路马蹄忙。

题穿心岩

全化章

天生洞穴最玲珑，一片光明两面通。
下午人来抬眼望，日在西方月在东。

咏雪

张寅

遍地飞花不是春，漫天狂舞路纷纷。
千山万岭皆头白，引得骚人跨马寻。

自嘲

李香秋

徒伤老大是慵才，只悔光阴不再来。
若问而今消遣事，笑颜常对酒杯开。

人在天涯思故乡

张新华

安大略湖碧水扬，海鸥成对雁成双。
轻风漫卷群陵秀，彩叶翻飞秋意凉。
几处斜阳桅影短，数株垂柳树身长。
游云东去托家信，人在天涯思故乡。

故乡情·七律

张新华

阳春三月去伦敦，美景撩人欲断魂。
细雨如丝入草梦，轻舟似箭过湖心。
车前紫燕成双舞，河上海鸥对伴鸣。
望断天涯目及处，凭谁细诉故乡情。

窗前有感

张新华

拜月亭前莫感伤，嫦娥伴我过西厢。
晚风有意添清冷，竹影无心进画窗。
芳气神缠丹桂林，银辉情落翠荷塘。
常言人老天难老，可叹两鬓又染霜。

春游

张新华

一

出游散步到塘前，碧水蓝天柳似烟。
堤上榴花红喷火，池中荷叶绿铺钱。
春光意切凝青梦，夕照情柔落翠川。
双燕呢喃谈往事，农家忙种盼丰年。

二

春游外出过山坡，鸟语花香喜事多。
翠竹含娇倚绿树，金鱼比目戏新荷。
东风拂柳敲清韵，白鹤临溪弄碧波。
种地插秧忙做事，秋天共唱增收歌。

满江红

张新华

正是深秋，潇潇雨，无端愁起。
倚阑望，秋风落叶，雁声如泣。
遥想故乡今日里，隔窗犹见伊人泪。
雾蒙蒙，寂寞雨声声，心憔悴。
忆往事，心潮急。念故国，龙腾起。
喜故乡建设，一日千里。
清酒空结异国梦，秋风欲断春消息。
数年矣，北美自飘零，归无计。

小重山

张新华

昨晚东风脚步轻，带来春日梦，梦乡亲，良辰美景最销魂，倚阑望，窗外月华生。

白雪染双鬓，孤夜嫌梦短，盼天明，欲云心事叙多城[①]，凭谁诉，月下晚风清。

临江仙

张新华

雾锁长街庭院静，凭栏不见花丛，夕阳转眼影无踪，黄昏风起，明月已当空。

今夜归宿何处是，多城花月朦胧，春风乍暖玉楼东，柳巷深处，不见桃花红。

楹联

云南罗次县衙联

〔清〕李尧[②]

刑法当宽处便宽，草木亦上天生命；

财用可俭时须俭，丝毫皆下民脂膏。

两河口玉皇庙联

〔清〕李尧

两河绿水朝天阙，一朵红云捧玉皇。

---

① 多城：加拿大多伦多。

② 清同治五年（1866年），李尧任云南罗次县知事时，廉洁自律、勤政爱民，曾书该联于大堂自勉，后被许多衙门采用。

书写楹联

南武当寺庙联

〔清〕李尧

万里风云朝武当，满天星斗贯三台；

南武灵神通北武，西方活佛应东方。

讽某教官及恩科举人联

〔清〕李尧

教官的匾扁而且扁，恩举的桅危乎其危。

藏书楼联

〔清〕全翼之

家有藏书真富贵，人无俗物小神仙。

春联①

〔清〕全翼之

干戈久悬清静日，刀兵未动太平年。

① 全翼之游学沅陵时，逢春节将至，而他门庭冷落，饥寒交迫，无奈之下，以此联悬于门外。

诸葛亮故居联

全湘藩

南水蜿蜒，形同玉带；

卧龙起伏，气吞山河。

夫妇合葬墓碑联

欧化东

你作善，子善成，鸯鹭文章堪济美；

生同衾，死同穴，鸳鸯福禄永长眠。

全化章续弦赠联

欧化东

师生以大义交成，马帐频谈，为契合在文章而外；

夫妇乃前缘缔就，鸾弦再续，觅赏音于闺阁之间。

婚联

欧化东

绍酒沽来酬月老，玄霜捣尽见云英。

挽龚治经联

全湘藩

治则进，乱则退，乃识时务俊杰；

经居左，史居右，可称道德先生。

事务室嵌字联

全湘藩

事莫大于齐家治平，是谁人一肩担负；

务本先从诗书道德，愿尔辈极力讲求。

石刻门联

碑序

马头溪桥碑序

盖闻升仙题柱，司马志在甲方。圯上授书，留候名高三杰。娇之由来久矣！邑之马头溪，上通慈永，下及常桃，四通八达之地，亦孔道也。前人于此修石垛，建木桥，不下数万金，已结善人缘矣！而波臣作恶，屡建屡颓，临河之叹在所难免，行道者悲焉！

欧公开修，痛世人路之崎岖，慨然捐资，并约当地荐绅士民，筹资巨款，鸠工庀材，大兴土木，且以一身仔肩其事，而任劳任怨，概成不辞。基仍旧石参新，匠用良，竭精殚虑，自冬徂夏，越六月而始告成。既藏事，颛价乞序于予。予曰：噫！噫！壮哉斯樬之成也，人无褰裳之苦，车少濡轨之忧，巨功也，厚德也，行见牛背归来，牧子无须问渡；马头奔去，征夫何必停骖。而诸公之勋名，亦将勒之金石，播之歌谣，亦必与司马留侯永垂不朽矣！

墓志

告祖文

〔清〕全翼之

梅开岭上，贪处士之厅缘。草茁江头，引王孙之归路。睹彼橘绿橙黄，最是一年好景。看他青娥素女，共斗两色婵娟，迨其今兮，好解江皋之佩，如斯时也，宜吹弄玉之笛。回忆早年，荷蒙先考，敬订清河淑质，欲嗣琅琊微音。时缘两小无猜，十年待字。今当四孟得序，一旦及笄，安排白璧，凑办清庐。查将成于异日，告庙用申于今宵。伏愿我祖我宗，同心感格，诸父诸母，共目真诚。偿鸾凤之各鸣，佑鸳鸯而对舞，诚惶诚恐，谨告以闻。

先考吉清公墓志

〔清〕全小卿

稽考父之明德，曾铸鼎铭。溯伯淳之大儒，犹留墓志。自古有善足录，莫不勒之金石，以示传之久远也。惟我先君，字曰清公，半世经营，一生劳瘁，倘今湮没不彰，子心忍乎哉？爰即其生平事而约略论之。其始而好学也，自信三余诵读，其继而行数也，人称十方显应，其持家也，克勤克俭。其处世也，无诈无虞。其出人也，不溺于贪爱，其取与也，行无伤于廉惠。其相交也，无非道以通其志。其与接也，悉本礼以联其情。

其公以存心也，而轸域之见不设，其恕以持已也，而溪刻之意胥忘。其善气迎人也，有如夏雨之时。其燕翼子也，义方而兼寓慈爱。其贻子孙谋也，田园而并有诗书。溯厥梗概，一庭之芳规长在，缅夫仪型，子载之深怀难忘。富贵虽未如愿，衣食固稍足谋。过阡陌而作遗泽，当思业之艰。抚食指而绍光型，益知守成不易。罄南山之竹，书德难穷，决东海之波，流思靡尽。此启徒侈铺张扬厉，是为溢美之词哉。亦不过敬为胪陈以存善则，归亲之意云尔。

民间乐器

土家乐器按形式分为打击乐和吹奏乐两种。打击乐包括摆手锣鼓、丧葬锣鼓、薅草锣鼓、打溜子和打围鼓等；吹奏乐有咚咚喹、野喇叭（土号）、木叶、牛角、响树和绷绷拖等。

打溜子　在婚嫁和逢年过节的日子里都要打溜子，故有“土家三大乐：摆手、哭

打溜子

百人打击乐

嫁、打挤钹”之说。打溜子即打挤钹。打溜子由头钹、二钹、大锣、小锣四种乐器组成，其中小锣是乐器领衔，是乐队指挥，再加一支响树（土制唢呐），合称为“五子家伙”，即溜子吹打。打溜子属双钹演奏方式：大锣分句法，小锣指挥加插花，双钹演奏旋律，塑造形象。打溜子的音色、音响及节奏变化丰富多彩，形成了独有的打击乐演奏特色。溜子演奏技法以“挤钹”为主要特征。挤钹是双钹快速挤奏，演奏柔中有刚，刚柔并济。打溜子有“挤、敞、闷、砍、敲、擦”等技法，可以轻似簌簌落叶，火爆如万马奔腾。

王家坪土家溜子表现题材较多，以土家人对大自然的描绘和对生活的理解为主。现存的300多套传统曲牌有对自然景物的描写，有刻画动物形象与生活习性的，有表现土家人的生产生活及神话传说等。绘声、绘形、绘意、绘神、绘景、绘情的艺术描写，创造出鲜明的艺术形象，如《八哥洗澡》《古树盘根》《鸳鸯戏莲》《阳雀闹春》《喜鹊闹梅》《画眉跳杆》《鲤鱼漂滩》《八仙过海》《野鹿含花》。

打围鼓 打围鼓是王家坪土家人喜爱的民间锣鼓乐形式，亦叫“草闹台”或“地围鼓”。一般由五人至七人组成。由鼓师指挥，两人击钹（头钹、二钹），一人击大锣，一人击勾锣，另加两人吹“响树”。清嘉庆《慈利县志》载：“设奠中堂，外作佛事、唱丧歌，并有打围鼓者。”可见，清代土家人婚丧祭祀运用打鼓的习俗蔚然成风。后来，围鼓只用于丧葬。围鼓曲牌分“撩子”“火钹”和“点子”三部分。“撩子”适宜表现欢快的情绪，或用于叙事；“火钹”用来表现激情、奔放情绪；“点子”是前二者的转接、联合填充，小巧灵活。

咚咚喹 咚咚喹，是土家民间自制的乐器，取约5寸长，直径3公分的竹杆，在竹杆的一端开口，嵌上簧片，竹管凿3个小孔即可，制作简单，即学即会，音色清脆，特别适合吹奏童谣，深受土家姑娘和儿童的喜爱。

吹木叶 吹木叶是土家民间简单易学的器乐，吹奏高手可将随身衣服的布料或随手摘来的树叶，吹奏出悠扬悦耳、美妙动听的音乐，因取材方便，简单易学，成为土家人自娱自乐的重要音乐形式，流传千年，经久不衰。吹奏的曲牌有《八哥洗澡》《喜鹊含梅》等百余种。

民族歌舞

土家人在生产生活中创造了悠扬的山歌和民歌。王家坪流行的民歌自由随意，在歌中表达出对社会生活、个人情感、人生价值观等方面的直接感受。这些民歌的旋律和歌词一般与方言土语结合紧密，传唱地域较窄，群体较大。多见于山坡野外的农事劳作中，曲调高亢婉转，歌词多为即兴创作，常为七言四句。民国年间至中华人民共和国成立初期，乡村农户帮工互助时，为活跃气氛、提高工效、消除疲劳，常有歌手一边劳作，一边引吭高歌，有言有答，经久不息。民歌的歌词很讲究幽默、和谐。除山歌外，王家坪流行的民歌形式还有放排歌、劝架歌、榨油歌、哭嫁歌等。土家山里人婚嫁、喜庆大事，一般都邀请民间歌师到家里唱歌祝贺。民国年间，王家坪最负盛名的歌师是石堰坪全九鹏与沅陵七甲坪流浪歌女张友桃，曾在多处联袂演唱，留下众多脍炙人口的唱段，至今传诵。1988年6月，王家坪文化站组建马头歌队，制定章程，1990年出版《马头歌集》，为当地民歌传承留下宝贵的文化遗产。

王家坪镇的土家族不仅能歌，也善舞，每逢土家节庆或红白喜事、祭祀日，他们载歌载舞，声情并茂。常见舞蹈有摆手舞、铜铃舞、梅嫦舞、扬叉舞、蓑衣斗笠舞、狮子舞、存篓舞、茅古斯等。其中，凡重大节庆，当地民众都会表演茅古斯、摆手舞、扬叉舞等舞蹈。

放排歌 王家坪盛产杉树，是当地一项可观的经济来源。1984年以前，境内木材销售全凭境内三条河流，入沅水到洞庭湖。放排多在涨水时节，浪高水急，随时会触礁、挂桩，土家儿郎在千百年的放排生涯中，形成了一套独特的放排歌。

链接：放排歌

每到放排时节，马头溪最为热闹，土家族人像赶集一样，齐聚风雨桥头，有父母送儿子、媳妇送丈夫、弟妹送阿哥。放排是危险而艰辛的，亲人们带着期待与祝福，盼望放排的人能平安归来。出行前，由族里德高望重的长者烧纸敬神，再敬大碗酒。随着一声高喊，三五个穿着土布衣裳的土家儿郎手握长篙登上木排，木排先是缓缓移动，站在排头的阿哥领唱道：

领：伙计们哩。

众：哎嗨哟。

领：加把劲哩。

众：哎嗨哟。

领：过险滩啦。

众：莫分神啦哎嗨哟。

领：撑好篙呀。

众：哎嗨哟。

领：到洞庭哩。

众：哎嗨哟。

人们望着木排，木排载着歌声渐行渐远。

马头溪水温柔多情，孕育出一方多情女子，她们早早地来到下一座风雨桥头，抬眼望着上游，在青山绿水间，木排悠悠而下，来得近了，发现自己的心上人立在排上，随手拾起一颗小石子，轻轻扬起手臂，将石子投向排头。随着跳起的水花，轻亮歌喉：“投石问水水声低，阿哥放排几时回，岸边的闲花哥莫采，切记家中一枝梅。”阿哥手把长篙，撑入水中，随应道：“哥记家中一枝梅，心里装的是阿妹，闯险过滩挥长篙，篙篙点的相思水。”

劝架歌 在日常生活中的土家人彼此难免会产生误会，引起冲突。王家坪土家人采用山歌的形式动之以情，晓之以理，劝双方互相体谅，互相礼让，从而平息争端，和好如初。劝架歌创作最为知名的是民国时期的张桃妹。

链接：劝架歌

民国时期，王家坪龚、唐两族发生家庭矛盾，械斗一触即发。乡绅调停无效，张桃妹路过，站在鼻梁岗慷慨而歌：

两方乡亲听我言，早不相见晚相见。

龚唐好比两只眼，中间只隔鼻梁山。

两龙相斗有死伤，谁问妻儿和高堂。

死者不知生者悲，乡邻何必动刀枪。

张桃妹巧用不同身份，作妻劝夫、儿劝父、母劝子，唱得路人落泪，终于平息了一场可能发生的流血惨案。

也是民国时期，有俩婆媳正为小事吵口，张桃妹进屋讨茶喝，随起一歌：

细言细语三冬暖，粗声粗气六月寒。

媳逢婆母先带笑，婆怜媳妇媳心甜。

楠木坪有对新婚夫妇，性格不合，常为小事打架吵口。张桃妹路过讨茶喝，见状，从地上拉起女人，开口便唱：

脚之踩的是生土，夜夜住的是新楼。

莫想娘家处之好，顺其彼？儿顺其？

再调转歌头批评男人：

牛成双来马在堆，人有失错马失蹄。

劝君怜惜牛和马，留马留鞍以后骑。

听桃妹一席歌，二人各自低头认错。

榨油歌　也叫油榨号子，一般由榨油师傅领唱，伴着撞杆“咚咚”的撞击声，众人互和，形成一种声势浩大、壮观的劳动场面。

链接：榨油号子

第一轮

领：太阳东边起嘛。

众：起啊。呵嗬喔——咚！

领：日头西山落嘛。

众：落啊。呵嗬喔——咚！

领：几个骚公加把劲嘛。

众：加把劲啊　　咚！

领：莫等晚饭摆上桌嘛。

众：摆上桌哦，呵嗬喔——咚！

领：土家住在高山岭嘛。

众：高山岭啊，呵嗬喔——咚！

领：遍山遍岭茶树栽嘛。

众：茶树栽啊，呵嗬喔——咚！

领：家家有了摇钱树嘛。

众：摇钱树啊，呵嗬喔——咚！

领：去给婆娘扯花裤嘛。

众：扯花裤啊，呵嗬喔——咚！

领：去给宝崽买糖果啊。

众：买糖果啊——咚！

领：给你祖宗点油香嘛。

众：点油香啊——咚！

第二轮

领：到了中界（午）过嘛。

众：中界（午）过啊——咚！

领：身上汗起坨嘛。

众：汗起坨啊——咚！

领：两个卵泡摆起波嘛。

众：摆起波啊，呵嗬喔——咚！

领：苞谷粑粑吃一摞嘛。

众：吃一摞啊，呵嗬喔——咚！

领：番薯坨坨啃两个嘛。

众：啃两个啊——咚！

……

第三轮

领：日头西山落嘛。

众：西山落啊——咚！

榨油

领：骚狗子想睡觉嘛。

众：想睡觉啊——咚！

领：四个蹄子伸长起嘛。

众：伸长起啊——咚！

领：婆娘看着莫奈何嘛。

众：莫奈何啊——咚！

领：骚狗子加把劲嘛。

众：加把劲啊，呵嗬喔——咚！

领：来把油水挤嘛。

众：挤啊，呵嗬喔——咚！

领：油水未断线嘛。

众：未断线啊，呵嗬喔——咚！

领：骚狗子齐着力嘛。

众：齐着力啊，呵嗬喔——咚！

领：油水滴几滴嘛。

众：滴几滴啊——咚！

领：骚狗子齐着力嘛。

众：齐着力啊——咚！

领：油水滴一桶嘛。

众：滴一桶啊——咚！

领：骚狗子血上涌嘛。

众：涌啊，呵嗬喔——咚！

领：油水滴一缸嘛。

众：滴一缸啊，哦嗬嗬——咚！

领：骚狗子下战场嘛。

众：下战场啊，哦嗬嗬——咚！

寿歌 寿歌是土家民歌中的一种民间歌曲，专为庆寿者演唱的。土家人的民俗中，凡有 60 岁花甲、70 岁～100 岁等高寿长者庆贺生日，白天吃酒，

演唱祝寿歌

晚上要请一群歌师唱寿歌。将三五张方桌拼成一条，摆上糖果、糕点、茶水，寿者端坐上方正中，众亲友和歌师们边吃边唱，唱词大都是“松鹤延年松不老，南山松柏百年春”之类的恭贺词。通宵达旦，极其热闹，歌声不绝于耳，充满了土家风情。

土家族人认为人生 36 岁是一道坎，也有摆酒庆贺冲喜唱寿歌，但歌词多是万事如意等贺词。

唱寿歌在王家坪流传久远，直到现在，仍有这样的祝寿形式。

哭嫁歌　王家坪土家民歌种类繁多，丰富多彩，哭嫁歌是王家坪土家民歌的重要形式，传承千年。土家哭嫁歌以土家婚俗为载体，待嫁的姑娘似歌非歌，似哭非哭，似说非说，哭唱十天半月，不仅是感情的宣泄，更是才智的体现。因此，土家人十分看重待嫁姑娘的哭嫁。

哭嫁歌的情感之美。旧时土家姑娘深受缠足、童养媳、“小媳妇”和包办婚姻的痛苦，把一肚子苦水倾吐在哭嫁歌里。嫁出的女儿，泼出去的水，是覆水难收，因姑娘一经嫁出，嫁鸡随鸡，嫁狗随狗，就永远是人家家里的人了，一辈子要伺候婆家人，爹娘的养育之恩无法报答。嫁出远门，离情别意，自然而生，婚期越近，这种情感就越浓烈。先是悄悄哭泣，临嫁前半月放声哭唱，念养育之恩，叙骨肉之情，诉离别之苦，恐前途未卜，内心感伤，凄凄切切，催人泪下。

哭嫁歌的形式之美。哭嫁是衡量土家姑娘贤淑才智的重要标准，家族长辈十分看重族女出嫁前的哭嫁。土家姑娘从童年起便跟着母亲、婶婶、姑姑哭陪嫁——“学乖”，大户人家还专门请歌娘教女儿哭嫁，土家姑娘从小便练就一身哭嫁本领。婚前半月先是待嫁姑娘独哭，后来母亲、婶娘、姑嫂、姊妹、街亲邻友结伴对哭。有时由当地最有名望的歌娘领哭，数十名哭帮嫁者和唱，旨在将哭嫁搞得热烈隆重。

哭嫁歌的内容之美。土家哭嫁无须台词、台本，均为即兴哭唱，有感而发，最常见的是哭祖宗、哭爹娘、哭姐妹、哭哥嫂、哭梳头、哭穿戴、哭嫁妆、骂媒人。母女对哭、姐妹对哭、嫂妹对哭的过程最长，内容最多，用情最深。

哭嫁歌的语言之美。土家哭嫁歌句式自由，长短不一，歌词押韵，也可随口唱出，不拘一格。形式自由活泼，语言含蓄明快，大多都是乡土俗语俚句。

土家哭嫁歌传承千年来，成为土家婚俗的重要内容，深深根植于土家人生活之中，

土家哭嫁

改革开放后，从包办婚姻走向自由婚姻时代，王家坪土家人仍然传承哭嫁的婚庆习俗。2013 年秋，央视《探索・发现》栏目组摄制的王家坪土家婚俗纪录片《庐舍里的婚礼》真实地记录了哭嫁这一土家婚俗，成为王家坪文化旅游的品牌。

链接：土家哭嫁歌

哭祖宗

哭我祖宗在天灵，为人忠厚扬美名。
世代务农勤耕作，待人谦和守本分。
我今嫁到人家去，为祖争光请放心。
夫唱妇随成家道，尽忠尽孝了子平。
夫妻相亲又相爱，公婆面前尽孝顺。
逢年过节供香火，慰我宗祖表虔心。

哭母亲

哭我母亲泪汪汪，盘儿养女忙断肠。
十月怀胎千般苦，茶饭洗补靠你忙。
田里功夫件件做，山里功夫靠您帮。
勤耕苦做度日月，头上青发染白霜。
生我养我扶我大，恩情未报又离娘。
今后立志报娘恩，回家省亲常来望。

哭戴花

一朵大花红艳艳，姊妹戴在我胸前。
金环吊在我耳上，双手戴的玉手圈。
虽然红花人人爱，我含眼泪无心看。
从此我要做大人，戴花如同戴座山。
鼻子不能闻香味，口中吃肉如吃炭。
身上哭瘦几斤肉，为了出嫁苦万般。

姐姐哭

我的妹妹莫心伤，前朝古人有榜样。
你到郎家敬公婆，每日早起问安康。
热要奉茶寒生火，饿要敬食渴敬汤。
天天都要照样做，堂前孝顺不可忘。
款待人客要周到，对待邻居热心肠。
夫妻总是要和睦，之子于归理应当。

哭爹娘

狠心爹爹狠心娘，何不留我在身旁。
多留一年多学乖，多留一月学家常。
二四五岁身边旋，七八九岁守闺房。
十一二岁略知事，十四五岁紧跟娘。
人家女儿规矩大，你的女儿无一样。
送到婆家早早起，要敬双亲烧茶汤。
几多事儿没学到，狠心爹爹狠心娘。

哭哥哥

我的哥哥心太狠，你把妹妹背出门。
把我放在风岗上，你又怎样放得心。
爹娘老了工夫多，千斤担子你担承。
堂前你要多孝顺，代我妹妹一片心。

妹妹哭

姐姐不必泪淋淋，妹妹和你诉衷情。
明日姐姐出嫁后，孝敬父母我担承。
弟弟妹妹年又小，日夜操劳我尽心。
明日姐姐出闺后，姊妹难舍又难分。

自古常言道得有，女大须嫁男大婚。
姐姐尽管放心去，哭脸当作笑脸人。

哭开脸

扯了闲毛改了样，改了样子好凄惶。
梳个盘龙髻一个，不比从前跟着娘。
从此要待人父母，你女做人苦难当。

哭姐妹

姐妹分别泪淋淋，口里说话喉咙梗。
往日姐妹同玩耍，看牛打柴一路行。
山歌唱得过山坳，笑话飞上九天云。
一群画眉冲散了，一窝鸡儿冲散群。
好姐好妹不常来，早劝爹娘莫接人。
姊妹相见知何日，等妹来时姐转身。
火烧粑粑各有主，怎么由得本人心。

哭嫂嫂

我的嫂嫂人力量，长哥长嫂当爹娘。
教我绣花和做鞋，一夜忙到大天亮。
哥嫂互相都尊重，有话从没大声讲。
明天和妹分别后，兄妹情谊万年长。

哭打发

笋子出土连竹根，蠢女出嫁连六亲。
我虽不是你养的，分别难舍泪淋淋。
如今我嫁到婆家，呼天叫地没应声。
手中没有半文钱，文钱逼死英雄命。
都是养儿养女心，嫁女如同割肝心。
感谢亲戚来照料，讨个打发好动身。

摆手舞 是土家族祈禳祭祖时所跳的一种娱神、娱人的舞蹈。摆手舞的前身是军前舞，相传是土家先民随武王伐纣时所跳的舞蹈。摆手舞的内容丰富，有源于狩猎的“打猎舞”，有表现生产劳动的“家事舞”，有再现古代战争的“马前舞”，有反映土司衙署朝拜土王的“饮宴舞”。舞蹈动作有百余种，最大特点：一是“甩同边手”，即跨左脚出左手，跨右脚出右手；二是屈膝颤动，重拍下沉，摆手幅度一般不超过肩。表演动作大致分为三类：一是娱乐性动作，如单摆、双摆、回旋摆，只是单纯的摆手，作为一种装饰性动作，用于其他动作的开头或结束；二是表现劳动生产的动作，如踩田、插秧、收玉米、打谷子等；三是生活的模仿动作，如水牛打架、拉弓切削、打蚊子等。

摆手舞曲谱丰富，节奏明快，配以铿锵有力的大锣、大鼓，气势恢宏，参加表演人数不限。舞时，一人在旗杆下击鼓鸣锣，众人围圈随鼓点起舞，队形以圆圈居多，按逆时针方向行走起舞，翩跹进退，充满了自娱自乐的田园氛围。有诗赞曰：“经灯万盏人千叠，一片缠绵摆手歌。”

随着社会历史的发展，摆手舞经历了历代艺人的加工创造而逐步完善，形成独特的艺术风格，被列为首批国家级非物质文化遗产名录。摆手舞成为王家坪土家人娱乐健身的群众性舞蹈。

摆手舞

扬叉舞 扬叉是土家族人翻晒农作物秸秆的农具，从树木上自然生成的枝杈截取，用于打草、翻晒豆类、荞麦等农作物秸秆。扬叉舞是王家坪土家农耕文化经典，舞蹈采用即兴表演，一般无音乐伴奏，舞蹈动作粗犷，在于表现土家男人的骁勇能干和女人动作轻盈柔美。扬叉舞也是土家人祈神祈福的农耕舞蹈，表现出土家人渴望美好生活的愿望和喜庆丰收的欢悦之情。

蓑衣舞 蓑衣舞是王家坪土家族民间舞蹈，八家河村是蓑衣舞的发祥地，舞蹈流行于整个湘西北。蓑衣舞开场时，随着一声高喊："乡亲们哩，栽秧去哟"，30个土家儿女，身披蓑衣，踩着锣鼓点子，在舞台上连旋三圈，向观众亮相。接下来是根据土家族人扯秧、扎秧、插秧的各种动作，在悠扬的乐声里，大家不甘落后，你追我赶，左手分秧，右手"蜻蜓点水"，动作整齐，进退有序。在二胡、笛子的伴奏下，唱起插秧歌，这时是舞蹈的高潮，再现了土家族人古朴的民风，团结勤劳的传统。蓑衣舞在王家坪有千年传承，是土家族人们独特剧目，在2016年湖南省少数民族舞蹈会演时荣获二等奖。

斗笠舞 斗笠舞是王家坪民间的传统舞蹈，道具是一种自制的防晒、防雨的小斗笠，小巧玲珑，土家族人在田地间劳动时，将其戴在头，也可背在背上，休息时可拿来扇风。在长期的生产生活中，王家坪人便将斗笠作为道具，根据在田间劳动时的各种动

扬叉舞

蓑衣舞

作编成舞蹈，经百年传承，深受人们的喜爱。

狮子舞　王家坪狮子舞有两百年传承历史，舞狮人均系于南武当习过武术之人。舞狮时乐师敲奏："叮叮哐，叮叮哐，叮叮哐叮哐叮哐，叮哐叮叮哐"。狮子踩着锣鼓点子摇头摆脑，参拜五神，接着轻转，跳跃至方桌四角，再叠四桌，依次上梁，然后头贴梁似舔梁状。梁上高悬一卷青菜，内有彩布。狮子双脚立起，站直身子仰头咬食菜卷。此时鼓乐震天，狮子张开大口将头旋转一圈，口内菜叶四飞。在观众的喝彩声中，狮子一个猛虎下山，从四张桌子上直扑下来，就地一滚，再踩着"叮叮哐"的锣鼓点子，摇头晃脑向观众致意。

据传民国年间，王家坪狮子舞参加湘西北庙会，人山人海，舞狮者无路可行，遂提神运气，从两米多宽的小溪上一跃而过，连续再跳跃上祭台，从此名声大噪，被称为湘西北第一狮。

狮子舞

铜铃舞 又称八宝铜铃舞，是一种祭祀舞蹈，意在颂祖、祷告先人，祈求阖家幸运。八宝铜铃是土司主持祭祀仪式用的“法具”之一，铜铃安有木柄，上刻一马头，长30厘米，木柄左右两端各安三颗铜铃。系铜铃的五色丝带选用马的鬃毛，象征着土司做法事时骑着一匹宝马。跳八宝铜铃舞时，土司头戴凤冠，身穿八幅罗裙，头裹红丝帕，腰插短刀，右手持牛角，左手拿八宝铜铃，边摇、边舞、边唱梯玛歌，间隙中间，吹牛角号，烘托气氛。土司翩翩起舞时，八幅罗裙散开，如同孔雀开屏。铜铃舞分坐式和立式两种，有“摇铃喂马”“逗马”“上马”“跨马”“奔马”“赛马”“下马”和“上天堂”“下地狱”“过天桥”“打秋千”等动作，舞蹈丰富多变，再现土家祖先骑马迁徙、征战的情景。

梅嫦舞 梅嫦舞是为纪念勇敢的土家狩猎女英雄梅嫦，由土司跳的仪式舞蹈。梅嫦舞模仿狩猎动作，节奏鲜明，富有神秘感。跳梅嫦舞时，土司身穿五色衣，头戴八角帽，脚踩在野兽皮上，一边念咒诀，一边跳舞。舞蹈分为“起路”“开山”“团山”“请兵马”“赶围”“狩猎”“归还”七段，把土家人狩猎的过程和场面表现得活灵活现、妙趣横生。动作有“举枪”“射箭”“挥鞭”“催马”等，动作简朴、刚劲有力。跳梅嫦舞过程中，人们必须心怀虔诚，衣服要穿戴整齐。

存篓舞 是王家坪民族艺团自编舞蹈，以表现土家山民上山采摘玉米时的各种劳动动作。出场时，在各种乐器的伴奏下，男的挑着存篓，女的背着背篓。随着一声吆喝“乡亲们哩，摘玉米去哟。”众女身穿民族花衣，一齐高喊“哎，来哒，等着我。”一个领唱：“太阳出来哩，哟哟，上山去去哩呀呼嗨，摘玉米呀嗨哟，上险坡哩，要小心呀嗨哟。”这时男俯身接女，女身后仰做摔倒状，目含深情。接下来是放下存篓、背篓，随着二胡的韵律，做出采摘玉米时的各种动作，脸上布满丰收的喜悦。舞者移动脚步，变换手中动作，或擦脸上汗水，或丢玉米进篓，将土家族人在山坡上摘玉米的情景表演得淋漓尽致。

茅古斯 茅古斯既是舞蹈，亦可归于戏剧，以简单的故事情节表现上古先民的生产生活。表演者全身裹着稻草或茅草、棕片，头上扎棕叶编织的大辫子 2 根 ~ 5 根，像远古毛人。茅古斯表演人数不等，多则数十人，少则 14 人（男 10 人、女 4 人），其中两位老茅古斯代表祖父、祖母，其余代表他们的子孙，这些人物被看成土家祖先的化身。茅古斯表演分七场：“扫堂祭祀”“刀耕火种”“戏水捉鱼”“打糍粑”“接新娘”“赶古鲁

存篓舞

茅古斯舞

子（小偷）”“围猎”。茅古斯以动作表现故事情节，其形狂野，摇头晃肩，前后跳跃，表现农耕、采集和狩猎等场景。茅古斯集祭祀、娱乐于一身，充分体现出土家先人渴望美好生活的强烈愿望。

土家跳丧舞

土家跳丧舞源远流长，是土家祖先远古巴人的遗风遗俗，从古代巴人图腾舞蹈“白虎舞”演变而来。远古土家先民把白虎作为民族图腾后，“白虎舞”逐渐成为悼念死者的祭祀舞蹈。祝贺死者像巴人如祖廪君一样，魄魂化作白虎，跳丧舞时动作模拟老虎和其他动物形象，再现土家狩猎习俗。

丧而不哀 土家老人大限已到，寿终正寝，是乡间白喜事，必须跳丧，死者年岁越大，跳丧的队伍就越大，不仅是死者的亲属，邻里乡人也会闻讯而至，叫作“人死众家丧，一打鼓来，二帮忙”。在死者面前绕棺高歌狂舞，是王家坪土家人祭奠亡人，安慰生者的方式。土家族用特殊的方式来慰藉后人，土家人把老人过世看作是走“顺头路”，更生命的无限延伸。因此，老人走了是喜事，体现了土家族人豁达的生死观。

舞随歌动 跳丧舞以民间丧俗为载体，根据土家丧俗特点，将祭祀性和娱乐性相结合，祭祀故人，娱籍后人，在死者棺木前，一位掌鼓者击鼓三下，首先领唱开场歌，舞者随着鼓点和唱腔变换舞姿，时而转肩擦肩，时而蹲地打旋，掌鼓者击鼓领唱，舞者踩着鼓点随歌而动，时而高昂激越，时而低沉舒缓。丧舞手脚同边，动作刚劲，舞者头、肩、腰、臂、腿手齐动，舞姿狂放多变，有“滚身子”“虎抱头”“羊擦痒”“燕子衔泥”“蜻蜓点水”“凤凰展翅”“犀牛望月”“双狮抢球”“猛虎下山”等数十个种类，舞者达数十人，大户人家则组织上百人的跳丧队伍，粗犷豪放，场面宏大，专家、学者称之为“死亡摇滚”。

歌因舞起 跳丧舞融歌舞为一体，随舞姿队形的变化，丧歌时喜时悲，节奏时快时缓，声腔时高时低，歌舞交融，相映生辉，跳丧舞以开场歌起舞，继而待师、跳丧、摇丧、哭丧、退丧、奠酒、进贡、送神、收歌等套式，通宵达旦，彻夜歌唱，声腔以男嗓高八度运腔，歌词内容少有悲伤之感。丧歌是土家族民歌的联唱，既有先祖约定俗成的固定歌词，也有歌师即兴创作的歌词，内容大多是歌颂土家先民开疆拓土，繁衍后代，表现土家族的历史渊源，也有反映土家先民渔猎，农事活动，死者的生平事迹，真挚的爱情故事，民间生活趣事等均是歌唱题材。丧歌承袭古代巴歌“竹枝”“杨柳”等曲牌的格律形式，跳丧舞曲牌有“叫歌”“将军令”“正宫调”“一字词”多达数十种，唱跳同时进行，舞者不分亲疏、辈分高低。数十人甚至上百人的跳丧队伍，踩着鼓点，和着歌声，狂歌劲舞，场面声势宏大。

千人自行车赛

旅游开发

根据王家坪镇2010年～2020年旅游发展规划相关内容，王家坪镇将重点建设民俗景区，逐步形成集赏生态美景、游自然山水、品民俗风情为一体的旅游产业。加强旅游品牌建设，配套完善交通、水电、通信、酒店、客栈、农家乐接待设施建设和旅游从业人员的技能培训。开发传统旅游食品，建成土家民俗生态景区，从传统村落乡愁游、吊脚楼博览游、绿色休闲风光游、民俗体验娱乐游四个方面挖掘旅游资源，打造王家坪旅游品牌。

旅游线路

王家坪镇乡村旅游线路种类较多，主要分为自然生态之旅和土家文化之旅两大类。

土家文化之旅　行程需三天两晚，主要特点是走进土家村落，访问土家文化，做客土家吊脚楼，观摩土家歌舞，品尝土家大餐，感受土家族的好客热情。具体线路：马头溪—关水坪—两河口—紫荆塔—砂子垭—土家风情街道—桥边河—八家河—泗墩溪—石堰坪—德修溪—湖田垭—蔡家坪—木山。

第一天，张家界市区至马头溪，游马头溪风雨桥、马头溪双重天然石拱桥，观看300年老糖干制糖工艺。到关水坪，品土家迎客茶，听土家迎客歌，访问濒危木瓢、竹架椅、倒罐头工匠艺人，参观郑国祥故居进士楼遗址。午餐后到两河口参观太平天国时期古城堡，湖南五大才子之一的李尧故居，观看“上刀山下火海”傩技表演。到紫荆塔

休闲、度假

参观龚家湾、大垭湾土家吊脚楼古建筑群落，郭家湾红军桥、将军洞。到砂子垭参观清代“天香书院”旧址、泰山庙遗址，看“草龙灯”表演，参与土家鸡罩捕鱼民俗活动。晚餐后到王家坪居委会民族剧院观看土家风情演出。

第二天，到土家风情街至桥边河参观尤公坪土家吊脚楼，河边百年土家风雨桥，湘西北著名田园诗人全翼之故居，读手稿遗作《味唐新草》；至八家河村观看全氏狮子灯，蓑衣舞表演，参观枞阳坪全氏古祠、太阳山古庙；至泗墩溪村观看渔鼓老艺人渔鼓表演；至石堰坪参观历史古建筑群，看上伏溪悬棺 48 个“箱子眼”、“穿心岩”，欣赏扬叉舞表演，参加土家糊仓民俗活动。

第三天，至德修溪，参观土家原始部落老屋大院、风雨桥、水碾坊、木榨油坊，观看土家茅古斯表演；至蔡家坪参观 20 世纪 60 年代的人民公社土家吊脚楼、办公用品、标语口号，600 年树龄的红豆杉，八月桂花树；至欧公洞参观欧氏古祠，返回张家界市。

生态之旅 约需两天一晚时间。线路特点为农业观光、生态采摘、垂钓休闲。第一天，从张家界市区出发至木山烟雨溪垂钓，观赏罗峰山万亩映山红；至伞家湾游古柳古

春季农耕

王家坪镇导览图

樟风光带，观丹寺洞地下溶洞群落、头潭坎两重瀑布，游十里百道梯级瀑布群；至上伏溪十里沙滩古柳风光带露营、烧烤，看十家民俗表演。第二天，到杨柳峰万亩原始森林采摘野生蘑菇、野菜；观赏紫荆塔、马头溪万亩油菜花，于百里长溪垂钓，欣赏土家歌舞表演，返回张家界市内。

旅游品牌

国内著名媒体走进王家坪　1997 年 8 月，中央电视台旅游频道摄制紫荆塔村龚家湾、大垭湾土家吊脚楼群节目。

1998 年 2 月，《正大综艺》栏目摄制紫荆塔龚家湾老屋场吊脚楼及土家生产生活节目。

1998 年 8 月，《文艺广角》栏目摄制紫荆塔村“土家薅草锣鼓歌”节目。

2004 年 5 月，《再走长征路》栏目采访摄制贺龙率红二、红六军团路过王家坪、砂子垭、紫荆塔、两河口等村寨时的情况。

2005 年 4 月，《再说长江》摄制组走进紫荆塔龚家湾农户龚中傲家庭，了解其生产生活所发生的变化及土家民俗风情。

2012 年 4 月，《探索・发现》摄制组采风马头溪村土家民俗风情。

2012 年 5 月，新闻频道摄制组采风关水坪村土家吊脚楼。

2012 年 8 月，科教节目制作中心摄制王家坪土家婚俗纪录片《庐舍里的婚礼》;《远方的家》摄制组走进王家坪，摄制“扬叉舞”“打夯歌”等土家歌舞。

2012 年 9 月，科教节目中心摄制石堰坪土家吊脚楼历史大建筑群节目。

2012 年 10 月，《制作中心》采风马头溪民俗文化村民俗风情。

2013 年 4 月，新闻频道采风王家坪土家吊脚楼及民俗风情；《朝闻天下》栏目摄制《穿行古村落——石堰坪村，土家古寨的斗诗文化》节目纪录王家坪斗诗会。

2013 年 5 月，《北纬 30°・中国行》栏目摄制石堰坪村土家吊脚楼及农耕文化节目。

2013 年 8 月，《走遍中国》栏目摄制关水坪、紫荆塔、伞家湾等土家吊脚楼节目；新闻频道摄制《文化站长李炎雄》节目。

2013 年 9 月，《大湘西秘境之旅》栏目采风石堰坪、关水坪等村土家吊脚楼与农耕文化。

2014 年 2 月，《中国地理》栏目采风石堰坪村土家吊脚楼、悬棺 48 个“箱子眼”等。

2014 年 4 月，《乡土》栏目采风石堰坪土家吊脚楼饮食习俗。

2017 年 1 月，湖南卫视入驻王家坪镇开展“走进王家坪，直播苏木绰”活动。

香港媒体走进王家坪　2000 年 6 月，香港《大公报》记者团采访紫荆塔村土家民俗风情。

2000 年 8 月，香港凤凰卫视摄制紫荆塔村土家民俗风情节目。

2005 年 5 月，香港凤凰卫视摄制马头溪土家吊脚楼节目。

海外媒体走进王家坪　2005 年 7 月，新加坡卫视摄制土家婚俗节目。

海外媒体走进王家坪

2012 年 6 月，东京卫视摄制关水坪村十家歌舞、十家吊脚楼节目。

2013 年 7 月，世界著名户外旅行杂志《孤独星球》采风马头溪、关水坪、两河口、紫荆塔等村土家吊脚楼农耕文化、民俗风情。

村寨旅游景点

王家坪镇下辖的 17 个自然村文化底蕴深厚，风景优美。

特色景点

韭菜垭村 韭菜垭村距镇政府2千米，是一个土家族古村寨、“阳戏之村”、“土家民俗生态保护区”。阳戏表演源自清末年间民间阳戏剧团，1978年后，民间艺人恢复“韭菜垭阳戏剧团”，曾为到村调研农村文化建设的文化部、国家民委领导汇报表演，获得好评。韭菜垭村还有吊脚楼群、百年风雨桥、喀斯特天然双生石拱桥等景点，香港凤凰卫视在此以百年风雨桥为背景摄制了反映土家男女青年爱情故事的电视连续剧《溪上有座风雨桥》。

马头溪村 距镇政府5千米，是“民俗文化村”“湖南省传统村落”“土家吊脚楼核心保护区”。境内保留着500多年土家老糖干制作工艺，有上百栋土家吊脚楼，还有土家风雨桥、水碾坊、木榨油坊等民俗建筑。马头溪是国家级中华大鲵生态保护区。境内森林资源丰富，风光旖旎，有水杉路、马头溪百里万亩油菜花生态长廊、七星椒种植、黑山羊养殖、马头溪梯田等景点；有西边界原始次生林古树群落，马头溪孪生天然石拱桥，出水洞瀑布等自然遗产。

关水坪村 “土家放排歌发祥地”，三朝拟旨郎郑国祥的家乡，明代沅水流域“民间傩戏”剧团诞生地，“土家歌谣之村”，“湖南省少数民族特色村寨”，“中国少数民族特色村寨”，“中国传统村落”，“土家吊脚楼核心保护区”。

两河口村 距镇政府10千米，是“进士村”“湖南省传统村落”“巫傩文化生态保护区”。历史上人文荟萃，英才辈出。李尧是湖南五大才子之一，为清咸丰秀才。同治举人、光绪殿试第18名进士，曾任云南昆明知府；全文炳，民国政法大学高才生，中南地区知名百姓大律师。两河口傩戏、傩技、傩祭盛极一时，至今还有傩戏、傩技、傩祭文化传人，胜利坪组傩技传人燕普云表演的《下火海》，被誉为“傩文化一绝”。《土家出嫁戏》《花灯词》《渔鼓筒》《采茶歌》《拉袜垫》等表演也曾盛极一时。

紫荆塔村 距镇政府6千米，是“土家民俗文化村”“湖南省传统村落”“湖南省少数民族特色村寨”“土家吊脚楼核心保护区”“土家民居生态博物馆”。为户外徒步旅游、摄影、写生绘画圣地，是历史悠久的土家族古寨，村名源自一座长满紫荆花的古塔。村内土家吊脚楼依山傍水而建，主要有大垭湾土家吊脚楼群落。1999年，世界文化遗产开发公司总裁迈克尔博士到此考察土家吊脚楼，称该村吊脚楼为建筑史的活化石，是“少数民族民居的经典”。主要景点有吊脚楼群、李尧故居、将军洞、红军风雨桥、南武当庙遗址等。

八家河村 是“狮子灯艺术之村”“湖南省传统村落”“土家文化生态保护区”。该村村落文化积淀深厚，传承300多年的双人张口狮子灯民间艺术，是重要的非物质文化遗产，曾为到村考察调研土家文化的国家民委、文化部的领导汇报表演，是省级

田园景色

非物质文化遗产。境内还有枞阳坪全氏三百年古祠，石家坪、余家湾、马家湾土家吊脚楼群落等文化遗产。

王家坪居委会 镇政府所在地。主要景点有土家民俗文化一条街、文化站、文化宫（大剧院）、土家民俗文化旅游步行街。土家织锦产业有围巾、包包、布匹、吉祥挂件，有传统土家腊肉加工企业 3 家、葛粉加工作坊 2 家、榨油坊 5 家，原生态碾米坊 3 个。

石堰坪村 距镇政府 10 千米，是“全国重点文物保护单位”“中国传承村落”“中国少数民族特色村寨十强村”。全村保存有土家吊脚楼 182 栋，其中，核心保护区 85 栋。2013 年，被国务院批准为第七批“全国重点文物保护单位”，同时入选住建部、文化部、财政部三部委联合组织的第一批传统村落名录。2014 年 1 月，被国家民委列入“十二五”时期全国少数民族特色村寨保护与发展名录。主要景点有土家吊脚楼群落、飞溪河、穿心岩、悬棺“箱子眼”、大岗岭千亩原始次生林群落、贾家坪百亩梯田群落、十里古柳生态长廊。

蔡家坪村 距镇政府 12 千米，因历史上世居蔡姓人氏而得名，是王家坪镇海拔最高的岭上土家族古村寨，为“湖南省传统村落”“土家吊脚楼核心保护区”。主要景点有建于明清时期的欧家古寨、古树群落红豆杉、百年八月桂、雪花洞以及罗峰山万亩野生映山红，为中国摄影家协会摄影基地之一。

伞家湾村 距镇人民政府 5 千米，土家族最原始的土家部落居住地，是“土家工艺之村”“中国少数民族特色村寨”“中国传统村落”“土家文化生态保护区”。主要景点有古枫树群、古樟树群、跨溪鸳鸯柳、头潭瀑布、张家界单体规模最大的百年土家吊脚楼、风雨桥、传统水碾、筒车、木榨油坊、旱碾、槽门等大量古建筑群。

砂子垭村 是“中国传统村落”、“土家吊脚楼生态保护区”、“草龙灯之村”、民间艺术之村、龙灯“活化石”和“草龙灯”发祥地。抗日战争时期，这里诞生沅陵、大庸、慈利、桃源边界四县第一个宣传抗日的民间剧团——“鸿盛汉戏剧团”。清光绪年间，湖南五大才子、光绪进士李尧在此创办了享誉湘西北的“天香书院”（又名“天香诗社”）。该村已恢复“天香诗社”，并成立“土家歌队”“山茶花土家民俗艺术团”，开展土家鸡罩捕鱼节，传承土家渔猎文化，建成“老屋湾农庄”等旅游服务接待设施，张家界市旅游食品加工企业龚康食品有限公司落户该村，加工的“剁辣椒”食品成为张家界市龙头旅游食品远销国内外。

泗墩溪村 “渔鼓之村”、最原始的部落所在地，被称为“古建筑之村”“土家吊脚楼核心保护区”。王家坪镇最边远山区村之一。

桥边河村 是清末诗人全翼之居住的村落，有无锁洞溶洞群落，因河边有一座300多年建筑历史的土家风雨桥而得名。此桥经多次修缮加固，粉檐剁脊，扳爪翘角，雕梁画栋，栏杆旧貌依然。桥边河曾是湘鄂边区、湘西北贸易古道重要区域。是“中国民间文化艺术之村”“千年的土家族古村落”“诗歌之村”“土家吊脚楼核心保护区”。

木山村 是土家族古村落，因盛产木材而兴村，山体落差较大，形成103道瀑布群落，落差最大的瀑布有70多米，最低3米，是一大自然奇观。该村文化底蕴深厚，有300多年建筑历史的欧式古祠，有传承千年的土地戏，是“古祠之村”“湖南省传统村落”“土家文化生态保护区”。

田园风光

宋家溪村 是土家民俗文化之村。历史上因大山阻隔，交通不便，少有与外界联系，土家居民仍延习着日出而作、日落而息、自给自足的农耕文化习俗，土家吊脚楼依然是他们世居民宅，土家歌舞是他们自娱自乐主要形式。扳力、踩高脚马、摔跤是这里居民经常开展的体育健身活动。宋家溪村人烟稀少，地域宽广，森林资源丰富，适宜森林休闲旅游。

湖田垭村 原湖田垭人民公社机关所在地，是一个历史悠久的高寒山区土家族古村寨，为“土家文化生态保护区”。因村内有个一巨大天坑，每遇到春雨季节向上翻水，形成数亩大的堰塘而得名，是罗峰山万亩映山红核心景区。

汪家垭村 历有“土家工艺之村”的称誉，是“土家建筑工艺生态保护区”。是一个边塞土家古村落，村落文化根基深厚，这里传承着土家歌舞、土家民居建筑文化，还有独特的宗教信仰。在这里土家工艺源远流长，能工巧匠人才辈出，修建土家吊脚楼的建筑人才遍布贵州、湖北、重庆及湖南怀化、湘西土家族苗族自治州等地。张家界市著名民俗景观土家风情园“九重天”吊脚楼建筑的设计、修建、装修等，大多都出自汪家垭村的土家建筑工艺人才之手。

抗战红色旅游景点

王家坪镇不仅有绿色山水风光，也有郭家湾红军桥、飞虎队战机坠机遗址、红色遗迹将军洞、修德溪老屋练兵场、岩壳学校、抗战戏班等红色旅游景点。

郭家湾红军桥 建于明代，是湘鄂边区湘西北贸易古道之桥。1934年，贺龙派全德主返回家乡王家坪镇郭家湾土家风雨桥建立中共湘西北地下工作站，全德主受贺龙指示，为策应红二、红六军团发动湘西攻势，在王家坪与张雁南策划农民起义，为党的地下工作做出贡献。解放初期，全德主不慎遗失贺龙出示的身份证明，与党组织失去联系，病逝于郭家湾土家风雨桥。为纪念中共地下工作者全德主和红二、红六军团长征北上在郭家湾风雨桥驻扎休整部队，郭家湾风雨桥更名为“红军桥”，是沅陵、桃源、慈利、永定1区3县的红色教育基地。

飞虎队战机坠机遗址 遗址位于干溪沟，在王家坪东北方向的汪家垭村境内。1944年衡阳保卫战中，援华美国飞虎队对日作战，一架战机中弹坠于汪家垭村干溪沟，为纪念牺牲的飞虎队飞行员，当地百姓自发到坠机地点按照土家族的习俗进行祭拜。

红色足迹将军洞 将军洞原名落水洞。1935年11月，贺龙率红二、红六军团从桑植刘家坪出发实施战略转移，突破敌军澧水防线，向沅陵挺进，经沅古坪、盘塘进入土家坪境内，到达落水洞一带。见此地一条山道穿过峡谷，古木参天，十分隐蔽，地势险要，易守难攻，便命部队在此宿营，休整部队，为不扰民，就露宿丛林之中，临时指挥部设在落水洞里。在当地地下党组织的配合下，红军指战员组织群众打土豪、分田地，将当地地霸豪强财产没收，留下一部分作为部队给养，余下均分发给当地百姓。红军在此休整期间，派出若干小分队，深入老百姓家中宣传抗日精神，帮助群众劈柴、挑水、干农活，不吃群众一口饭，不喝老百姓一口茶。部队休整结束后，为了不扰民，午夜出发，借用群众的用具则悄悄退回到主人家里，并附上留言和谢金。为纪念贺龙和红军，当地群众将落水洞改名“将军洞”。

德修溪老屋练兵场 1934年10月8日，湘西北地下工作站负责人全德主与当地进步知识青年张雁南策划王家坪农民起义。不到半月，来自沅陵、桃源、慈利、大庸4县参与起义的群众便达390多人。为加强新兵训练，贺龙派军事政治教员3人到王家坪训练起义群众，然后开赴桃源与冯冠雄领导的农民起义群众会合。为躲避敌人，练兵场设在交通闭塞、大山深处的德修溪老屋大院处，老屋大院有200多年历史的土家吊脚楼，占地8800平方米，建筑面积6888平方米，有厢房200多间，院外有一个480平方米的晒谷坪，为训练新兵提供了有利条件。现老屋大院晒谷坪仍然保留着阅兵台和靶场等军事设施，院内围墙上面的“打土豪分田地”“投奔红军，北上抗日”等宣传标语依稀可见。

岩壳学校 1935年11月，贺龙率红二、红六军团从桑植出发实施战略转移，突破敌军澧水防线，进入王家坪郭家湾进行休整。一名红军战士因身负重伤无法跟随大部队行军，被地下党组织安排在杨柳峰山寨全姓的农户家中养伤，经月余精心治疗得以康复，他留在杨柳峰山寨办起抗日学堂，宣传抗日精神。办学初期，因无校舍，就利用山坡上的巨大岩壳作学堂，课桌用石板代替，板凳用树干替代，学校得以顺利开学。此后，红军战士以岩壳学堂为家，培养山寨孩子，宣传抗日精神。1946年冬夜，这名红军战士被地方反动团防杀害在岩壳学校里，乡亲们把他安葬在校内，并刻上“岩壳学校”四个大字。

抗战戏班　抗战戏班源于鸿盛戏班，创始人是当地开明人士龚治善。1932年，龚治善精心挑选招收学徒48人，由著名戏剧艺术家龚楚云培养训练，经年余严格训练，个个才艺俱佳，在辰州城公演声名大噪，慈利县溪口镇与王氏戏班唱擂台戏，王氏戏班成为湘西北有名的民间戏班，常年在湘西北一带巡回演出，场场爆满。抗日战争爆发，长沙戏院艺人和进步文化人士到王家坪避难，纷纷加入鸿盛戏班，戏班发展到68人，鸿盛戏班更名为“抗战戏班”。戏班自编、自导、自演宣传抗日的文艺节目，在桃源、沅陵、慈利、大庸4县巡回演出，散发抗日传单，鼓励民众抗击日本侵略者，保卫家园。

特色旅游体验

王家坪镇特色旅游体验主要有农耕文化、年俗婚俗、民居文化体验和原始牧猎四种方式。

农耕文化体验　马头溪位于王家坪西，与沅古坪交界，是王家坪的西向门户，这里的李氏老糖干食品加工传承已有300年历史，至今仍保留着百年加工作坊。老糖干加工有糖糟发酵、熬制糖糕、绞扯糖带、做成糖干、上芝麻等多道工序，制作时需6人以上互相配合。老糖干是当地土家人春节期间走亲访友的贵重礼品。体验马头溪祖传老糖干加工技艺，可以感受土家先民的勤劳智慧。

石堰坪是土家农耕文化“糊仓”的发祥地，糊仓是省级非物质文化遗产。村民们在每年的插秧季节，都要举办隆重的土家糊仓节，周而复始，薪火相传。这里是春季体验传统插秧，感受糊仓文化最好的地方。

农耕

两河口村位于王家坪镇南方，与沅陵县七甲坪镇交界，是一个千年农耕古村寨，至今还沿袭着锄草挖荒、兴唱薅草锣鼓歌的习俗。薅草锣鼓是将劳动和文化娱乐相结合农耕文化遗产，传承千年。这里是夏季体验锄草，感受薅草锣鼓文化的最好地方。

紫荆塔是历史悠久的溪河农耕古寨，村寨有建于明清时期的吊脚楼，溪中经河水冲刷，岁月打磨，残缺不齐的过河石墩，溪边田埂弯弯曲曲，农户院外一摞摞草木，竹编篱笆，转阁楼上一串串金黄的玉米，火红的高粱，七星椒扎把，油坊的榨油号子，禾场打草的扬叉舞，无处不凝聚着土家人的乡情乡音，世世代代耳目相传。这里是秋季体验丰收，感受传统劳作的最好地方。

伞家湾是一个高山古村寨，因水源缺乏，村民们为加工食品只能依靠牛拉旱碾、人工碓码、手推石磨、腰推腰磨。这些加工方式虽然原始落后，但村民却乐此不疲，代代相传，至今还在使用。这里是体验纯朴的农村生活，吃原汁原味的土家食品的最佳去处。

关水坪村民们借助丰富的水力资源，修水碾、建榨坊加工粮油食品，顺溪而下两里一碾坊，三里一油坊。石滚碾米的撞击声和榨油工的号子声，响遍村寨四方。这里是体验传统碾米、榨油的最好地方。

年俗、婚俗体验　砂子垭村位于王家坪镇东南方，是一个山地丘陵古村寨，因水源缺乏，土家居民修山塘蓄水浇灌稻田，形成有田便有塘的农耕遗产。这里的山塘不仅可以灌溉，而且还可养鱼，每年腊月二十四是砂子垭居民的鸡罩捕鱼节，举行鸡罩捕鱼比赛，伴有山歌、舞蹈表演，十里八乡群众均会参加比赛或看热闹。这里是体验村寨土家人“鸡罩捕鱼节”重要年俗活动的最佳地方。

紫荆塔村位于王家坪镇南面，与沅陵县七甲坪交界，是一个有2000年历史的土家族古村寨。在千年的迁徙历程中，这里的土家人创造了多姿多彩的生活方式和丰富的年俗活动。每年腊月，村民们开始操办年货，腊月十一炒炒米，腊月二十五推豆腐，腊月二十八打粑粑，村寨是东家打粑粑，西家推豆腐，杀年猪、炕腊肉、灌香肠，浓浓的年味在村寨弥漫开来。这里是体验忙年，感受土家年味的最佳地方。

关水坪位于王家坪镇南面，是方圆百里有名的婚俗村寨，有特制八抬花轿、旗锣帐伞和仪仗队伍。精通土家婚俗的礼俗人员，在秋冬季节走东家、到西家，迎亲娶媳忙得不亦乐乎。这里是体验土家婚俗的最佳地方。

民居文化体验

王家坪为山川地貌，耕地资源匮乏，为节约耕地，土家先民从穴居、蜗居到木构小瓦的吊脚楼，建筑历史历经了千年。镇域内民居不讲究街巷布局和家族群居，顺其自然，随山就势，随物赋形。这里是体验土家吊脚楼文化，感受不同形式吊脚楼的最佳地方。

溪河吊脚楼　马头溪、紫荆塔、八家河等溪河地带，土家吊脚楼借助山体落差空间，傍山临溪而建，吊脚高，屋檐扳制成水牛角的形式，飞檐画栋，大气张扬，有双手推车、单吊脚、两进两重堂、四合井、跛子赶羊、崖壁上挂鸡窝等数十种样式。其中，紫荆塔龚家湾民国年间儿科名医龚启琼建起99根柱头落地，内外两重天井，上下两重石板塔的吊脚楼，规模宏大，名震一方。

丘陵吊脚楼　砂子垭、伞家湾、韭菜垭、汪家垭等丘陵地带村寨，土家吊脚楼大多建在地势开阔、避风向阳的山弯里，坐北朝南，冬暖夏凉，建筑样式有双手推车、一字形、7字形、品字形、山字形、四合井、一进两重堂等多种样式，挂司檐、扳爪翘角、弛张合宜。

山寨吊脚楼　蔡家坪、老龙口、宋家溪、木山等村寨土家吊脚楼一般都建在山窝里，避风向阳，屋檐扳制成黄牛角的形式，房矮檐低，小巧内敛，牢固耐用，防风挡雪，大多喜建小四合井吊脚楼。

装修工艺 土家吊脚楼板壁装修工艺有一定讲究，平常百姓一般都是一板一衍，内外凹凸不平，工艺粗糙，但牢固实用。富裕家庭采用落堂装修工艺，工艺精致，外平内不平。大富大贵人家均采用鼓皮装修工艺严丝合缝，内外光滑平整，没有拼板痕迹，就像一整块大木板，是土家吊脚楼装修工艺的极致。

原始狩猎体验 湖田垭是高山村寨，在王家坪北方，紫荆塔是溪河村寨，在王家坪的南方，两村居民历有“赶肉”（狩猎）习俗，有百发百中的枪手，善于翻山越岭奔跑的“赶角”和训练有素的猎狗。每年秋收结束，农闲下来，狩猎活动就开始了，一直到来年正月结束，狩猎是来自远古的习俗文化，是了解一方土家人迁徙历程的百科全书。

旅游服务

王家坪镇旅游服务设施日趋完善，接待能力增强。全镇有土家风情酒家、古道客栈、土家农庄、村级接待中心等规模较大的接待中心18家，床位5800张；有农家乐、农户接待站580多家，床位近万张，其中马头溪旅游度假村设施较好。农户接待站、农家乐按照统一建设标准，统一服务标准，统一收费价格，统一督察管理，全镇涉游服务设投诉举报电话，小件及时办理，大件当日处理，涉法申报处理。

接待中心 有石堰坪接待中心和湖田垭接待中心。石堰坪接待中心位于王家坪东面，有客房80间，床位128张，有停车场、文化广场，腊猪脚等是特色菜。湖田垭接待中心位于王家坪北面，有客房50间、床位38张，有可供500人搭建帐篷野营的广场，野猪、野兔肉等是特色菜。

民俗客栈 有马头溪古道客栈、关水坪吊脚楼客栈群和紫荆塔客栈。马头溪古道客栈在马头溪风雨桥边，有床位18张，提供餐饮、住宿、停车，餐饮均是农家饭菜；猪、牛、羊、鸡、鸭、鱼等饮食材料均属自家养殖；汤罐菜、柴火饭成了该店的招牌，客栈还承接有地方特色的坛子菜和传统小吃。关水坪吊脚楼客栈群在王家坪南面，有客房

500 间、床位 800 张，有千人帐篷野营河滩，有文化广场、停车场，土家十大碗是其品牌菜。紫荆塔客栈在王家坪南方，有客房 20 间、床位 38 张，土家十大碗、熬缸菜是土家传统品牌菜，有土家歌舞表演，有狩猎活动体验。

农家乐·度假村　马头溪休闲度假村位于王家坪的西面，有客房 28 间、床位 48 张，有万人野营帐篷广场，具备住宿、停车、民俗表演。山水人家农家乐在王家坪南面的关水坪村处，有客房 20 间、床位 38 张，饮、食均是农家传统饮食，保持了土家族的原汁原味。老屋湾农庄在王家坪的东南方向，有客房 88 间、床位 128 张，熬缸菜是品牌，有民俗表演。庆庚农家乐在关水坪境内，有客房 8 间、床位 15 张，是自助性农家乐，自种粮食、蔬菜，生态环保，客人自助采摘用餐。太阳山度假村在王家坪东南方，有客房 28 间、床位 48 张，火炼圈是特色菜，蔬菜、粮食均为自产，供应典型农家家常饭。楼屋山庄和石堰坪接待中心相邻，有客房 18 间、床位 22 张，饮食类型为农家家常饭。花海农家乐在王家坪北面，是高山村寨，花海农家乐有客房 18 间、床位 30 张，高山野菜山菇是其特色菜。

行业管理　加强对演艺人员培训。对从事土家歌舞、土家民俗经营性演出接待的团队和演艺人员，邀请民间艺术传承人，大专院校专家教授进行专业培训。先后举办土家民歌、土家舞蹈、土家器乐、土家戏剧培训班，共计培训 22 支民间艺术团队 2000 多人次。

石堰坪吊脚楼群

马头溪休闲度假村

接待中心标准客房、超市

回家的路

在导游人员选拔培训上，采取立足本土，熟悉王家坪镇乡风民俗，人文地理，敬岗爱业，热心土家文化导游的知识青年。先后举办导游人员培训班 8 次，培训专业和业余导游讲解员 580 人次，培训内容包括王家坪历史人文地理、土家民俗风情、王家坪镇镇情、导游人员职业操守等。

对安保人员的培训，遵循“安全第一，预防为主”的方针，重点学习国家旅游局制定的《旅游安全管理办法》和《旅游安全管理暂行办法实施细则》，学习安全消防知识和使用器械、突发事故处置等相关内容。至 2010 年年末，年举办安保培训班 8 班次，培训安保人员 218 人。

对旅游接待人员，重点培训土家待人接客礼仪，土家特色餐饮烹饪技能，传统饮食加工、职业道德规范等内容。先后办班 6 次，培训人员 500 多人次。

旅游交通　张家界市内至王家坪镇镇政府所在地车程 48 分钟，集镇农村客运站日发班车 10 个班次 ~ 12 个班次。全镇 19 个村（居）委会已通水泥公路，与省道连通，185 个村（居）民小组有 162 个通路，80% 农户通路，马头溪至两河口公路安装太阳能路灯，景区通公路，景点游道，旅游交通标识标牌齐全。

申诉维权 为营造良好的旅游环境，保护游客和旅游经营者的合法权益，遵照《中华人民共和国消费者权益保护法》，国家旅游局《旅游投诉处理办法》及省、市、区旅游投诉法律法规，依法公正处理，并结合王家坪镇实际情况，补充如下旅游投诉之规定：

一、凡误导、欺诈、敲诈游客消费，造成经济损失，影响游客行程，违规违法行为；

二、凡欺行霸市，哄抬物价，掺假使杂，以次充好，强卖强买等违法行为；

三、凡消费不明码标价，售后价格虚高，广告虚假，挂羊头卖狗肉，给游客造成经济损失的违法违规行为；

四、凡抛游客、滞客、拒客、抬高乘价的不法行为；

五、排挤、刁难、敲诈、骚扰旅游经营不法行为；

六、违犯旅游安全规定，造成游客伤害违法行为。

凡出现以上事项，给旅游造成损失的，除当面给游客赔礼道歉，赔偿其经济损失外，还要追究当事人的相关责任，并限期责令其整改。本补充规定自公布之日起执行，解释权归王家坪镇人民政府。

旅游投诉 张家界市旅游投诉电话：0744-8202020

永定区旅游质监所电话：0744-8525110

王家坪镇人民政府投诉电话：0744-8588077

王家坪镇旅游接待中心电话：0744-8588087

黄牛耕田

耕读传家

耕读是指又耕又读的态度和生存状态，王家坪镇内山清水秀，与世隔绝，为耕读提供了优越的条件，这里的人们把农耕当作娱乐，把读书视为修性，在郑国祥、李尧等前人的影响下，读书在家庭中成了习惯，在家族中成为共识，王家坪境内“耕为本务，读可荣身，耕读传家、宜家兴国”的风气盛行。

王家坪镇山环水绕，峰峦叠嶂，这种异于平原和江河的特殊地理环境造就了独特的土家山地文化。土家族人民勤劳互助的民族美德，诚实守信的族群秉性，粗放实用的生活方式和平等秩序的伦理取向等人文特征，均是这种山地文化的体现。长期以来，由于生活环境的相对封闭，以及人对其栖息环境的高度依赖，土家先民很早就有先进的生态观。他们热爱自然，顺其自然，顺应自然，注重人与自然和谐相处，崇尚天人合一，物我相亲，讲究因地制宜，随遇而安。山中樵老、林间猎手、溪谷浣妇、牛背牧童，无一不是这一观念的创造者和实践者。在土家人的生活中，俯首即拾的山食野菜，依山而建的土家转角楼，色彩艳丽的西兰卡普，结草为服的茅古斯舞，粗犷豪放的薅草锣鼓——从生活到艺术，从一粥一饭到画舞歌吟，无不就地取材，随性顺势而为，呈现天地造化的法则和万物生灭的规律。这些素朴的观念浸润在日常生活中，形成了世代相传、千古不易的独特习俗：立春之日送春牛，四月初八嫁毛虫，五月端午采艾蒿，七月十五祭祖神，春插之季开秧门，冬猎时节敬梅山，除夕之夜抢头水，开春娱神唱傩戏，庆祝丰收跳摆手舞、扬叉舞……这些古老民俗体现了土家人的生存智慧，是山地农耕生活在土家族传统文化中的直接反映和真实写照。

鎮

农耕景观

春季农耕 春季农耕，首先是备耕。进入春季，便要开始检查各种生产工具，请工匠或整修，或制作，到了农历二月，开始耕田耕地。工家坪山高坡陡，田地顺山势地形而开，大小不一，很不规则，一般土家人都采用传统的农耕方式——用牛耕田。

犁耕稻田，一般在雨天，老农身披传统的蓑衣，戴着斗笠，吆喝着牛在田里耕上2 次 ~3 次。耕旱地必须为晴天。耕田耕地是精细活，较为劳累，一般都是当家男人耕田，妇女打杂割牛草、做家务。

春季农耕

夏日劳作

耕好田地后，就要播种，种植秧苗、玉米等。

夏日劳作 到了夏季，是农作物培育管理的季节，稻田里要管好水，时常检查禾苗的生长情况。若枯黄生病，则撒一把生石灰，有了虫病便安装电灯诱虫，或撒火灰驱虫除病。土家族人种植稻谷很少有人用药物杀虫。

夏日的劳作是多种多样的，管理稻田，清除各种杂草。土家族人有“高粱薅得偏偏倒，黄豆要留护脚草”，“田里过脚板，地里过铁板”的俗语，这些农家俗语都土家族人在种植过程中总结出来的经验。

金色秋收 到了秋天，五谷杂粮全部成熟了，土家族人便开始忙着收割。

稻谷是土家族人的主要粮食作物。收割稻谷时，山寨里的男男女女，唱起山歌，跳起摆手舞，抬着牛头、猪头，吹着牛角，喊着号子，在土地庙前焚香化纸，感谢土地神灵赐给的丰收。仪式过后，先是族里德高望重的老农先割第一刀，尔后，先男后女依次下田，搭斗摆车，朝车的方向再由老农开扳第一把谷。

20 世纪 60 年代前都用扳桶扳谷，田里蚊虫纷飞，烈日当空，尘土飞扬。20 世纪 60 年代后利用脚踩式打谷机，减轻了劳动强度。到了 20 世纪 80 年代后，又从外地引进了由柴油机带动齿轮的打谷机。到了 20 世纪 90 年代以后，凡溪河两岸，都使用全自动收割机，即节省了劳力，又提高了效率。

秋收的工作繁重，清晨清扫场地晒谷，早饭后，或摘辣椒，或摘黄豆，视家事

金色秋收

放牧归来

而定。

到了农历八月下旬要摘油桐、油茶，王家坪山地多，遍植油茶林，各家各户总要一个多星期才能摘完。

冬季放牧 冬季来临，土家族人的主要工作是放牧。

放牧的方法有定向放牧法和自由式放牧法。

定向放牧，拿一根绳子一头系在牛鼻栓上，另一头系在树干或用钉固定在地上，晚上收回。这种方法适用于家中牛养得不多的农家。如家中养羊不多，一般也采用这种方式，只不过要在羊的脖子上套一个圈用以系绳。放羊不能是清早，农家人流传的说法是“羊儿吃百草，出门就怕饱”，因此土家族人一般都在下午放羊。定向放牧必须选好草场，不能有太多的树。

自由放牧法有两种，一种是单指家庭养几十头牛或羊，十点钟以后将牛羊放上山，由专人看守，不带绳索，晚上收回。另一种放牧法是放牧人看准一个大山场，几十亩至几百亩，山势险峻，选择支道不多的山场，设立路卡，再用树枝捆绑在路卡上，作拦挡作用，放一冬天。这种放牧法选址很重要，一要有足够的草场，二要有不断的水源。放牧在这种大草场里，必须隔三岔五的检查路卡，检查牛羊有无疾病，清点数量有无减少。

冬季放牧是土家族人千百年的传统习俗，一直流传至今。

犁田

施肥

糊仓

传统农耕

朴实的王家坪土家人追求简单快乐的生活，将农耕劳作和健康娱乐结合在一起，总结出了较丰富的生产生活经验，形成了独特的农耕方式，并传承至今。

春耕 春耕是土家人最繁忙的季节，农历正月十五后，土家族人开始展理田地，应合着鸡鸣声，早早便将自家猪圈、牛栏中的粪便清理干净，男的用撮箕挑着，妇女用背笼背着，或倒入山地，或洒入田间。

糊仓 王家坪镇土家人选秧插秧非常热闹，“糊仓节”是王家坪土家族春耕最隆重的农耕文化节庆。分为开秧门、祭土地、吃盖面肉、插秧赶仗、关秧门、糊仓等习俗。

插秧的第一天叫作“开秧门”。这天，由当地最有名望的插秧能手面向东方拔出第一个秧的一半，再面朝南方拔起另一个秧的一半，然后合拢扎成“开门秧”，以求得“东有艳阳育禾苗，南有和风细雨保丰收”。

扯秧

栽秧

祭土地是“糊仓节”最重要的环节。主人请来当地极有名望的道士，摆上香案酒菜，烧纸、焚香，取雄鸡冠上三滴血祭拜土地神，保佑当年风调雨顺，无水涝旱灾，无病虫害，谷子金黄，颗粒归仓。而后，将祭品撒向田野，以回报这方土地的养育之恩。

吃盖面肉是主人摆起大鱼、大肉、大酒等体面的插秧盛宴，招待前来插秧的邻里乡亲，主人将一块特制的盖面腊肉，放在盛肉的土钵上面，这块盖面肉，是敬给当地去年最有名的插秧能手的，历来有“敢吃盖面肉，插秧在前头”之说。如无人敢吃盖面肉，则帮工们一天下来就没有肉吃。

插秧赶仗，即开始大田插秧比赛，数十名插秧能手一字排开，由吃盖面肉的能手领头，击鼓鸣锣开始插秧争魁夺冠比赛。赛时，不但要插得快，又要插得整齐。插秧能手你追我赶，各展绝活，通过激烈比拼，新一轮插秧冠军产生后，敲响锣鼓，燃起鞭炮以表示祝贺。

所有的田都插完了谓之关秧门。关秧门前，插最后一丘田时开始糊仓。糊仓即插秧手往主人身上涂抹泥巴，预示主人来年丰收，有把粮仓糊紧之意。插秧手彼此也可以糊泥巴，无所顾忌，以庆贺春插结束。糊仓是土家农耕文化的重要元素，从远古沿袭至今，未见消亡。

薅草锣鼓　在开荒挖土、春播夏薅和秋收等大型劳动活动中，出工集结以锣为号，大锣一响，众人便集结一起上山，少则十几人，多则几十人、上百人。团结互助，对于老弱孤寡或受天灾人祸的困难户，大家更是帮忙“打白工”。垦荒薅草的人多了，便需要有人指挥，以加快速度、提高工效。于是，就有人把锣鼓和唱歌用到激励劳动生产上来，逐渐形成土家人特有的劳动表现形式——“薅草锣鼓”。垦荒挖土打鼓唱歌叫“挖土锣鼓”，薅油桐、油茶、玉米、黄豆中的杂草打鼓唱歌叫“薅草锣鼓”。

“薅草锣鼓”由两人组成，一般是一男一女搭配，一人敲鼓一人打锣，锣应鼓点，锣鼓间歇，歌声即起。一般情况下是由司鼓主唱，敲锣的人帮腔，或两人一人一句，轮流对唱，或每人一段，相互问答。唱到高潮时，所有人都要帮腔，形成你追我赶的劳动场面。干活的形式是排成一字长蛇阵，两头的人称为“边工”，由身强体壮的快手担任，歌声一起，锄头飞舞，一字而上。唱歌的人站在干活人的前面，眼观阵势，边唱边移挪位置，还要有激励机制，如唱到“东边软了劲，西边龙头起，中间闪了腰，喜气莫迟疑”，大家听了，就知道歌师在“锵军”，落后的便憋足劲拼命往前追赶。

击鼓说唱要两人，一个击鼓主唱，一个配锣和唱，击鼓者称作鼓师，亦称歌郎。鼓师非一般人可作，首先要具备一定的文化素质和口才本领；其次要经过专门训练，即拜师学艺。鼓师一般每个村寨有 1 人 ~ 2 人，他们在土家人心中是享受与土司同等地位的人，非常受人尊敬。他们给人打薅草锣鼓时，主人除了大酒、美食，请其坐上席招待以外，还会给他们发烟、发红绸，傍晚鼓师收工出门，由主人发给工资。

薅草锣鼓腔调有唢呐腔、歇气腔、牛角腔、男儿腔、四平腔、对声、半声、凶板、

薅草锣鼓

阳歌、反板阳歌、数板阳歌等。四平腔内又分道士板、戏板、美女板、相恋板。男儿腔又分扯炉号、牌楼号、牧羊号、散花号、油壶号、七人号、死板号、五声号、洙伞号、黄瓜歌、八声号、药包号、阳雀号等。清早上工对唱扬歌之后便唱一些经典老歌，如祝英台、三国、封神榜等影视作品插曲，以唢呐腔为主。中午上工后唱日歌，对唱的歌有许姐歌、送郎歌、望郎歌、采茶歌等。太阳下山收工前送土地神，唱放落伞、单头唱等。唱歌的时候用一手掐住喉咙两侧，使声音显得苍老嘶哑、绵长婉转、极富野韵。

割谷

挑玉米

薅草锣鼓高亢婉转，歌声能穿山越岭，传得很远。歌者以歌指挥生产，以歌传播民族文化，以歌鼓舞劳动激情，以歌娱乐身心。这种古老的劳动形式随着年轻人外出打工、劳动强度的减弱大都不复存在，其优美的歌声和劳动形式以舞台艺术得以再现和复活。

灯光诱虫　稻谷和农作物种植完后，除病防虫非常重要。老农们小心翼翼地看护着自家的稻田和山地里的作物，发现禾田里有病虫，便及时取自家灶中的火灰或稻草灰，将其洒在受病的作物上，若病虫害较大，就在夜间点一盏油灯，灯光下盛一大盆水，利用昆虫喜灯光的物理方法引诱杀虫，以增加作物产量。

打斗扳谷　土家族居住在山间，稻田大多如星星般点缀在崇山峻岭之间，土家族人因地制宜，用木头自制了一种叫大斗的用具，用来收获稻谷。大斗制作简单，操作方便，可以两人抬，也可以一人背，人们可以边做边吆喝，场景较为壮观。但收割时效性低。

层篓挑玉米　专供男劳动力挑玉米棒的“层篓”，由一根扁担将两个高 1 米、径长

0.4 米的篾篓串起来，将玉米紧紧插在层篓里。另有一种木制背篓，由几根木棒串成一个能置物体的空架，用篾丝系着，以此背原木、石头。

斗簟晒谷 土家农民收割完稻谷后，因无水泥禾场，农家一般都用竹制斗簟晒谷，多数农户都置有四五床斗簟。斗簟晒谷具有较好的透气性，需勤翻晒，还可避免水泥地暴晒引发的碎米现象。如地面有碎石硬物，凹凸不平，则易发生斗簟严重损坏的现象，匀谷翻晒时须加小心。

打草上树 收完种完，冬天悄悄接近了，土家族人并没有消停下来，而是将秋季收割稻谷剩下的稻草收集起来，为冬季耕牛过冬提供食物。为养好耕牛，通过千百年实践，王家坪人用自己的勤劳与智慧独创了一种独特的农事劳动——打草，即稻草通过打压之后，再喂给耕牛，打压过后的草耕牛更喜欢吃。打草必须是晴朗的日子，场面壮观。早上，女人背草，男人挑草，挑草须用挑草用的专制扦担。稻草一定要捆牢，扦担穿草时一定要穿在捆绳的下面，还要保证上轻下重，以免打翻。将草捆解开抛洒在场上，老农将一头拉着石磙的老牛缓缓地赶入场中，石磙溜圆，重 200 公斤 ~ 250 公斤不等，一头大一头小，两端中心处各凿一小圆孔，木工将一碗来粗、月牙形的圆木一锯两半，于中间开眼处穿一短桩，经桩插入石磙的小孔里，两头再用木杠拴牢，把犁上的木枷担解下来，系在石磙的架子上，然后套着牛。打草时老农赶着牛一圈圈地碾压稻草，

斗簟晒谷

打草

直到稻草被压软。

接下来是男女一齐入场叉草捆草。先是女人叉起一块稻草，向上抛几下，以便抖掉谷粒，再叉一块稻草，合起来放置。男人在叉好的草垛上抽出一小扎，边抽边拧，制作成草绳，拉紧拧紧，扎入草中。这种捆草法叫“鹞子翻身”。另一种叫“马打滚”的捆法，方法基本相同。待稻草捆完之际，务农的王家坪人便在广场上，一对对舞着扬叉，喊着号子，嬉笑打趣。王家坪镇土家族艺术团根据其场景排练，将这一场景搬上舞台，取名为“扬叉舞”。场里的草叉捆完后，大家一齐将草搬到草树边码草，草树一般选用碗来粗、丈多高的杉树，立在草场下端的坎上以便上草。码草人是村里的专职人员，草不能码得太紧或太松，否则会扯不下来草或垮坍。码草人是很受尊敬的，老板要向其敬酒、敬盖面肉，草码到高处，老板便找来一根长长的竹篙，将草送上去，码草人只是围着树干，转着圈儿码，待草码完，再用两把草将顶端的树包裹起来，再扎紧，一场草算是打完了，一树谷草可供几头牛越冬。

挑谷上仓　土家人家家户户都有谷仓，谷仓用木头做成，呈正方形，立于吊脚楼偏房角落里，是用来储藏稻谷的主要器具。仓有大有小，大的可装5000公斤，小的能装七八千斤。每当秋季来临，稻谷成熟的时候，土家人便把仓中的陈谷从里面取出来用袋子装上，放在谷仓的角落里，将谷仓打扫得干干净净，把一担担稻谷从稻田中收割回

码草

上仓

挂晒干萝卜

来，放在家中进行暴晒，直到晒干全部水分，然后再用箩筐将晒干的稻谷一担担地挑入谷仓之中，作为土家人一年四季全家人的主食。

悬挂食物 “躺着卧着，不如悬挂着”。既是王家坪人的一句口头禅，又是他们的一种生活习惯。悬挂有透风、爽气、不长霉，还防虫鼠咬等优点。进入王家坪，凡是有吊脚楼的地方，凡是五谷飘香的乡村，总是能看见悬挂起来的萝卜、辣椒、玉米等农副产品，形成一道道别致的风景。

洞藏食物 将不易捆绑的农产品放入洞中储藏，叫洞藏。根据洞的地点，分为屋内洞藏和屋外洞藏。屋内洞藏是在不常用的杂屋内挖一个洞口直径约一米，形如葫芦的洞，将土豆、红薯等在室内晾干水气，轻轻放入洞中，洞口用一木制盖子盖住，防止小孩、动物或其他异物掉入洞内。屋外洞藏，就是在屋周围选一地址，用同样的方式挖一洞，根据家中需储藏的食物确定洞的大小，在洞口上方搭一草棚，防风雨渗漏浸湿。

耕读传承

境内大片明清以来的土家吊脚楼古建筑群融入山水，回归自然，临溪风雨桥、传统碾坊、木榨油坊古朴沧桑。清光绪进士、湖南五大才子李尧在境内泰山庙创办了享誉湘西北大地的“天香书院”，传经授道，沅陵、慈利、桃源、大庸边界四县学子云集在此，以寻求中举、读书报国之志，以致后来王家坪镇人文蔚起，诗歌风行，引领“九都文化”。光绪年间，王家坪便有多人取得秀才、举人、进士功名。

中华人民共和国成立以来，一代新人步“天香书院”之后尘，崇文兴教，励志后人，传承土家民间文化，培养民间艺术人才。1986 年，成立“王家坪阳戏剧团”“马头诗社”“马头歌队”等民间文化组织；2002 年，成立“湘西北土家文化艺术联合协会”；2008 年，成立了“土家舞蹈、土家戏剧、土家礼仪协会”；2010 年，成立“王家坪社区山菊土家民俗艺术团”“砂子垭山茶花土家民俗艺术团”“关水坪油菜花民俗艺术团”“马头溪樱桃花民俗艺术团”“木山映山红民俗艺术团”“伞家湾百合花民俗艺术团”“紫荆塔紫荆花民俗艺术团”“石堰坪土家部落艺术团”等 22 个土家民间艺术传承组织，成员达 1280 多人，这些成员来自沅陵、桃源、慈利、永定边界，成为传承、传播土家文化的主力军。

天香诗社 民国年间，全小卿、全凤岐、全勋伯、欧治棠、龚睡庵、李焕之等 20 多人组建天香诗社，编成《天香诗集》。天香诗社为推动民间格律诗词创作起到推波助澜的重要作用。诗社中经典作品书写在泰山庙（砂子垭）的墙壁上。此外，土地戏、傩愿戏、三棒鼓、渔鼓等民间曲艺如雨后春笋，山歌、太平歌、薅草锣鼓在田间地头随时可见。全九鹏、张桃妹等民间歌手出入乡间婚庆、寿庆酒宴之中，留下许多脍炙人口的精彩唱段。1926 年，时任沅陵县县长陆贤君派洞庭溪区区长李锦章给治平乡送来了“九都文化之乡”竖匾。

“九都文化之乡”竖匾拓印

九都文化 据《沅陵县志》记载，明清时沅陵县划为十二都，九都“在县东北隅，东界桃源，西连三都，南达一都，北界慈利，山岭重叠，道路崎岖，距城窎远，尚有终身不至城市者”。1953 年 11 月，原九都所辖治平乡地域划归大庸县管理。清末至民国初年，九都治平乡（今沅古坪镇、王家坪镇及慈利金岩乡大部和部分慈利洞溪乡）虽处偏远荒蛮地带，但崇文尚武习俗已成风气。清光绪年间，李尧为两榜进士，欧吉南中举。治平乡先后有 69 人参加科举乡试，获取秀才之后，民国年间有 17 人考入黄埔军校。1920 年，治平乡创办治一国民中心小学（治平乡第一国民中心学），为当朝沅陵县境内有名的小学，生员为县北五乡（宜平、治平、盛平、先平、寅平）方圆百里的殷实土家子弟。加之国民政府禁止在学校抽壮丁，许多成年男子为躲避抽壮丁亦入治一学校读书求学。明、清两代，治平乡私塾教育普遍兴起，教馆林立，单户单请、联户合请，形式多样，师资多为儒生学子。受李尧出任做官、欧吉兰中举成名影响，加上全翼之、李焕之、龚治经、全华萼、李启山等一代名儒口传身教，治平乡“耕读为本”和“学而优则仕”的传统观念在民间根深蒂固，耕读传家氛围浓厚。

名门望族

王家坪镇是一个民族集中、姓氏较多的土家族乡镇，姓氏有李、张、欧、郑、全、胡、符、向、龚、秦、金等 30 多个姓氏，但以欧姓、郑姓、龚姓人口最多，为当地名门望族。

欧氏家族 欧氏家族经千年繁衍生息，开枝散叶，成为王家坪镇的一大家族，在十里马头溪东岸都是欧姓人，西边都是郑家人。历有“郑半边，欧到底”的俗语，全镇有欧姓人 3000 多人，占全镇总人口的五分之一。欧氏家庭兴族以来，制定了“遵家训，敦人伦，守国法，勤耕读，正家风，珍族产，祭祖庙，惩惰行，妥先灵，禁古葬，济穷困，息争论，正宗法，兴族业”14 条族规，作为族人修身齐家、为人处世的行为准则，以至欧氏人才辈出。从历史上看，战国时期燕国郡守欧天由，魏国信陵君幕僚欧秀立，汉代县令欧大卿、欧梁如，三国时代苍梧太守欧景，南北朝郴州刺史欧金等，明代南雄知府欧交通等以及近代以来的中国科学院欧润生，湖南师范大学教授欧凤兴，欧宏繁、欧红旗、欧爱松、欧湘云等师职处级干部，另有欧玉环、欧湘燕、欧强等 10 多名北大、清华学子均出自欧氏家族。

龚氏家族 龚氏家族是王家坪镇五大家族之一，经考系出共工氏，后因避仇加

“龙”字而得名。祖籍系江西南昌丰城县，元末明初因避祸迁徙沅水、澧水流域一带，部分落户王家坪繁衍生息，经600年发展成为王家坪族名门望族，建宗祠于横山硲，以“武陵堂”为堂号。龚氏家族以人为本，兴族有方，订有14条族规与16条家训。这些族规、家训成为族人修身齐家、人伦道德、为人处世的行为准则，代代相传。良好的族规家风，使龚氏家族族兴人旺，人才辈出。有国民党十四兵团七十九军军长龚博文，国民党第八军参谋长龚浩云，国民党中将第十战区参谋长龚理明，澳门名医龚树根，青海省西宁市民政局长（副厅级）龚福恒，黄埔学校学员、抗日战争名将龚乔楚，曾任贺龙旅部书记官的龚睡安，土家文化名人龚履安，中医名医龚启琼、龚子成、龚福生等。

家训、家规

王家坪镇十家人家家都有家训、家规，有的传于口中，有的藏于族书，有的刻在庙宇祠堂。这里主要介绍龚氏和欧氏家训、家规。

土家三规五戒

三规　话规，说话要轻言细语，讲话和气；事规，做事要有利于人民，实事求是，不能损人利己；坐规，行坐要端正，少女、少媳不能膝开八字，有长者在座，不得跷二郎腿。

五戒　一戒无根之有，意思是不能无中生有，搬弄是非；二戒不义之财，最通俗的说法就是君子爱财，取之有道；三戒路边花草，这是指戒色；四戒过量之酒；五戒斗勇好胜，要和睦乡邻，与人为善，互相关心，互相爱护。

龚氏族规　龚氏族规家训大部分从清时族谱上继承。内容为务本业、谨学业、端家养、禁游情、择婚姻、和乡邻、睦宗族、敦孝悌、严闺阃、肃家政、尊师长、慎言语、惩轻燥、崇节俭。

龚氏家训　敬祖先、孝父母、睦兄弟、和夫妻、亲亲族、尊师长、信朋友、力耕种、勤读书、存忠厚、尚勤俭、司礼仪、严闺阃、戒淫恶、戒赌博、戒吸毒。

欧氏家规（十四条）[①]

1. **遵家训** 家训，朱子家训及朱柏庐先生格言，诚为齐家之准则，实风俗之针砭，自宜家置一通。子弟平日熟读，兹所录者，意在切中时弊。又不难显易，俾人人共晓。或不免稍涉诊缕，阅者自勉之，族人其凛遵之。

2. **敦人伦** 齐家之道，孝弟为先。父慈子孝，兄友弟恭，夫唱妇随，和气致祥，而家道自兴矣。世未有家人相煎，兄弟参商，夫妻反目，而能成其家者。横强霸道，肆意犯上之徒，族长宜率众公斥，勿得放纵蔽风。

3. **守国法** 世无作奸犯科，以干法律者，于国为良民，即为忠孝之子。国法煌煌，其所以广为教戒者至矣。自古国法例有明条，切勿自类顽梗，盖践土食毛，理当惩处，所以作庶人之忠也。凡我族人，尚其共懔，不得枉法。

4. **勤耕读** 常言曰：子弟一读书，则百病皆除。旨教子孙多读书，可以变化气质，非特取功名，光门庭耀祖宗。赋性迟钝，亦宜使之稍明义理，而后相其所长以正业，则邪癖无自而入矣。尤要者，则又以教子耕读为贻安之上策。

5. **正家风** 教化之原，嫁娶择配，以名门清德为上，而能端其家风，交谊者次之。至闺阃之肃，又在平日严礼教，事后始以正之，仓促之见。则但较贫富财物，甘同夷虏而已。外此，如纳弟妇，乱兄嫂，蒸淫混配，更有不忍言者，国法所不宥，即家法所宜惩也。至新丧娶嫁，乱礼伤教之大，贤明族长，宜理谕而势禁之。

6. **珍祖产** 祠庙为敬神重地，务宜整洁，所当绸缪，修葺之处，皆遵祀典。凡公项器具，祭田、租赋、利息及一切收支之事，总要记清出入，庶免侵蚀之弊。

7. **祭祖庙** 自古无牲曰荐，先儒于二分、二至，祀于祖庙者，尊祖追远也。我族议定，每年清明、冬至二节，务必虔备牲醴，择老成主祭，贤明助之。凡器具妥备，牲醴宜丰，其酒席不可太过，不及，务宜竭力妥办，且遵之以礼，不可殒越，致干神怒。

8. **惩惰行** 祭祀先祖，自古皆然。合族议决，宗祠出资，每于节前，派专人筹办。具备牲醴，香楮，鞭炮，鼓乐，分三班，于节前祭扫先祖之坟，挂扫祭毕，临节归祠。饮酒，计算，总要冢冢化楮，不得疏漏。勿辞风雨，勿难路远，懒惰不前，若有遗漏，

① 此欧氏家规，因老谱毁烂所记条文已有缺失，现据原文大意查漏补缺，以求字句连贯，文意明白完整。

查出违办者不得徇私宽贷。

9. **妥先灵**　坟墓，所以妥先灵也。为人后者，历年亲率子弟，登山指示祖人之葬处。族中无后之坟，务宜力为封培。昔文王收葬遗骨，况是族中之坟乎？见有枯陷，不时培修，以免遗弃之惨，而英灵必庇佑矣。

10. **禁古葬**　凡入葬者，各有分地，宜恪守界限，勿得恃强占越。虽是本族之人，属禁葬者，不准羼葬，可附葬者，必免骑牵。如有异姓，强占盗葬或砍伐树木者，族众当共为阻止、处办。族有不肖，盗卖于人，此枭獍之类，极宜共同讨伐，以免受侵凌之不虞矣。

11. **济穷困**　人本之谊，不足者，共相抚恤之。晏子食三江义田，洵千古美谈也。祠中所积银钱租谷，量力救助穷困。族中聪颖子弟，无力读书，出资就学。不准堕胎，不论男女，贫窘难抚，出资育婴，不准溺杀。孤老残疾，生老病死，出资周济，不准乞丐。此乃一体同仁，共襄盛举。穷困得助，较他族自冠冕矣。

12. **息争讼**　常言云：好争讼，非居家之福。而族中岂可自相鱼肉乎？乃是金钱如泥，以逞一时之愤，败家破产，后悔无及。凡族中大小事故，宜约宗祠，贤明首士好言

欧氏家祠公约碑（现存欧氏宗祠）

守禄公世系派序碑（现存欧氏宗祠）

劝解，勿使起诉。更有一家骨肉，兄弟阋墙，同室操戈，在族长婉言劝谕，善解其事，勿至控官，大伤天伦也。至女于归之后，不幸见虐，审视其事无甚枉曲，极宜和解，不可效世俗刁风，见事生非，扩大事态，是为公愤也。他若毁坟、嫌女、逼退、强嫁等重大之事，而不得已，用祠中之资，非好讼也。

13. **正宗法** 兄弟之子为应继，此外皆为爱继。由亲及疏，理有固然。择其所继，无论亲疏远近，皆可继之。不准勒提银产，强分亲疏，作异性篡宗之弊。已继之后，不得复归本生父母。此应遵行。

14. **兴族业** 经合族妥议，凡始祖守禄公之后，与三都迁欧家湾之后裔，各出银钱，同置产业。现置得天螺界、铜鼓岗等处田山，以每年所收租谷、利息，作挂扫坟墓，清明、冬至祭祀祖庙香楮酒食，修整祠宇之资。计算余钱，仍归首士执掌，以备后用。族中为公事得他人服礼银钱，无论多少，亦归宗祠。开源节流，集腋成裘之意，使吾族殷富丰足，甲于一乡也。理事者，自应公而忘私，不得侵蚀。庶得绵绵光大，克昌厥后，贻谋燕翼，岂不美哉!

欧氏家祠公约 一议堰塘土匮田山租稞以及银钱赋税，定选两房富正直者轮流执管。每年亲正凭众清算交领，毋得推躲。若以私抵公隐吞昧骗者，亲灵鉴察天诛地灭。贪而狡者不准争领，贫而忠者公举管理，非公举之人不准涉足。

一议世子孙各宜攻读诗书，求名者帮助盘费，显达者帮助卷礼，以及贫家有聪敏子弟难读者帮助学金，维食饔富者勿阻，免致暴弃。以上所助多寡须量祠力公议，不许恃强多索，亲灵鉴察，天地诛灭。

一议两房子孙以有族等，男、女不得为仆、妾，如有贪利遗臭者，公罚。婚悔或子

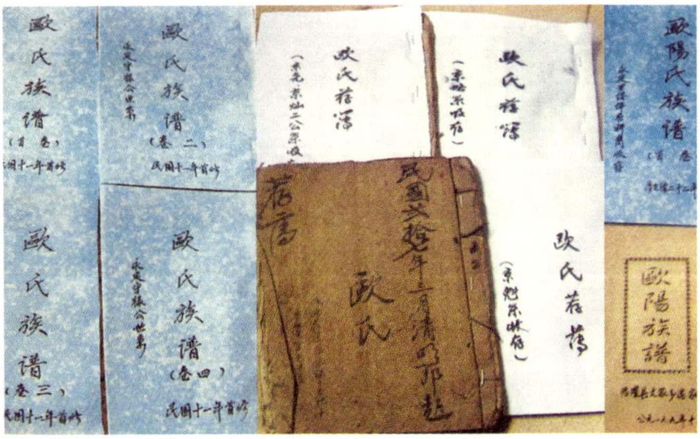

欧氏族谱资料

女被人欺嫌过甚，祠中助资滋事，以振族纲，上中至理者公议排帮，贫乏不堪者全帮其费。族众有事须照工簿并量事之轻重裁夺，议助不准一人擅专。

一议为祠内产业账项，被人欺占强骗，两房人等必须同心协力以御外侮，不得殉情纵让，如违者，纠众公斥。

一议后裔恐有残疾鳏寡孤独兼贫穷者，每于岁终每名给谷一担，钱八百文，死施棺木；若丰足有子孙者虽残不给。

一议祠中器皿、坟墓、庄房系管理者修整善理，于祠注单报众，毋得籍修混吞。如有混吞及不送香烛者，绝子孙。

一议侍奉香灯者，公议残老可托，每年谷五担，钱二百串，亦须自尽勤俭生活。至于腊肉两房平分，不准强争。

一议子孙各宜孝敬各睦，如有忤逆不孝或强暴，触犯长上者，纠众公斥公罚，以正人伦风俗。倘有横强不遵者，据实公禀。或为私事恃尊凌卑者不在此议，亦须众等理斥，不准滋事，免致骨肉相残。

一议子孙世代不许溺女。如贫而难抚者，祠中每年给谷一担，钱一串文，三年限满，不给富者。三子以下，归款给一载。贫者初生一子以及富者三子以上，不在此议。再有贫而难娶者，助钱五串，若自行再娶，退还所助。

一议两房人丁，从远众多，公享甚广，恐祠虚难以照规助给，只以每年租稞支付，不许当卖祀产。若有所得外入银钱归祠所有，所得收租毋得瓜分，违者绝子灭孙，遵者长发其祥矣。

教育传承

王家坪土家族人民历有耕读为本、诗书传家的良好风气，由于崇文重教读书人为了求学、中举、会进士，扬名仕林，有的究其一生，白首儒林。王家坪镇历史以来人文荟萃，人才辈出，造就了一大批济世忧民之才，清康熙最年轻的进士郑国祥学富五车，才高八斗，被康熙皇帝钦点为拟旨郎，曾参与编纂《康熙字典》。湖南五大才子之一，光绪进士，昆明知府李尧学识渊博，才华横溢，历有“李尧的文章，翼之的诗”之说。

学校教育　明清以前，境内没有官办学校，都是私人设馆办学，称私塾。教材大多为《三字经》《千家诗》《百家姓》。中华民国，成立言家界、两河口初级小学，有学生150多人，开始学习国文、算术、音乐、美术。抗日战争时期，建立十二保、十三保，十四保国民学校。1946年创办“永志学校”，1947年改名为“治平乡第二中心学校”，设初级部、高级部，增设公民、地理、自然等课程。1950年2月成立“治二中心学校”，1977年设高中部，1995年与湖田垭乡并乡，仍保留湖垭乡中心学校。2012年，实施乡

学校教育

土家文化进校园，由12名民间艺人传授土家歌舞、土家器乐，培养中小学生800多人，表演的“草龙灯”“扬叉舞”等土家族民间艺术在央视播出。至2015年年末，王家坪镇有幼儿园2所，在园幼儿450余名；九年义务制教育学校2所，学生1200多名；全镇有教职工83人，九年义务教育覆盖率100%。

口传教育 土家族在历史上只有语言没有文字，民族的历史文化及相关知识和技艺都是通过口头传承实现的，口传教育在土家族历史发展进程中有着重要的地位。口传教育是人类早期教育的主要形式，土家族在创造自己的历史过程中，形成了特有的民间口传教育方式和手段，口传教育内容极为丰富，涉及生产和社会生活的方方面面。

境内土家族民间口传教育是从训练视觉、听觉开始的。婴儿出生不久，母亲便用灯光启发婴儿，边说边指引，并把灯光左右移动。经过训练，婴儿就会跟着灯光的移动做出反应，婴儿慢慢长大，母亲的启蒙教育也会循序渐进地提高。几个月后，母亲就开始教婴儿学爬行，训练其语言和听力能力，于是就编些儿歌反复地念给幼儿听。婴儿一大大长大后，不但要教一些简单的语言，还要配合一些简单的动作，如育儿儿歌《虫虫飞》《打掌掌》《排排坐》《推豆腐》，这些儿歌不仅对婴儿的语言、动作进行训练，还开始对婴儿进行生活常识和认识事物的教育。

婴儿长到1岁～2岁时，为了配合学步，人们编了许多十分有趣，又具有启发智力和教育意义的儿歌，如《娘娘脚》《走上街》《梭罗树》等。幼儿到3岁以后，便通过学习《张打铁、李打铁》《大月亮、小月亮》《月亮光光》《韭菜花》等儿歌、歌谣，把说理、启发和教育结合起来，使少儿从小就受到良好的训练和教育。

家庭教育 家庭是社会的细胞，是人生受教育的第一堂课。境内土家族历来生活在深山溪谷间，交通闭塞，长期以来大多以一家一户为单位，过着自给自足的农耕生活，绝大部分时间都是家庭成员生活在一起，只有在赶集、大型文艺活动、红白喜事时才有机会参与集体活动。所以家庭教育对境内人民的生息繁衍至关重要，从新生婴儿到老人无时无刻不在接受着家庭教育的熏染。随着孩子年龄的增长，家庭教育的手段和内容都会发生变化。通过讲故事，讲自己的经历教育子女怎样做人；通过节日祭祀，特别是对祖先的祭奠进行伦理孝道教育；通过参加生产生活活动，进行传承生产技能和生活常识的教育；通过参加礼仪活动，传承人生礼仪和民间礼俗常识等。境内土家族民间的家庭教育就是通过摆龙门阵、猜谜、唱歌等形式，把生活哲理和民族传统文化，潜移默化地影响到青少年的意识深处。

家族教育　居住在山区的土家族虽然是相对独立的社会文化单元，但它毕竟是中国社会的一部分，所以必然受到中国家族文化的影响。境内土家族大多有聚族而居的习惯，家族教育的目的主要是：通过民俗活动和家族祭祀活动形成对血缘关系的反复认同；用关系差异观念增强族人相互依赖的趋向；通过行为内涵的转化增强家族至上观念；通过敬祖等活动形成尊老的传统，从而达到社会的稳定和谐。境内土家族家族教育带有更多的原始性。过去土家族许多村寨都有神堂（即摆手堂），堂中供有土家人信奉的族神彭公爵主、向老官人、田老汉。这里既是族人跳摆手舞、演出茅古斯的场所，也是族人祭祀、聚会受教育的地方。掌堂师由村寨中辈分高、办事公正、能说会道的梯玛或老人担任，他们在村寨中有很高的威望。他们在祭祀中向子孙后代讲述祖先的来历、迁徙、创业的艰难历程，在肃穆的氛围里，家庭成员潜移默化的受到感染。这种无声的和有声的教育使民族历史与传统文化得以传承，形成尊老爱幼的传统，家族的凝聚力也得以增强，从而提高家族在当地的社会地位。

村寨社区教育

境内村寨社区教育是一种比家庭教育、家族教育更为广泛的教育，主要通过

家庭教育

耕读传家

大型活动和一些不成文的“习惯”来体现。土家族的“大摆手”是几个村寨，甚至几十个村寨联合举行的祭祀歌舞活动，参加者数千人，甚至上万人。每年正月初三至十五择时举行，活动长达3天~7天，主要程序是“闯驾进堂”“纪念八部”“史妹成亲”“迁徙定居”“农事活动”“将帅拔普”“送驾扫堂”。摆手时，在掌堂师的引导下唱《摆手歌》。《摆手歌》篇幅浩瀚，内容丰富，有人类起源歌、民族迁徙歌、农事生产歌、英雄故事歌等，演唱完全运用土家语，边唱边舞，无论是参加者或是观看者都能受到深刻的感染和教育。人们在歌舞声中了解到民族的历史和祖先创业的艰辛，传承民族的历史文化，这种形象的教育方式是激励人们奋发向上，增强民族凝聚力的催化剂。境内土家族有世代口传的“习惯法”，不能砍神树，不许随便砍经济林木等，这些规矩代代相传，成为民众共同遵守的法则和社会和谐的黏合剂。土家族民间的村寨社区教育还在赶集、红白事以及各种活动中表现出来。社区教育具有传播信息、传承民族文化、传授社会常识、强化社区稳定和谐的多重功效。

村级文化中心 王家坪土家人历有山歌竞赛、民间体育竞技、每年约定俗成的民俗节庆活动和重大事件的集体聚会的习俗，这些乡俗、民风流传千年。中华人民共和国成

阳戏传承

立前，这些活动的举行，大多以自然村落、歌场、宗祠、学校、风雨桥为重要活动地点。中华人民共和国成立后，党和政府尊重当地民风习俗，均按建制村配建土家民歌歌场及露天文化体育广场。随着土家文化旅游产业的兴起，凡是土家民间艺术、土家民俗节庆等民间民俗文化艺术活动都在农家大院进行，这里有土家吊脚楼，传统的生产生活工具和用具，有土家人的生产生活、宗教信仰，更重要的是有土家人的千年记忆和永远的乡愁，是游客了解王家坪土家人的百科全书。

王家坪镇在村级文化活动中心建设上，采取以政府主导，村为主，群众参与“两条腿走路”的措施，按照有队伍、有阵地、有措施、有活动、有效果的“五有”方针，兴办村级文化，丰富群众文化生活，弘扬土家民族文化，全镇现有村级土家民间艺术队伍 19 支，露天文化体育广场、土家歌场 19 个，农户活动中心 188 个，村级图书阅览室、书法美术、摄影作品展览等活动中心 19 个，文化示范户 22 个，土家民俗农户陈列馆 38 个，“中国传统村落”2 个，关水坪村农家书屋 2012 年被授予“全国示范农家书屋”称号。

师徒传承教育 境内土家族长期处于自给自足的农耕社会，民生生计多由内部自行解决，其社区内部有自然合理的分工，有各种各样的手艺人。手艺的传承用口传身授的方式进行。师徒传承的主要形式有：一人教多人学，如民间歌舞、乐器、编织工艺的传承等；个别传授，如一些带有神秘性的巫术、武术、医药技术的传承；家传，如医药中的社会秘方、民间绝活，有的是父子相传，传男不传女，有的是传女不传男。在传承过程中形成了如巫师、歌师、乐师、药师、工匠等职业，这些人享有地方文化的某些传承特权，至今仍然是当地举足轻重的人物。

生产技能教育 由于地理环境的制约，境内社会生产发展缓慢，刀耕火种、猎耕互济保持了相当长的时间。土家族民间生产技能的教育主要包括农业生产知识、手工技艺、畜牧业知识等方面的内容。传授这些技能主要通过两个方法：其一，长辈或师傅当面传授，手把手地教，如犁田、耙田、插秧、榨油、编织等技艺都必须现场教练；其二，通过口传文本间接传授，如土家族的《摆手歌》《梯玛歌》等，在传唱中自然地接受了相关的生产知识和技能。土家族民间传说故事和谚语中，也有不少关于生产经验和科学常识的结晶，通过一代一代的讲述，传承了知识和技能。这种寓教于乐和润物细无声的传承教育方式很受民众喜爱。

1949 年 10 月～2015 年 10 月王家坪镇历年重点大学毕业生名单表

表 6

姓名	性别	出生年月	住址	学历	就读或毕业学校
李锦英	男	1943 年 6 月	紫荆塔村	本科	重庆大学
龚海兰	女	1981 年 2 月	紫荆塔村	本科	湖南师范大学
龚辉浓	女	1981 年 6 月	紫荆塔村	本科	上海交通大学
李晓明	男	1981 年 8 月	紫荆塔村	本科	中南大学
王成建	男	1981 年 8 月	紫荆塔村	研究生	国防科技大学
张金军	男	1981 年 8 月	紫荆塔村	本科	湖南师范大学
张亚云	女	1982 年 8 月	紫荆塔村	本科	青岛大学
李晓峰	男	1982 年 8 月	紫荆塔村	本科	长沙医学院
李伊慈	男	1983 年 6 月	紫荆塔村	研究生	湖南大学
李晓庆	女	1985 年 8 月	紫荆塔村	研究生	四川大学

续表 6

姓名	性别	出生年月	住址	学历	就读或毕业学校
全美杰	女	1986 年 2 月	紫荆塔村	研究生	湖南师范大学
张金燕	女	1988 年 8 月	紫荆塔村	本科	吉首大学
龚　雪	女	1989 年 2 月	紫荆塔村	研究生	北京大学
全竣杰	男	1989 年 8 月	紫荆塔村	本科	中国人民大学
欧宏阶	男	1942 年 3 月	伞家湾村	本科	湖南师范大学
欧召蓉	女	1968 年 8 月	伞家湾村	本科	湖南大学
张　印	男	1983 年 4 月	伞家湾村	本科	湖南师范大学
张树芳	女	1986 年 6 月	伞家湾村	研究生	北京大学
欧　可	男	1987 年 10 月	伞家湾村	博士	上海交通大学
李晓峰	男	1988 年 7 月	伞家湾村	研究生	国防科技大学
张　欢	女	1991 年 12 月	伞家湾村	本科	重庆大学
欧春晖	男	1993 年 4 月	伞家湾村	硕士	清华大学
张金阶	男	1928 年 6 月	王家坪居委会	本科	清华大学
张楚圭	男	1935 年 8 月	王家坪居委会	本科	北京大学
全琼玲	女	1982 年 7 月	八家河村	本科	中南大学
全丽琴	女	1983 年 10 月	八家河村	本科	中国人民大学
全生平	男	1985 年 7 月	八家河村	本科	湖南师范大学
全梅芳	女	1985 年 10 月	八家河村	本科	湖南师范大学
全庸微	女	1986 年 3 月	八家河村	本科	北京大学
全梅燕	女	1987 年 10 月	八家河村	本科	湖南师范大学
全艳菊	女	1988 年 2 月	八家河村	本科	湖南师范大学
张海超	男	1988 年 8 月	八家河村	本科	黑龙江大学
全艳丽	女	1992 年 9 月	八家河村	本科	湖南师范大学
欧　鹏	男	1965 年 1 月	韭菜垭村	本科	湖南师范大学
李　斌	男	1976 年 5 月	韭菜垭村	本科	中南大学

续表 6

姓名	性别	出生年月	住址	学历	就读或毕业学校
张　彬	男	1979 年 8 月	韭菜垭村	本科	中南大学
燕林波	男	1983 年 10 月	韭菜垭村	本科	湖南大学
刘永太	男	1988 年 6 月	韭菜垭村	本科	中国人民大学
李润霖	女	1991 年 10 月	韭菜垭村	本科	首都师范大学
全润叶	女	1997 年 2 月	韭菜垭村	本科	武汉工程大学
张兴武	男	1937 年 8 月	砂子垭村	本科	清华大学
张子傲	男	1968 年 10 月	砂子垭村	研究生	湖南大学
全　璋	男	1989 年 2 月	宋家溪村	本科	中南科技大学
张瑞琴	女	1992 年 9 月	宋家溪村	本科	交通大学
龚兴正	男	1953 年 1 月	两河口村	本科	中山大学
张　凡	男	1973 年 6 月	两河口村	本科	西北工业大学
张宏鹏	男	1975 年 8 月	两河口村	博士	西北工业大学
张亚凌	男	1979 年 9 月	两河口村	本科	中南大学
何思渊	男	1987 年 9 月	两河口村	本科	湖南大学
龚晓芳	女	1995 年 1 月	两河口村	本科	中山大学
全永婷	女	1997 年 5 月	两河口村	本科	北京大学
张中英	男	1948 年 3 月	木山村	本科	湖南大学
欧立星	男	1967 年 12 月	木山村	本科	湖南师范大学
龚庆祝	男	1971 年 6 月	木山村	本科	湖南师范大学
陈晓英	女	1972 年 9 月	木山村	本科	湖南师范大学
张康荣	男	1982 年 3 月	木山村	本科	湖南师范大学
李　红	女	1985 年 8 月	木山村	本科	湖南大学
彭　锐	女	1986 年 8 月	木山村	本科	云南大学
欧　昭	男	2000 年 10 月	木山村	本科	北京航空学院
欧　帅	男	1985 年 12 月	桥边河村	本科	中国人民大学

续表 6

姓名	性别	出生年月	住址	学历	就读或毕业学校
张彩兰	女	1991 年 8 月	桥边河村	本科	重庆大学
张彧语	女	1993 年 5 月	桥边河村	本科	香港大学
全永星	男	1980 年 2 月	蔡家坪村	本科	中南大学
龚　鑫	男	1986 年 3 月	蔡家坪村	本科	湖南师范大学
龚阳平	男	1987 年 5 月	蔡家坪村	本科	中央民族大学
李风华	男	1988 年 4 月	蔡家坪村	本科	湖南大学
胡　深	男	1989 年 5 月	蔡家坪村	本科	湖南师范大学
李勇军	男	1972 年 3 月	马头溪村	博士	湖南师范大学
全　智	男	1985 年 8 月	马头溪村	博士	西北工业大学
李海丰	男	1986 年 8 月	马头溪村	本科	天津大学
李淑娟	女	1993 年 2 月	马头溪村	本科	中国人民大学
李京诚	男	1993 年 4 月	马头溪村	本科	中国民航大学
张楚书	男	1934 年 2 月	老龙口村	本科	北京大学
张　明	男	1966 年 4 月	老龙口村	本科	中央民族大学
龚秀丽	女	1979 年 9 月	老龙口村	本科	湖南师范大学
龚学海	男	1980 年 5 月	老龙口村	本科	上海交通大学
龚凤娟	女	1981 年 8 月	老龙口村	本科	湖南师范
龚术婷	女	1989 年 2 月	老龙口村	本科	北京大学
龚秀娟	女	1990 年 9 月	老龙口村	本科	武汉大学
龚自强	男	1996 年 2 月	老龙口村	本科	中南大学
欧　芳	女	1985 年 1 月	黄粟界村	本科	湖南大学
李维军	男	1992 年 8 月	黄粟界村	本科	湖南师范大学
郑　坤	男	1989 年 6 月	关水坪村	本科	湖南农业大学
郑　创	女	1990 年 4 月	关水坪村	本科	中山大学
郑少杰	男	1990 年 4 月	关水坪村	本科	湖南农业大学

续表 6

姓名	性别	出生年月	住址	学历	就读或毕业学校
郑圆圆	女	1991 年 6 月	关水坪村	本科	北京大学
郑凡凡	女	1991 年 6 月	关水坪村	本科	天津大学
李宏仁	男	1991 年 8 月	关水坪村	本科	湖南师范大学
郑　伟	男	1998 年 8 月	关水坪村	本科	湖南师范大学
郑　涛	男	1999 年 9 月	关水坪村	本科	四川农业大学
郑光辉	男	1978 年 3 月	汪家垭村	博士	湖南师范大学
郑赛梅	女	1979 年 3 月	汪家垭村	本科	湖南大学
姚伟华	女	1985 年 6 月	汪家垭村	本科	湖南师范大学
姚伟平	女	1988 年 3 月	汪家垭村	博士	北京大学
全　婷	女	1988 年 8 月	汪家垭村	本科	中国人民大学
张华雄	男	1961 年 2 月	石堰坪村	本科	湖南大学
全昱东	男	1968 年 8 月	石堰坪村	本科	中南大学
全明望	男	1975 年 11 月	石堰坪村	本科	湖南师范大学
全　凌	女	1983 年 7 月	石堰坪村	本科	湖南大学
全明乐	男	1985 年 3 月	石堰坪村	本科	中央民族大学
全　旖	女	1986 年 8 月	石堰坪村	博士	四川大学
全　旎	女	1986 年 8 月	石堰坪村	博士	北京大学
全志峰	男	1986 年 9 月	石堰坪村	本科	中国人民大学
全　芳	男	1987 年 5 月	石堰坪村	本科	北京大学
龚桂沅	男	1987 年 6 月	砂子垭村	研究生	中国地质大学
全力行	男	1992 年 10 月	泗墩溪村	本科	中南民族大学

水牛

风土民俗

王家坪土家族是一个纯朴的民族，由于长期深居大山，为适应生存环境，通过漫长岁月摸索和改善，发明了适宜山区农业生产的接镰、链犁等特色农具；发明了层篓、背笼、水车、筒车、竹筒吸水车等生产生活工具。王家坪至今仍保留着原始古朴的农耕习俗，使用老牛耕田，木桶挑粪，衣饰简单而美丽，家居舒适而富有情调。为增加劳作的趣味性，减少疲劳，王家坪土家人在劳作中寻找乐趣，演绎形成边劳作边娱乐的“糊仓节”和“薅草锣鼓”。他们就地取材，生活器具竹器化、木器化，根据生态环保的理念运用斗篷晒谷和大斗扳谷，用悬挂方式储藏玉米、辣椒，用洞藏的方式储备红薯、土豆等农副产品。

土家竹器

山竹与王家坪土家人相依相伴，因其品种多、长势快、成活率高、取材方便，被用于制造各种生产工具和生活器具，如装猪草的背篓、担运粮食的箩筐等。竹器的制作程序简单易学。

竹制用具

王家坪人的生产工具离不开竹器，打猪草、背运粮食、捕鱼等都用竹器。

竹栅栏　用于保护菜地，以防止鸡和猪进入破坏菜地、食物。

竹笕　即“竹槽”，它是天然的输水管道，用于浇灌园蔬地瓜及五谷杂粮。

虾笆　用来捕捉鱼虾的工具。小溪、小沟涨水后鱼虾变多，人们喜爱用虾笆在河边捕捉鱼虾。虾笆用竹篾编制而成，大小由人决定，将竹片用火烤成虾笆口与虾笆尾，口大、尾小，身比口略长，收尾扎起来连成一个竹把，再将两部分连成整体编制。

濠　渔民捕鱼专用渔具。濠用竹篾编制，其间隙可漏水。濠口大，尾小，里面套一个小濠，方向与外面的大濠相反，故鱼进入濠中就出不来了。濠尾用绳子扎起来，取鱼时解开绳子，便可将鱼从濠里倒出来。

竹制器物

箩筐　王家坪的土家族人民在劳动生产中，最主要的竹制工具便是箩筐和背篓。箩筐分丝篾箩筐和皮箩筐，丝篾箩筐用细丝篾精编而成，经久耐用，一般用于收割玉米、薯类等作物，箩筐重约 5 公斤，可负担一百多公斤的载重，适宜近距离使用。皮箩筐做工考究，美观大方。篾匠用两分[①]宽的黄皮篾精织细编，黄皮篾宽窄一致，厚薄均匀，韧性很好，筐的腰身处和上面开口处织有一道两分宽的丝篾，筐的四角均有 3 块较为坚

---

① 1 分≈ 0.33 厘米。

硬的竹片向上穿过两道丝篾，从而使皮箩筐结实耐用。皮箩筐没有缝隙，适用于打米、挑菜籽，重 2.5 公斤左右，轻便灵活，适宜作为远程担子使用。

背篓 “男人箩筐女人背篓”，这是土家族人民千百年来的传统习俗。女子成家以后，使用最频繁的背篓是柴背篓，柴背篓做工粗糙。旧时，女子上山下地总是要背上背篓，再放上一把刀。休息时，捡柴火、打猪草、割牛草，遇见路上的有用之物，边走、边捡、边割，随手丢进背篓里，放工回来，即满载而归。

日常生活中，还会用到家中的窝背篓、洗衣背篓和小背篓。窝背篓传供婴儿睡觉用，背着可以走动，放下可以晃动作为摇篮。山寨土家族孩子都是在背篓里长大的。最精致的就是洗衣背篓，主要用于女子下河洗衣、走亲戚、赶场，男子到丈母娘家探望时也可使用。洗衣背篓口大底小，上宽下窄，形如陀螺。编织洗衣背篓，要请手艺好的篾匠师傅做“上门工”。好的洗衣背篓，就是一件上乘的工艺品，美丽而结实。小背篓是纺织工艺最精巧的竹制品，是未婚姑娘出嫁的陪嫁物品，供新娘婚后回娘家装载衣服、礼品之用。小背篓制作时，篾丝、篾片都经过染色，编成图案，明艳大方，其做工往往成为娘家家境和眼光的标志，亦是新娘巧手、勤劳的“品牌”。

存篓 王家坪土家人独创的收玉米时用的运输工具，长筒形，中间穿一根扁担连接两头，人们在陡峭的高山上摘玉米时，挑箩筐很不方便，于是，人们用勤劳和智慧编织出存篓这种运输工具。近些年，王家坪镇阳戏剧团根据用存篓背玉米的生产场景编排成存篓舞，并于县市会演中获奖。存篓只用到 20 世纪 70 年代，因高山上已无人种植玉米，现在既没有人使用存篓，也没有人制作存篓了。

晒簟和凉席 即竹簟子。铺在地上用来晾晒谷物、阴米、番薯片之类的叫“晒簟”，亦名“斗簟”。铺在床上供人睡觉的叫凉席，一般采用水竹编制，又名“水竹凉席”。

箩筐

廊架、背篓

饭篓

水竹凉席表面平滑如纸，夏天人卧于上，凉爽舒适。无论凉席还是晒簟，均可折可卷。卷起时，如一轴画；铺开来，似一片云。要做到这一点，一要竹篾的质量好，二要编织精细。编好后还要用水蒸煮，以加强竹篾的柔韧，防霉防蛀。

竹床 又叫凉床，由竹子制成。四根柱子选用毛竹、竹筒，床面紧密的由丝篾排列而成，竹床表面平整如镜，几无缝隙。大的竹床可并排躺下三人至四人。

筛和簸 筛，谷物分离工具。根据眼的大小，分为米筛、鬲筛、糠筛、粉筛等。簸，是盛粮、除尘祛秽的用具，用宽窄不同的扁篾织成，有簸箕、米簸、小簸等。

竹制曲艺品

咚咚喹 参见本志“诗赋歌舞·民间乐器·咚咚喹”。

大筒 用竹子做成琴杆和琴筒，并蒙上蟒蛇皮或菜花蛇皮做震动皮面，琴头做成弯月形，左右各置一轴，系二根弦，用竹弓拉奏。有长筒、短筒之分。长筒声音低沉，音量巨大，可传数百米，无固定音高；短筒酷似京胡的外形，因使用高粱秸做琴码，因此发音尖锐、明亮，富有特点。

九子鞭 选一根细长的黑竹，削去两端，总共保留九个竹节，然后在每个竹节处钻一个眼，各用细线串一个或几个古代的铜币，即“眼眼钱”。竹鞭做好后，在其大约三分之一的地方缠几根丝线，这就是“九个节的竹鞭”，简称“九子鞭”。九子鞭的使用融合了舞蹈、音乐、说唱等多种形式，边舞、边唱、边说，节奏明快、热情。

金钱板 择三块楠竹板，其中两块嵌有铜钱或其他金属片，做成“金钱板”。表演时竹板互击，能发出金属声音，艺人们以它为道具进行表演，可“走州吃州，走县吃县”。其响声给人一种清新、铿锵而又和谐的音乐感，演唱多用方言土语，以唱代说。其他如笛子、箫、芦笙、渔鼓、莲花闹板、傩戏、傩面等，无不为竹制艺术品。

土家木器

王家坪土家人民常生活用品的制作主要来源于山中的木材，木器制作考究，形状美观。

滴水床 清代至民国年间，当地富裕之家多制作滴水床。滴水床制作方法极为考究，占据空间较大。床的外形分三层，呈阶梯式，每一层都有屏障。木制屏障上精雕细刻有龙凤、花卉以示吉祥。上床踏板用红椆木做成，榻卧三周均采用精致镂空的棂格装饰。外层床顶呈屋檐状，形同屋檐斜坡，掀开丝绸围幔，拾级而上，便可就寝。滴水床除雕刻部位外，其他部件均用生漆油漆，雕刻部位涂金粉，以示珍贵豪华。滴水床多作新婚夫妇新床之用，一般都是由男方配备，非女方陪嫁之物。

睡柜 其下层可盛装粮食等物，上层可作床铺。睡柜下层形同平柜，充当床脚，上层有底板、床母，一边与柜相连。床下装有一支撑木，掀走床架，将支撑木撑在柜底，可拿放粮食器物。上层如同普通床架，可架设蚊帐，是一般农家一物二用的家具。

料棒陀 用于玉米脱粒，其构造简单，即用干檀木一根，约 1.5 米长，粗细轻重适应个人力气，安装木把将两端连接起来，用牛鼻桊套紧。

刀袖子 土家人上山砍柴系在腰间随身佩带刀具的工具，构造简单、实用。取一块方形木头，用锉在木头上锉一个槽，大小以刚好能插进柴刀、镰刀为准。木头两端各钻有两个小孔，小孔上各系一根用棕编制而成的绳索，便于系在腰间。

滴水床、米升、碗柜、刀架

农耕器具

王家坪镇属南方丘陵地带，山多地少，为便于操作，当地先人发明了适应当地环境

犁耙

水车

的农耕器具，这些器具不仅结构简单、实用，而且形状优美。

犁耙 犁耙是山区土家农民必备的铁质耕种农具。犁分连犁和接犁，接犁耕田较深，常用于耕板田。连犁用于在抄田或土质疏松的旱地翻耕。土家人制作犁耙需有经验的木工，并懂其简单力学原理，根据所用牲口的性别，确定装犁的深浅尺寸。过深则拉犁吃力，损坏犁耙，过浅则犁铧不能挺进土壤。犁辕是从山野林间寻觅的，以桑木、五倍子、杉林等材质为佳，形状成弧形。或在合适木材幼小时由人工牵引长成合适的弧形，三五年后于秋冬季砍伐回家，置火炕上阴干，再请木匠制作。

耙有几种，用于水田的耙，别名叫镪，用于旱田、土地的耙叫踩耙。踩耙呈长方形，用四块岩栎木板相嵌而成。长边前后两块木板都装有铁质耙齿，使用时农夫双脚踩在前后横梁上，靠耙齿划破土块。

镪的轴一般用红豆木做成，轴上装 11 根铁齿，每根铁齿之间用铁筋箍好，以檀木做扶手。每年春耕完毕后，农家都会将犁耙洗刷干净，再用桐油刷一遍，置在通风口处，以备来年再用。

龙骨水车 土家先民抗旱工具，运用齿轮比的原理，通过大小轮轴转动，带动龙骨板叶，将水由低处导向高处，达到低水高流的目的。龙骨水车反映了古代土家人的聪明和智慧。

筒车 其形如车轮，直径约 3 米，以竹或木制成，双层，中间用竹木连接。架木、立轴轮，边沿捆一米余长竹筒，大旱之际，置筒于溪河流水中，借水力翻转车轮。竹筒沉入河中注满河水，待竹筒随车轮翻转依次到达顶点时，筒中河水自行流出，沿洞槽注入田地中。

衣饰风俗

土家衣饰最能体现土家人勤劳简朴、豪爽大方的性格。

服饰特点 土家服饰图案简单、明晰，主要作用在于延长衣服的使用寿命，饰品中最珍贵的就是银器，制作衣服用的布料也都是自制的印花布。服饰袖口、裤筒很大，便于

女式钱袋、腰带、胸兜等

农作。土家服饰主要特点是包头，包头巾为黑色，相较于苗族男性的包头巾要短，颜色单一；图案点缀在襟、袖口、边和裤脚四处，其他地方没有图案；裤脚大而短，大裆，上端另接白色裤“腰”。女装上衣不开胸，布扣在左边，满襟，有花边。后有中山装、学生服流行，但乡村山寨少见。成年男性头扎青色头巾，成年女性扎青色丝帕；男性常年穿草鞋，女性多穿布鞋或麻草鞋；男性腰系腰巾，可充当擦汗手巾，腰间配有烟火兜或火药兜；女性持手帕，戴耳环（银质），挽粑粑鬏，插银簪。小孩戴冬瓜帽、银项圈，胸前挂长命锁。

土家衣饰的主要来源是印花布，印花布的制作程序并不复杂。先将白纸十张（或多或少）用猪血浸泡，晒干后用桐油浸泡，再晒干，然后在纸上用刀刻出所需要的花纹图案，叫花板。染布时把花板紧压在所要染的白布上，涂上用石灰和豆粉调制成的灰膏，灰膏干结后，放入染缸浸泡，浸透后将布捞出使其氧化。如此反复五六次，染好后晾干，再用刀把灰膏刮掉，印花布就制成了。把晾干的印花布放在弧形槽里，用凹形巨石反复滚动碾压，使印花更加光滑，称为上光，上光是印染的最后一道工序。根据生染、熟染和红、蓝、青各色要求，印花布的颜色染料取自蓝靛草、马桑叶、红花、栀子、五倍子等植物和赤铁砂、丹霞石、石灰等砂石。

女性服饰 姑娘垂长辫，扎红头绳，搭挑花方巾，是未嫁的标志。姑娘出嫁之前要“上头”。上头的发式一般有三种：一是挽“粑粑鬏”，二是缠“麻花头”，三是盘“太极头”。头发盘成后，罩上青丝网头套，包黑布帕或青丝帕，成“锅螺圈”形。上衣称“满件衣”，为短领右开襟，根据花色繁简分为“银钩”“外托肩”和“内衣”3种样式。“外托肩”腰部大而长，衣袖大而短。在“银钩”“外托肩”上，贫穷人家一般贴1条~3条异色布条，中等人家镶花边，殷实人家则在异色布条上绣花。青年妇女盛装多罩柳叶式小云肩或四合如意式大云肩。妇女下裳先为裙，款式有八幅罗裙、筒裙、百褶裙。后来逐步以裤取代裙。裤短而大，在裤脚边缀3条异色边或梅花条，以十字挑花来装饰裤脚。女式花鞋有船头鞋、气筒鞋、鲇头鞋、圆口鞋、翁鞋、钉钉鞋等。冬季，土家族妇女多缠裹脚，少女穿红袜。

女性饰品大都为银器，形状有莲蓬花、撇簪、银梳、插簪、瓜子针、茉莉针、芭蕉扇等。头饰中最珍贵的是银帽，俗称“箍箍帽”，帽前是一个银宝花，银宝花两面钉一对龙，龙后一对凤，凤后再一对龙，龙后还有一对银帽襟，襟下缀9只凤，凤口各含3颗银摆坠，行动走时摇曳生姿，熠熠生辉。耳饰有龙耳环、一包针、灯笼、单环、连

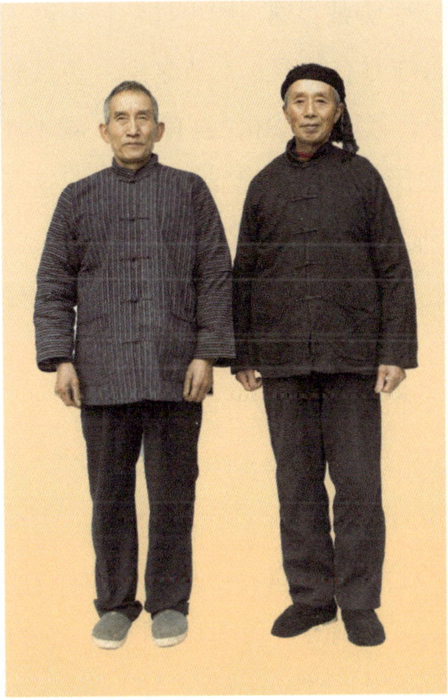

土家男装

土家女装

环、吊船、瓜子、鼓槌等。项饰多为轮圈，有粗细之分。首饰分银质与玉质手镯，戒指有银三镶戒、一颗印、单股子等。胸饰有牙签、扣花、纽扣和新娘专用的状元花等，上面吊有银链、银牌、银铃、银牙签、银珠子等多种装饰物。

21 世纪以后，土家服饰保持传统特色，吸收现代气息，女子服饰特征为织锦头饰配银器；上衣立领右开襟，云肩、襟沿、袖口、下摆镶滚花边，以阳雀花为主题图案。服装的颜色为青、蓝、白色。布料是自家纺织的棉布，俗称“家机布”，未经印染为米黄色，经久耐用。

男性服饰 男子包头为青丝帕，额前有“人”字形，有的地方还在左耳留两寸长的帕头。上衣，老年人内穿对襟衣，外罩满襟衣，中青年多着对襟衣。中年人衣着多黑色，袖口、襟沿、衣下摆贴天青色布条，腰饰如意勾。青年人衣着多为蓝色，镶花边。裤子，不论老中青，均是青、蓝布裤管上接白布裤腰，裤口处青年镶花边，中年贴异色布，老年为素色，裤筒短而大。中老年男子腰缠板带，青年男子捆织锦彩带。

儿童服饰 幼儿的衣裤一般用花布做成，有讲究者会在素色布上绣花。春季戴“紫金冠”，夏季戴“蛤蟆帽”“圈圈帽”，秋季戴“虎头帽”“狗头帽”“鱼尾帽”“凤帽”。帽围用丝线绣“喜鹊闹梅”“凤穿牡丹”“长命富贵”“易养成人”“福禄寿喜”

等花、鸟、文字。项戴“长命锁”，胸前围花布兜，手脚戴银圈，圈上挂响铃。鞋子穿“虎头鞋”“猫儿鞋”，绣五色花。儿童 4 岁后服饰方有男孩、女孩之别，男孩趋素，女孩趋花。女孩 5 岁，打耳洞佩戴黄腊坨；7 岁，戴瓜子耳环，也有到 12 岁才打耳洞的。打耳洞又名“穿耳朵”，日子一般选择在农历二月的花朝节。据传说，这天穿耳朵不化脓，因为有花神保护。项饰为轮圈。胸饰有银锁、银牌，其上刻有“长命富贵”“富贵双全”等吉祥之词或花草、八卦等图案。手包有金瓜、铃、瓢、石榴、仙桃、四方印等物，印上多刻“状元及第”等文字。

土家草鞋 草鞋属于山野，与坚韧、毅力、坎坷和风霜雨雪这些字眼联系在一起。土家人在家穿布鞋，出门穿草鞋，人人都对草鞋非常熟悉，并懂得编织程序，编织者都是成年男性。草鞋是用充满谷物清香的稻草、棕片和布片等编织而成的。打草鞋的工具有鞋耙、码子、木腰钩、围腰和木槌等。土家人日常生产生活，如上山打猎、砍柴、挑担子、捕鱼等活动都穿草鞋。草鞋按质地分，有水草鞋、棕绳子草鞋和麻草鞋。

草鞋无等级区分，一双草鞋男女老少均可共用。即使鞋号相差悬殊，特大的脚，也只是稍稍地放一放绳子；特小的脚，也只是紧一紧绳子。麻草鞋可谓草鞋群体中的“贵族”。它用晾干漂白的苎麻织成，细腻的耳与鼻，细致的条纹和结。草鞋适合赶场和走亲戚时穿，与担粪挑柴、上山做工是无缘的。

童帽

涎水兜

打草鞋

草鞋与土家人感情深厚，它伴着土家人踩过泥污雪雨，踩过悬崖陡坡，踩过石板田坎，当它随主人进屋的时候，带着泥、带着水，带着风寒和燥热，悄悄地躲在门边。也有珍惜它的主人将它轻轻脱下，掸去鞋上的泥土，带进屋，放在火坑旁边烘干。

民间作坊

土家人亲自然，重环保，土家作坊是土家人生活和智慧的最好体现。这些作坊操作简单，加工而成的食品生态环保。

榨坊 用来榨油的作坊，可以村寨共有，或是大户人家私有。榨油要经过炒籽、碾压、蒸煮、榨挤四道工序。炒籽即用火在砂锅里炒熟，然后用碾粉碎，再上甑蒸熟。经过蒸熟的成品要用稻草和铁箍包裹成饼状，然后装进木榨里榨油。木榨多用樟树、楠木，直径达 1 米以上，中间凿空，两头固定。榨油是一个消耗性的体力活，榨油时用悬吊在屋梁上的撞杆来撞击油榨上的楔子，撞杆用檀木做成，要 2 人 ~ 5 人同时撞击，因此就形成了油榨号子——榨油歌。

水磨坊和水碾坊 王家坪镇凡有溪河的地段，一般都有水碾坊。少数水碾坊还配置水磨，水碾、水磨融为一体，为乡民提供碾米、磨粉加工之便。水碾、水磨均以水为动力，据其水源地势，有冲伞、冲鼓之分。地势平缓，水坝距碾坊较远的以冲鼓转动碾滚，拦河坝距碾较近的以冲伞转动碾滚。水磨一般都靠近水碾，同用引水渠的水作动力。水磨的外围有的还设油碾，专供碾油菜籽、玉米等油料或作粉碎粮食之用。水碾的碾槽、碾滚均用麻石或石灰石打造，同旱碾一样，配有碾架，架设两个碾磙。

水碾、水磨修造工艺繁复，尤其是需修砌安置动力的石窟，以及安置水动力的鼓或伞，其次是安装碾槽或磨盘，费工费时，且需讲求技艺。由民国年间上溯，永顺岩匠多有修建水碾、水磨的名师，技术高超，工艺精湛。随着以柴油机和电力作动力的打米机的普及，农家极少有人再到水碾坊碾米。水碾坊生意清淡，呈无人经营、无人修缮状态，多数已被废弃。

旱碾 建在无水碾的偏僻地方。先在裁好的石料中间凿一圆弧形石槽，安装上直径两米左右的圆形碾盘，在碾盘中立一固定的石柱或木桩。在其上套一个剪刀形的木架，在两木架下置两圆饼形的石磙入碾槽里，前后各一个。再在木架上安装一个用牛拉的套柱，把器具套在牛肩上后，人坐在碾架上，赶着牛走，两个磙子向前不断转动，碾压稻谷等。

石磨 由坚硬的粗麻岩制成，呈圆形，分上下两扇，在下扇石磨中间打一个小圆眼，安一个木头梢，为磨心；在上扇石磨中间下面打一个小眼，和磨心连起来，再打一个对穿眼，用于放粮食。王家坪几乎家家户户都有石磨，用来磨豆腐、小麦粉、荞麦粉等。

油坊包枯饼

水碾

旱碾

推磨

碓马

筛米

碓马　是岩匠在裁好的石料中打一个圆形上大下小且尖的岩凹，约0.5米~0.7米深，再做一个木制碓马架，呈十字形，前面安一冲杆，冲杆前端包上铁皮，主要作用为耐磨。在碓马的两边各安一“石条丫子”，放好碓马架，脚踩着碓马架的后段，马头就自然抬起来；一松脚，碓马前的冲杆柱就落在碓马凹中，就可把谷舂成米，粮食可压成粹粉，这样做出来的米饭味道清香纯正。

风车　是木质器具，主要是用手摇动风车手柄，借助风力将稻谷（或米粒）中饱满的稻谷（或米粒）从混杂的稻谷或糠粒中分离出来，以达到谷物分离的目的。风车一般是配合石磨、碓马和米筛、簸箕一起使用。

婚嫁习俗

土家族是一个礼义民族，土家婚嫁是土家人重情义、懂感恩的集中体现。

王家坪婚姻讲究“父母之命，媒妁之言”，“嫁鸡随鸡、嫁狗随狗”。其婚姻程序很多，男方主要有求婚、送八字（定庚）、转庚（报日）、送上头礼、行加冠礼、拜堂成亲等习俗。女方有踩屋场、哭嫁、戴花酒、拦门、送亲讲席等习俗。

说媒 就是要请媒人说合。一般由媒人“踩点”，认为“门当户对”才跟男方父母通气，再到女方家说合。媒人说合时都自备一把雨伞，意表媒人愿意成人之美。男方事先准备好礼物由媒人带给女方，如果女方收下礼物，亲事便有八成希望。媒人要往返三次，女方才能承诺婚事。若是女方不收礼物，任凭媒人磨破嘴皮也无济于事。

求婚 求婚是由媒人到女方家说婚。媒人求婚时，带着男方备办的酒、糖和茶肉（即两根猪肋骨肉）登门，茶肉中间缠着红纸条，女方收下茶肉，则表示同意这门亲事。然后，媒人还要登门再商量订婚等事宜。

踩屋场 即男女双方第一次相互上门认识对方，旧时没有此习俗。踩屋场是解放以后兴起的习俗，为的是男女双方相互了解。

送八字 也叫“定庚”，是将男女双方出生的年、月、日、时互相交换，然后请人“合八字”，按“五行”推算其阴阳和合。送八字有小、大之分，第一次由媒人交换的八字称“小八字”或“草八字”。八字合上之后，则要“送大八字”，称为定庚。定庚是非常讲究的，选择吉日，双方都要请族人吃酒，作为见证（即三媒六证）。这天，男方家在媒人的带领下到女方家下庚帖，庚帖是用红纸写的，折成双层“对开门”，封套上写“× 府 ×× 亲家阁下”，头道“对天门”骑缝上写“海誓山盟”，二道“对开门”骑缝上写“乾坤定矣”。有点像官方的“齐缝章”。两道“门”打开，正面左右各贴一条二指宽、五寸长的红纸条，男左女右，分别填写上生辰八字。定庚这天男方要给女方送“订婚礼”，由两个人抬着，内装 2 套 ~4 套衣服，再配以双鸡、双鱼和猪肉一方一肘，庚书装在一个精致的木匣子里，放在衣服上面。填写庚书，取回庚书，男女双方才算正式订下了终身。

土家婚庆

转庚　又叫“报日”，男女双方父母协商婚嫁迎娶的日期，也称“发庚”，可以在男女双方很小的年纪进行。这时候，男方家请媒人向女方家提出成亲的要求，女方家如无异议，则双方就聘礼、转庚协商妥当，进入婚礼程序。转庚是在定庚的基础上再走一次流程，由男方制成庚书，男女方互换，正式取得“法律”的认可。庚书上写“路通兰桥、沟流红叶”字样。发庚要给女方家族送礼，由女方家送到族人亲戚家，以通知嫁女日期，到时好吃“戴花酒”。

哭嫁　一般在婚嫁的日子定下来后，女方便开始断断续续地哭嫁，寨上的姊妹们时常来陪哭，叫“陪姊妹”。哭嫁的日期长短不定，一直要哭到上大红花轿当天。

上头礼与戴花酒　结婚前三天，男方家给女方家送上头礼。主要是女方斟“戴花酒”的酒肉，以及女方行上头之礼时的胭脂、水粉、耳环、手镯、花冠等，供女方新婚梳妆打扮之用。“上头”，也就是开脸、扯眉、涂抹胭脂水粉，现在多为化妆。上头是在送上头礼的当晚进行，现在一般在婚前的前一晚进行，由女方族上的伯母、婶娘用煮熟剥皮的鸡蛋开脸，用红丝线弹夹汗毛、修理眉毛。把做姑娘时的两条“牛尾巴”长辫盘

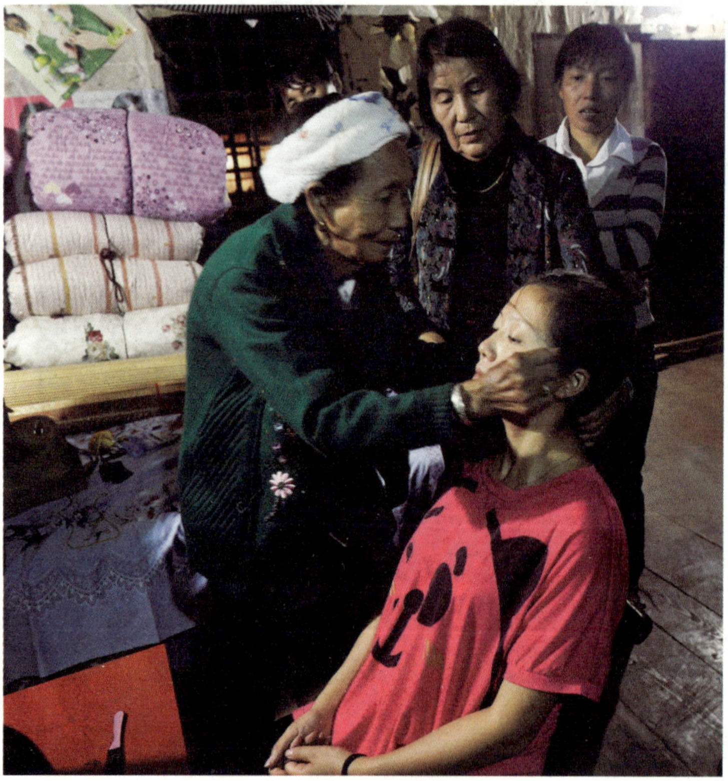

上头开脸

起来，挽成“粑粑鬏”，套上丝网，戴上银制的花冠。

戴花酒是女方的正酒。这天，族人和亲戚都要来“吃酒”。女方举行“戴花”和“告祖”仪式，“告祖”就是告别祖宗和家族，一般在堂屋里举行，由长辈和父母讲一通嘱咐的话语，内容以《女儿经》和“三从四德”为主。这天晚上，哭嫁进入高潮，娘哭女、女哭娘、姐妹哭、众亲哭，以示离别在即，万分不舍之意。哭过之后，娘亲们还要给“打发钱”。女方哭得太伤心的时候，大富亲属还得陪嫁“养女田”和耕牛。

加冠礼与成人仪式 在女方戴花酒的那天，男方则要举行加冠礼和成人仪式。其步骤是告祖、加冠、行醮礼、行字礼。行加冠礼时，外公、舅爷要做匾祝贺，还要进行升匾仪式，唱匾赞匾。加冠礼仪式烦琐，由礼管主持，大小礼生领班唱贺，男方行告祖礼、加冠礼和三献礼，每次要三叩九拜，是对男子成家立业前的磨砺和锤炼。

吃离娘饭 出嫁前一天的夜晚，新娘父母杀鸡煮饭给女儿吃，边吃边哭，哭的人越多，表示大家与新娘越亲热。饭是用一半粳米和一半糯米煮成的，祝愿新娘日后的生活“既有粳来又有糯，既生儿来又生女”。

传茶 传茶是王家坪土家人婚嫁礼俗中常见的形式。婚嫁时，吹鼓手和“搬山”都是重要人物，迎新队伍出发时，主人必须“传茶”，主人在堂屋敬祖之后，先给这些重要人员“传茶”，每人一碗装有 2 个鸡蛋的蛋茶，准备一个 10 元～20 元的红包，外加一包香烟，鼓励他们一路上使劲地吹打。新娘上轿前，女方以同样的方式“传茶”，若是没有“传茶”这道手续，吹鼓手一路上不吹不打，主人也无话可说。

迎亲与拦门 “拦门礼”是女方设在寨门口的一种仪式。男方迎亲队伍进寨之前，以唢呐、锣鼓、鞭炮告知女方。女方则立即组织人马，抬上八仙桌，端上香纸、酒食拦在迎亲队伍的必经之路上。然后双方礼生便展开礼仪“大比拼”，以女方礼生提问为主，男方礼生必须回答，若回答不上，轻则罚酒，重则不得进门迎亲。拦门有历代传承的拦门词，也有临时现编的。拦门完毕之后，男方还要在女方堂屋里上香行礼，由女方礼生主持拜祖、拜亲和交换仪式。“交换”就是男方对女方父母、亲眷的一种口头承诺，男方要双膝跪地磕响头，以示诚心诚意。“发轿”仪式由女方哥哥或弟弟背新娘上轿。

拜堂成亲 娶亲归来，须在大门口停轿，由懂方术的老者拎鸡见血“回喜神”，念咒画符。以防喜神冲闯，并将雄鸡摔过轿顶，踢翻凳子。奏乐放炮，迎轿入堂。

拜堂是新郎新娘在堂屋神龛前并立，男左女右，拜祖神、家神，礼生喊礼：

一拜天地（跪，叩首、再叩首、三叩首），起！

二拜高堂（跪，叩首、再叩首、三叩首），起！

三拜宗亲（跪，叩首、再叩首、三叩首），起！

夫妻对拜（行叩首礼即可），进入洞房！

拜宗亲时可喊：“爷爷、奶奶、外公、外婆、舅舅、舅妈，新郎新娘这厢有礼。”

抢床 拜堂完毕后，新郎、新娘会飞奔入洞房，竞相抢坐新婚之床，俗称“抢床”。相传谁先坐在床中央，将来就由谁当家做主。新娘为了争得家里的地位和权力，不受男方“欺负”，不等拜堂完毕，便挣脱搀扶人的手飞奔抢床，昂然坐于床沿中央，新郎则只好作陪。若新郎抢先，新娘可以挤坐于新郎旁边，争个平等地位。

婚筵安席与讲茶 拜堂仪式后，举行隆重的婚筵。同辈和长辈族亲给新人打发“银子”，婚礼结束后，进行闹房仪式，有“三日之内无大小”的说法。闹了新郎、新娘，也可闹父母和哥嫂。

拜堂成亲

新娘倒蛋茶

婚礼的第二天，新郎、新娘要早早起床，给在家里的长辈们一一敬茶。新娘则拿出事先准备好的新布鞋，用茶盘盛着，给每个长辈（男家亲族的长辈们）一人赠一双为礼，凡接受敬茶和鞋礼的长辈，此时要掏出钱来作为酬茶、酬鞋的礼金。

回门　男女结婚后的第三天，新郎、新娘要清晨赴女方家，回娘家拜客，叫“回门”。新郎与女方家亲友晤面认识，熟悉其称呼及尊卑大小。这一天，女方家必须备办筵席款待亲友，叫作“配正客”。新婚夫妇必须在天黑之前回到新房。如果是路程远，当天无法回家，则十天后回门。

新媳妇拜年　结婚后的第一个大年初一，新婚夫妇回娘家拜年。给自己的父亲（包括伯伯、爷爷）送猪腿，起码重六公斤，越大就表示新女婿越大方、越富有；给叔叔、兄长是每人一块腊肉，还有粑粑、甜酒等，需新女婿用箩筐挑起来。如果女方家族人多，就请男方的兄弟帮着挑，从初二开始轮流到亲戚家拜年、吃饭。

年初四是返家的好日子。新媳妇的娘家及亲戚把所有的礼物原封不动的送回来，有的还要把自己火炕上的腊肉、羊肉割下相送。出嫁的女儿不得讲半句不收的话。这样，夫妻俩回家后便会百事顺心。

生育习俗

土家人把生儿育女视为传宗接代的大事，土家人生儿育女的仪式分为有喜、捡生、踩生、报喜、三朝、看月、坐月、满月、百日、周岁（又叫抓周）等。

有喜 妇女婚后怀孕叫作“有喜”，或称“四眼人”。妇女“有喜”后就得保胎，应减轻体力劳动，增加营养，并有许多禁忌，如禁食、禁视、避讳等。如：为了不惊动胎气，禁在孕妇家里钉钉子、敲板壁、搬床铺、移家具等；孕妇不能在太阳光下或者雨天走路，亦不能走夜路；孕妇不能横睡床上，以防横产；孕妇忌看别人举行婚礼；忌看他人婴儿；孕妇忌坐别人家里门槛等。

捡生 土家妇女生产叫“捡生”。“捡生婆”进产房后，要祭祀“催生婆”，保佑母子平安。捡生时，要把产房门窗开一条缝，目的是让投胎的“魂魄”进得屋来。如果婴儿迟迟生不下来，便会给产妇煮些吃的，叫“催生”。婴儿若为男孩，则用父亲衣服剪掉扣子以后包之；婴儿若为女孩，则用母亲衣裙包之，但忌用女人裤子包裹。婴儿出生那天，须用白纸剪成一个手执雨伞的老太婆像，俗称“阿密妈妈”，又叫“巴山婆婆”，贴在碗柜壁上，虔诚供奉。以后每天餐前供奉一次，120天后则逢年过节或每月初一、十五敬祀。

踩生 婴儿出生以后，第一个外来人到产妇家里叫作“踩生”。产妇家留“踩生人”吃炒米茶和鸡蛋、甜酒、团馓等。饭后，踩生人看婴儿，说些“长命富贵”“易养成人”之类的祝福话。第七天，还要请“踩生人”吃饭，婴儿往往寄拜“踩生人”，两家认“干亲家”。

报喜 婴儿出生次日，产妇丈夫抱着一只鸡到岳母家里“报喜”，生男孩抱公鸡，生女孩抱母鸡。女人生了小孩是在夫家立足的象征，须将喜讯及时向女方族人传播。岳父母家和女婿商定看月日期（又叫望月）后，逐户告知斟祝米酒的时间。女婿回家时，岳母回赠一只鸡，如果抱来的是公鸡，就回赠一只母鸡；如果抱来的是母鸡，就回送一只公鸡，寓意孩子长大后成双成对。

三朝 婴儿诞生后第三天，要举行诞生仪式，俗称“三朝”。外婆、舅娘带着婴儿衣服、鞋袜、棉片、布兜和鸡蛋等礼品给婴儿“洗三”。并在白色衣服后背缝上菱形布片，称为钉“记性片”，预示小孩从此就会长记性。洗澡由捡生婆主持，外婆当助手。用艾叶和槐枝煮水，除脐部外，给婴儿周身洗抹。洗后将婴儿包裹好后，要给洗者“礼行钱”，设宴招待，俗称“三朝礼”。

看月 外婆家里准备鸡、鸡蛋、猪肉、糯米、红糖、团馓及摇篮（窝）、窝被、烘罩、衣服、鞋袜、帽子、背带等礼物，然后在吉日（一般选婴儿出生满十天）带领亲戚、朋友抬着抬盒，挑着挑盒，到女婿家看月，为婴儿“打十朝”。亲戚入堂坐下，倒满堂茶。外公、外婆和舅舅、舅娘坐上席，其他同辈客人坐朝席，两边可随便坐。席间上十碗菜肴，上第五碗菜——蹄花时，由婿家嫂子或婶婶把包着的婴儿抱出，由女婿代表婴儿向亲友敬酒。外公、外婆、舅舅、舅娘取出红包放在婴儿胸前的衣服里，称为“打发钱”。这天，男方亲友也前来送礼祝贺，俗称“吃祝米酒”。

坐月 产妇分娩以后，要在家里坐休一月，不准出门，不得走进别人屋里，叫“坐月”，坐月食物主要有鸡、鸡蛋、猪肉、团馓、糯米等。旧时讲究产妇产后3天内不准出产房门，7天内不得进灶房，30天内不准进堂屋，否则就会得罪祖先和灶神。产妇禁吃牛肉，否则小孩不会说话；禁吃羊肉，否则孩子日后会发羊痫风；禁吃鸭肉、鸭蛋，否则孩子走路像鸭子摆步。婴儿出生后7天内不能见天，外人也不得看产妇，特别是未婚姑娘不得进入产妇房，怕产妇断奶。不能在太阳下晒婴儿尿布，晒了会得罪天神。禁到婴儿家里点火或借东西。

满月 婴儿满月那天给婴儿放脚，即把捆了一个月的婴儿手脚放开，穿上外婆送的衣服。还要举行“出月祭水”仪式，产妇把婴儿抱到灶前作揖，意谓祭拜一家之主灶神或者火神，以求保佑。之后，产妇抱着婴儿到水井边祭水，洗洗手，喝井水，并用茶壶盛水回家给婴儿洗澡，洗去灾祸。婴儿“出月祭水”以后，产妇就背婴儿到外婆家去，叫作“出行”。出行前要在婴儿额上用锅灰画个“×”，叫作“虎叉”。婴儿用儿背篓背，儿背篓底下放一只公鸡和一把小刀，表示“婴儿骑凤到嘎嘎家”。出门之时，点上布绳火把，借以吓走白虎，以防小孩中邪。带上鸡蛋及团馓各4个、米1

碗，给婴儿做伴。产妇和婴儿在娘家住 18 天后，由丈夫接回家居住。婴儿从外婆家里回来以后，母亲选择属狗的日子，把小孩放进摇窝里睡觉，意即像狗一样安然熟睡、易养成人。

百日 小孩出生满百日时，由母亲抱着小孩从子时起，躲在床上，把帐门紧闭，并请土司算命，如缺“木”就寄拜古树，缺“水”就寄拜水井。如果小孩夜哭不已，就用红纸写上“天皇皇、地皇皇，我家有个夜哭郎，过路君子读一遍，一夜睡到大天亮”的话，贴在十字路口。

抓周 小孩满周岁时，有的地方举行“抓周”（又叫娃周）仪式，以预测孩子将来的爱好。

求嗣 土家妇女婚后不孕，要请土司“求儿女”。土司在屋外草坪上搭台挂神像，头戴凤冠帽，身穿八幅罗裙，手拿八宝铜铃，披麻布包袱，把事先用糯米粑粑做的“小人”揣在怀里，口唱“架起祥云上天去”，经过“小人国”“女儿国”后，进入“南天门”，到达“天宫”，向天公、天母求得“金童玉女”。整个活动是用主人问、土司答的对唱形式完成的。然后，土司把糯米粑粑拿出来，送给欲育夫妇分吃，算是从天公、天母那儿求来真儿真女。也有向傩神娘娘许愿祈子的。夫妇到土王庙许愿后，将祈祷时用的灰碗置于傩神娘娘的神龛之上，生育了子女之后，请土司向土王“解钱”，还喜傩神愿。

丧葬习俗

王家坪是被土家文化深深浸染了的神奇水土，是田园牧歌式的一方静地，具有独特的丧葬习俗。有些旧时代有迷信色彩的习俗现已遗失、简化，故记录这些独特的丧葬习俗，不仅是记录王家坪土家人的文化，更是在记录他们时代长河中的历史变迁。

推帐子烧落气钱 于家中去世，首先要掀掉蚊帐。有“帐网”灵魂出不来之意，拆掉蚊帐可让死者及时投胎转世，以免“枉（网）死”，也有人死屋塌的象征意义。然后要取来瓦缸或铁锅，立即烧“落气钱”，以免亡魂在进入冥界时空手，烧钱给死者做盘缠和沿途打点，少受折腾。也有烧“乐极钱”的，由子女跪着烧三斤六两的纸钱，将灰烬用草纸包好，放在亡人胸前带走。其用意与烧落气钱差不多。

灵堂开路 人死后要沐浴更衣，下榻和设置灵堂。沐浴意味着洗去尘世间的牵挂、烦恼、怨债，然后净身清心地离去。沐浴也可只洗“五心”，即手心、脚心和心窝。接着是穿寿衣、寿鞋，寿衣、寿鞋皆为青白二色，寿鞋为手工制作的千层底，然后安置于堂屋边上，等待入殓开路。

灵堂设置在堂屋里，堂前看枋上写着“当大事”三个白纸黑字，说明家有丧事，无论遇上公事或私事，都不能搅扰，只能等丧事完毕，取掉这三个字后，才能见客。灵堂由土司（先生）设置，礼龛要蒙上，设师台、望乡台、经堂，张挂开路大神、十殿阎君等雕像，然后由掌坛师招魂开路。所谓“开路”，是道士为亡人做道场的最初仪式。逝世之人入棺后，作灵牌一块，写上逝者姓名、住址和生卒年月，摆在棺木前的香案上。然后用纸幡边舞边唱，以此招魂引路。开路有小、大之分，也有时间长短和土司的多少之分。所唱之词义为呼唤亡魂紧跟引路幡，并历数阴界途中相关山地名称、沿途跋山涉水情景以及对守关鬼神的祈祷，求其放行。孝子端着灵牌跟在土司身后绕棺而行。棺木脚头的供桌下点着长明灯，专为亡魂照路。此灯从入殓到出殡不能熄灭，有专人加油兼为亡人烧引路纸钱。

披麻戴孝 丧事活动，土家人称为白会。若是亡者为老人，又叫白喜事。披麻戴孝有讲究，属直亲则披麻，即穿麻衣，如孝子。一般人只戴孝帕。孝子还有杖礼，即拄哭丧棒。停柩期间，至亲骨肉，轮班守灵，夜以继日，不时助哭。亲友悼亡，多送祭奠花圈。

做道场 即由土司做法事，包括念经超度、请圣、报恩、开五方、解节、还愿、散花、行孝礼、辞亡等仪式。土家人也叫作“十王”，“小十王”3天，“中十王”5天，“大十王”7天以上。“做道场”在改土归流前由梯玛主持，改土归流后逐渐由道士主持，这是文化侵入与渐融的结果。

唱葬歌 葬歌又叫孝歌、挽歌，是一种流传已久的古老的祭祀歌。有道士做道场所唱的仪式歌，也有由当地歌师唱的，叫“唱堂会”，一般是有老人去世，停柩时间较长，由主家请来歌师们坐堂而唱。由开场歌、找歌郎、二十四孝、送亡人上西、背古宏、发功曹、安五方五位等内容组成。歌词的内容大都是怀念、悼亡、行孝等方面。其音哀婉，其情凄切，感人落泪。丧歌有七字、十字和二十二字三种句式。七字句如："孝家歌鼓响连天，手端茶水赶快咽。心急出门忘带伴，独打鼓来自划船。唱着哀歌作祭奠，我来陪伴众歌仙。望乞仁兄赏个脸，唱得好丑都莫嫌。团团圆圆一把伞，切莫扯破做两边。"

丧歌内容广泛，既唱人情世故，也唱传书古风。但不论唱词长短，曲调都只有两句（即上下句反复）。韵脚采用"十五韵"或"十三辙"。唱时一般由两人对唱，伴奏轻轻击鼓合拍。开唱者什么韵脚、什么句式，接唱者也必须用同样的韵脚和句式。谁唱输了就停下来，让别的歌师与胜者较量。如此你来我往，直到曙色初露；唱者倾尽歌囊，听者废寝忘食。丧歌声调哀婉，如泣如诉，回肠九转，催人泪下。

入墓安葬 旧时，逝者在吊脚楼下入棺后，一般在第三天黎明前起殡，也有因禁忌定时日的。起殡时用一串长长的鞭炮作开头，以三声土枪为凭，八位彪形大汉抬着棺木往墓地走去。前面是引路幡，接着是亲属举起的死者的画像，后面是乐队，主要是唢呐、圆鼓、大锣等。土家族土司跟在棺材后面一边哼入墓歌，一边跟在送殡人后面。到了墓地，他又抢先跑到前面，站立高处，提着一挂长鞭，嘱人将其点燃。花炮响后，将棺木用绳吊入墓穴。盖墓人向墓穴倒木炭、干柴、砂石、黄土。黄土盖至墓顶时，逝者亲属在墓前跪下磕头。

安葬要选墓地，确定方位、山向，头天挖好墓穴（打井），安葬前由道士在墓井内用小米画八卦，洒雄黄粉，以防蚂蚁虫蛀。烧芝麻秆，以接地气，然后将棺材放入墓穴。先由孝子一只脚跪在棺材盖上，哭喊着挖三锄土，然后砌石（砖）修坟、放鞭炮。葬后孝家连续三个晚上要给坟上烧引包。满三天后要到墓地上坟祭祀，满七天后要看山回煞，在家举行祭奠。古时父母去世后，百日内不得剃头，三年内需戴孝帕，不看戏、不看灯，以表孝心。

岁时节庆

土家人对节庆比较重视，并与传统农耕相结合，具体体现是春节，土家人把它当作年复一年农耕劳作的周期性的总结，通过年货的制办场面反映出土家人当年的收获情况。

打年粑

熬猪头

打扬尘　每年腊月二十四，王家坪人就用3根竹子扎成长扫帚，把屋里的扬尘、蜘蛛丝刷干净。俗曰:“扬尘惹火，蜘蛛丝网祸。”只有这样，家里才会一年平安无事，五谷丰登，六畜兴旺。

打年粑　每年腊月二十六七，家家户户都要打米粑粑。粑粑用来自己吃和待客，到岳父家拜年要带着粑粑。亲戚、邻居互相拜年要带年粑，以示恭喜迎春接福。

洗邋遢　腊月二十八，大人小孩都要洗澡，换新衣服。妇女们要把一家人穿脏的衣服、盖脏的被子一律清洗干净，为了身爽体健过新年、迎新春，与旧的一年告别，以求新的一年清清洁洁、顺顺利利。

过赶年　是土家族特有的民俗，即提前一天过年。这一习俗从明嘉靖三十三年（1554年）兴起一直沿袭至今。当年，倭寇入侵明朝东南边境，朝廷急征土家兵出兵抗倭，时逢年节，土家人便让出征将士提前一天与家人过团圆年。三十清早吃团圆饭，团圆饭丰盛多样，要有荤素10大碗，其中必有青菜和芋头，意为“清清白白，万事玉头”，预示着来年好兆头，诸事顺意。更少不了鱼，预示“年年有余”。饭菜备好后，即放鞭炮，先装饭菜敬先祖，再敬灶神，然后全家人坐在一起慢慢地吃饭，不准吵闹，不准哭啼。过赶年时添客是最高兴的，万一有客到，便一定要请客人坐下来吃饭喝酒。因此饭要多备，叫作“越吃越有”。

大年三十　这天，要祭祖、祭神、上坟、祭灶、祭井、打年粑、炒炒米、磨豆腐、熬制老糖干、酿玉米高粱酒等。

烤年火　大年三十“团了年”，则要在火坑里烧起大火，烧的是老树蔸，一家老小围坐在火坑边说古道今，通宵守岁。火坑里的火越大越好，火坑里的老树蔸燃得越久越好，预示着第二年的兴旺。

守岁　大年三十夜叫除夕，是一年之终，土家人都有围坐火塘守岁的习俗。除夕夜火坑内的火要烧得旺，不能熄灭，围坐火坑的人不能睡觉，民间谓之“坐草”，寓意是把田里、地里的杂草坐死，来年耕作时可免除薅草的功夫。“三十夜的火，十五晚的灯”，除夕之夜，游子回到故乡团聚，千言万语尽可在除夕之夜向亲人倾诉。

守岁到半夜十二点，新的一年到来，家家户户开门放鞭炮，称为“开门炮”。长辈时兴给小孩发红包贺岁，晚辈也给长辈发红包拜年。

正月初一讲究更多，先是趁天明抱柴进屋，意取“进财”（柴为财谐音）；初一早晨女人可“睡早床”，男人不得催叫；起床后，合家向长辈磕头拜年，新媳妇倒炒米茶、蛋茶，长辈给“打发钱”。初一不串门，亲友相逢拱手为礼，口称“拜年”或“恭喜发财”。初一不向别人讨账借东西。正月初三以前，禁止到井里打水，也不得向门外泼水扫地，意思是怕家财外流。除夕放纸钱一把，上面写门神财钱等句子，设座供奉，到正月初三烧掉，叫烧门神纸。从除夕至十五，禁讲粗鄙不吉利的话等。有的山寨，还保留有趣的给果木喂年饭以及给牛煮饭过年、给牛拜年的古俗。乡俗有约：“初一拜家门，初二拜丈人”。从初二开始，就是出行拜年的日子了。乡邻互拜，亲友互拜，山路上随

祭土神

团年

拜年

处可见穿红着绿的拜年者，即使陌路人，彼此也彬彬有礼道声“托福”。

元宵节 正月十五，俗有“三十的火十五的灯”之说。元宵实为灯节，农村对此观念淡薄，只是觉得过了正月十五，春节之喜气犹尽，是安排农事的时候了。元宵节有祭祖的习俗。

社日 社日实为农民祭社祈年的节日，在春分前后。当地社日成为祭祀祖先的节日，逢社日有“挂社”的习俗，即在祖宗坟上挂纸钱或其他诸如“蜂包”之类的饰物。

花朝节 农历二月十五为花朝节，男女青年郊外踏青，谈情说爱。民歌唱道：“茶树打籽叮当叮，茶树底下好谈情，万一有人来相问，两人假作拈茶仁。”至今，王家坪还有二月不捡花手帕的禁忌。

三月三 三月三原本是苗族的传统节日，后土家山民也在这一天举办一些唱歌跳舞的娱乐活动。2015 年、2016 年，王家坪文化站曾在湖田罗峰山杜鹃花盛开时节，举办过大型民歌演唱擂台赛，邻近四县民歌赛手登台角逐，吸引上万名观众亲临罗峰山一睹为快。

清明节 二十四节气之一。古人在清明节要禁火寒食，上坟扫墓。农村清明亦无踏青赏春之习俗，如今演变成单一的祭扫祖坟的时节。逢清明前后，有后人为逝者扫墓、立碑等习俗。

木山村参加市区闹元宵

天牛节 农历四月初八这一天，耕牛一律放假。人们把牛牵到河边，用毛刷把它上下擦洗一清，感谢牛一年四季为人辛勤劳动。

晒衣节 农历六月六为晒衣节，又称晒皮节，是为纪念土家英雄覃垕王而兴起的。覃垕王原名覃文廑，慈利县茅冈（今永定区温塘镇茅冈村）人。元朝末年朱元璋在汉水击败陈友谅之后，覃垕归附明朝，仍为慈利安抚使。覃垕目睹官僚征横暴敛，土家族人民流离转徙，凄苦悲惨，遂联合九溪十八峒土司揭竿而起，反对明王朝苛政。先后攻下慈利、石门，并得到长沙的响应，势力扩张，震动朝廷。朱元璋先后派邓煎、周德兴、曹良臣东西围剿，覃垕退至茅冈，后周德兴利用覃垕女婿宋思济诱骗覃垕，买通覃垕随身护卫，在关门岩将覃垕提拿，用船押解至南京，当年六月被凌迟处死。朱元璋命人剥覃垕人皮，晒皮制鼓，以壮军威。土家人听说后，泪水纷纷，并以家中衣服于太阳下翻晒，俗称“覃垕晒皮”。

土家族的“六月六”是纪念覃垕王，数百年流传下来的节日。

七月初一 民间在这一天需做些好菜接亡人进门享用，到七月十二亡人出门。相传亡人要到街上看戏，家中要做油粑粑为其备上干粮，送亡人出门。

小年 腊月二十四日。旧时皇历认为这一天可以随便动土，打扫庭除，百无禁忌。民间戏称这一天为老鼠嫁女之日。

土医、土药、土郎中

王家坪镇自然资源丰富，土家人勤劳智慧，长期与动植物相处，对这些动植物的习性非常熟悉和了解，并通过长期实践，将一些动植物用于日常生活调理和疑难杂症治疗，取得了较好的效果。一些人通过自己边配方边治疗，积累丰富的经验，便成了当地有名的土郎中。这些土郎中在缺医少药的年代做出了巨大贡献，在西医较为发达的现在，同样有着弥补西药不足的作用。

土医疗法 土家人曾经历过“有病无医，请巫祭神”的阶段，随着社会进步和治病经验积累，逐步发展起民间自己的医疗队伍。土家将病种总结为“七症、八类、三伤”。七症即惊症、候症、淋症、火症、寒症、虚症、闭症；八类为小病类、气病类、风病类、痨病类、血病类、疱疮类、肠子尖类、梅病类；三伤是跌打损伤、蛇虫咬伤、刀枪伤。发明了药物疗法和非药物疗法。运用药物疗法，即在大自然中采药，就地取材。如刮痧、拔罐、推拿、按摩等，属非药物疗法，既不用药，又很简便，疗效既高又快，且适应性强。

土郎中

各种山药

行医者，包括药匠、水师、梯玛等，土家人叫“土医生”“郎中”。他们各成体系，又相互配合。防病治疗主要靠中草药、针灸针刺、推拿按摩。其中，药匠主治内科，疗法是推拿按摩。推拿法主治头痛、昏厥、呕吐、腹泻、腰痛、缩阴症、鼻出血等病。药物烫擦法分为药物干烫法和药物湿烫法，治疗皮肤麻痹、肌肉酸痛、关节痛、肚痛等病。成人伤风感冒，药匠通过拔火罐、烧灯火、刮痧等治疗方法，为患者减轻病痛。拔罐治疗风湿麻木、跌打损伤、风寒感冒等病症。水师主治筋骨，疗法是封刀接骨。骨折、断肢、盘扭以后，水师先喷一口水，扳正部位，然后发药，口服加外敷，数日便痊愈。敷贴疗法常将药物制成膏药、软膏、水糊膏等。梯玛疗法有手术疗法、药物疗法、精神疗法等。手术疗法即开刀、扎针、止血、正骨等。针刺法可治脱肛、疟疾、失眠、咽喉肿痛等病。灸法可治腹泻、淋巴结肿大、小儿惊风、胃痛、带状疱疹等病。药物疗法既有内科的，也有外科的，所用药物品种繁多。精神疗法，即请神作法等。

土药土方 土家地区中草药十分丰富，麝香、虎骨、鹿茸、蛇胆、天麻、香仁、三七、吴芋、白薯、山姜、仙茅、麦冬、射干、黄檗、杜仲、厚朴、黄连、丹参、党参、灵芝、枸杞、葛根、陈皮、金银花、何首乌、鱼腥草、银杏果、四两麻、山苍子、万年青等药草应有尽有。经不断总结，在提高医药技术的基础上，认定了医之有效的1500余种乡土药物。土医所用土药土方可治常见病和许多难治病。如肚子痛，吃点捣烂的蒜头；腹泻，喝点醋水；感冒，喝碗姜汤；结膜炎，用茶叶水洗等。

土郎中 土家山寨中土郎中的用药和医术，是“狮子滚雪球式”的，与时俱进。除了师承他人，更注意生活中的点滴积累。远古的先人，在采集野果，野菜，植物种子和根、茎、叶的过程中，逐步分辨出哪些吃后对人体无害，哪些能用来治病，哪些能食药两用。在渔猎、畜牧的实践中，不断累积防病常识。当然也有偶然得来的智慧。传说有个乞丐流落四处，染上毒疮，无钱可医。一日卧于草丛中，发现蛆和臭虫爬满疮面，不几日，疮竟结痂。乞丐受到启发，竟以蛆、臭虫等研制为药。再说有一浑身长满麻点而且溃烂的农夫，清早将米饭蒸在锅中后，去碾坊碾谷子。回来时一条大蜈蚣蒸死在饭中，白米饭竟染成了红黄的颜色，他舍不得丢掉，硬吃下去。不想第二天，浑身高烧，高烧后，麻点流脓，不久便全身清爽。

信仰禁忌

王家坪镇土家人纯朴善良，崇拜自然、祖先，敬奉土地（土司）。以人为本，重三观，亲自然，禁忌品德败坏、浪费资源。

崇拜 王家坪土家人崇拜祖先，敬奉土地，相信土司（即梯玛，与神灵沟通的人）、巫术及原始的祭祀仪式，现逐渐发展成为头戴面具、手执法器，边歌边舞、酬神驱鬼的傩愿戏。土家先民把自然界的日、月、山、水、土地等视为神灵的产物，对此顶礼膜拜。土家人崇拜白虎，以白虎为图腾。崇拜祖先是土家人宗教信仰最有特色的遗风之一。土家人认为，历代祖先是最亲近的人，他们去世后化为子孙的保佑神“拔普帕帕（祖先神）”，逢年过节或者重要集会时必须敬之。

“土司王”是土家先民首领，在民众中树立有极高的威望。土司王去世后，各地修建土王庙予以供奉，产生土司王崇拜。过年之后，土家后裔鸣锣击鼓，举行隆重的集体祭祀和歌舞娱乐活动。在摆手舞开始之前要祭祖先、祭土王，摆手人员要先绕土王祠一周，举行祭祀仪式。崇拜家先神是祖先崇拜的主要形式，即将历代去世的、血缘关系很近的家族祖宗奉为神灵。不仅修宗祠、供家先，而且在各家堂屋专设祖先牌位（俗称家先神龛），供奉上辈尊长。逢年过节和接亲嫁女，土家长者必在神堂上点燃香纸，还要把筷子放在盛了饭的碗上“醮饭”。清明节期间，要在祖坟上面挂“清明纸”。过年时，带着香纸和鞭炮给家先“送亮”。

土家语称宗教仪式执行人为梯玛，意为“敬神的人”。梯玛不仅主持祭祀、许愿、占卜、解结等民间宗教活动，还管土家村寨的婚、丧、生育等。

禁忌 在日常生活中，王家坪一带土家族禁忌较多。旧时禁忌大多都有趋吉避凶险之意。随着社会不断发展进步，科技文化水平不断提高，许多带有封建迷信色彩的禁忌已被人废弃。

如大清早不能说“死”“鬼”“龙”“蛇”“虎”“猴”等字，如果不慎说漏嘴，统称“快放”，意为一天都不吉利。出远门办事要择吉日，出行日期忌七，有“七不出、八不归”之说。孕妇不能摘别人的果实，因为孕妇是“四眼人”，若摘，其果树第二年便不结果。手艺人不能吃狗肉，蛇肉不能上锅灶。匠人吃狗肉有狗血淋头之意，所学法术不灵，蛇肉上锅恐蜈蚣在上面撒尿，怕中毒。木匠修仓库时，旁人不能在场吃东西，不能说有关老鼠的话。小孩不能吃鸡爪，防止长大后写字像鸡扒一样。

吃饭前不能用筷子敲碗，意对主人不尊重。正月初一早晨不排水，不往外泼水。排水意味一年四季没水喝，泼水意味洪水冲垮田坎，散财。生病后向别人借药罐，用后不能主动送还，一定要等到物主自己来取，否则即是把疾病带给了物主，被认为是缺德的行为。死人后抬柩的龙杠，不能带回家。人去世要称“老了人”或“过背了”。抬空棺材要头在前，抬灵柩要头在后。抬卧躺的病人要头在前，抬逝者要头在后。夫妇到别人家做客，在对方家里留宿时不能同床而眠，否则要给主人家“挂红”赔礼。

正月初一不准说不吉利的话、吵架、骂人。不能用脚踩撑架，土家人认为撑架是安居的象征。忌摸男人的头和女人的腰，有“男儿的头，女儿的腰，只能看不能摸”的说法。吃饭时忌站在别人背后，面对别人背吃，认为是啃别人背脊骨。

祭灶掸尘 腊月岁末，土家民间有腊月二十三祭灶、腊月二十四掸尘的习俗。灶，原是古代的五祀之一，时在孟夏，相传汉代方腊日见灶神祭以黄羊，后遂腊日祭灶。唐宋时期祭灶固定在腊月二十四，明代有“军三民四”或“官三民四”之分。清中叶以后，祭灶大多在腊月二十三。祭灶即是向灶神供上五谷、香茶、糖饼等食物。老百姓在除夕那天，把上上下下、里里外外，檐梁墙壁上的陈年污垢彻底清扫干净，迎接新春。

封山与压码子 土家人进山很有讲究，烧炭、砍柴、采药、打山货等都要进山。进山前，主事人必做一件事，叫“封山”。“封山”就是把山封住，以免惊动山神，出现不测。主事人要焚香化纸，敬山神，避山鬼，以纸画“万法归井”符，作为“码子”，偷偷用石块压在进山的十字路口隐蔽处。也有的“压码子”，即是在路边上扯几根丝茅草，打一个活结，掐去草头，然后放在路边一个岩洞里，用一块石头压住，口中还要念咒词：“山神熟睡，诸事大吉，塌岩不垮，塌土不崩，蛇虫不出，野神不惊，太上老君，急急如令”。当天收工时，谁压的“码子”谁就要去收，以免山神动怒。若第二天再上山，必须再查验“码子”，如有人移动（或自然移动），那次日就不能进山。次日进山前，还要在路口烧纸钱看“兆头”，纸灰原地不动，说明“兆头”好，纸灰打旋或升空飞去，那绝对是不好的“兆头”，万万不能进出。

“封山”主要是封“山鬼”，封飞禽走兽，怕老虎、野猪、熊吃人伤人，也怕猴子、大鸟乱叫影响打猎，据说“封山”后，就风平浪静了。“压码子”带着巫傩文化的神秘色彩，但其意愿便是祈求神灵保佑从事劳作人的安全。这是一种安全意识，以防不测，是否灵验并不重要，人可求得内心安然。

其他习俗

王家坪镇的习俗很多，这里补充介绍的主要有赶集和打猎。

赶集 赶集是王家坪土家人生活的一部分，赶集那天，他们将自己家中的山货或土特产拿到集镇上去卖，买回自己所需要的日常生活用品，也有的乘此机会和自己的亲朋好友聚一聚，在集镇上买点小吃，溜达一会儿。

1960 年以前，王家坪集市在桥边河。集场兴起于清嘉庆年间，是桃源、大庸、沅陵、慈利四县边邻最繁华的贸易市场。清末至民国时期，设有烟馆（鸦片）、染坊、牲口贸易市场、铁铺、妓院、赌博、茶馆。桥边河处于通津要地，自清嘉庆初年兴起 140 余年，市场繁荣，久盛不衰。因此地属峡谷，不开阔，溪边山势陡峭，无平坦之地，房屋均建筑在山坡乱石纵横之处。1961 年后，单独成立王家坪人民公社，桥边河农贸集市逐渐移至王家坪，并与周边乡镇约定逢一、六为王家坪集市交易场期，50 年未有变动。1975 年，集市推行社会主义集体经济，耕牛、牲畜不准出境，猪肉、粮油、花生不准上市，要求农民将一切农副产品交售给国家，由国家统购统销。1982 年，农村推行家庭联产承包责任制后，农民添置耕牛农具，集市贸易日趋旺盛。随着农村经济体制改革不断深化，经济体制不断完善，农村集市贸易量逐年增多，时令性商品时有增减。

王家坪集市沿公路由西往东长约 1 千米，周边沅陵七甲坪、桃源瓦儿岗、慈利洞溪等

挑山货赶集

乡镇农民逢赶场之日，都云集于此，交易农副产品。一般场期有 4000 人 ~ 5000 人赶集。当地特产七星椒、天麻都可在市场交易，工业品上市成交量逐年增多，整个市场交易摊位达上百家。赶集之日，男女青年盛装现身，摩肩接踵，欢声笑语，穿梭而过。每当看到意中人，便可到场外以歌传情，私订终身者也不乏其中。男送女，女送男，依恋不舍者也可遇见。

打猎 每年秋冬二季，猎手们便会邀约五六个伙计，带上勾刀，背着猎枪，唤上猎狗，在山上围猎。猎前先安排“坐坳”的人，并在四面山道中安上套索。然后由一个人赶山放狗，满山满岭只听人喊狗吠。猎物被喊声弄得惊惶失措，四处奔逃。坐坳的人悄不出声，屏息以待。猎物被撵了几湾几岭后，撵上坳来。猎物上了坳，一声枪响，十有八九会应声倒地。因为坐坳的人大都是有经验的打猎老手，他们熟悉猎物的习性和常走的路。大家把倒地的猎物抬回村里动手修毛剥皮，然后按人数分割猎物。假如是打着一只野猪，只要是撵出山时在场的人，不管上山上砍柴的、割草的，还是过路的，都可以分得一份；如果带有娃崽在身，不管是男是女，也照样有一份。坐坳打死猎物的猎手，除了每人应得的一份外，还可另分得那个野猪头；放猎狗赶山的人，则另得四只脚，这是对他们的奖励。野猪内脏分给猎狗，由主人拿回家。“山中猎物，见者一份”这种习俗，体现了王家坪人重公德、轻私利的美德。

方言土语

王家坪土家人没有自己的民族文字，方言土语却不少，来源于生活的各个层面。

音乐旋律般的儿化音，同双音节词相接只发出同字与“儿”切音后产生的一个音节声。两字切音用“—”短线表示。

人称词汇

顽格儿	（俺自己）	幺幺	（叔叔）
您格儿	（你自己）	媳妇儿	（老婆）
姑儿 姑儿	（姑母）	媳妇	（儿子的老婆）
是儿 是儿	（婶婶）	屋里的	（老婆）
猫儿	（妹妹）	搅卵锤	（混混儿）
姨儿 姨儿	（姨母）	搅屎棍	（不干好事的人）
伢	（爹）	天神宝	（爱说谎的人）
伢伢	（姑母）	懂天	（弱智者）
佬佬	（弟弟）	抛痞	（轻浮的人）
嘎嘎	（外婆）	化生仔	（短命婴儿）
么啊 么啊	（奶奶）	鸡儿客	（言多嘴碎的人）
嗲嗲	（祖父）	抓膀	（傻子）
假假	（姐姐）	节起	（大家）

时间词汇

迪年	（去年）	点波儿	（地方）
针朝	（今天）	味嘿儿	（那里）
门年	（明年）	带嘿儿	（这里）
后儿（一个音节声）	（后天）	皮头	（上面）
气儿	（前天）	顿子	（快点）
外后儿	（大后天）	才格儿	（刚才）
起头…“尾巴上…”	（开始…“后来…”）		

生活劳动词汇

逮饭	（吃饭）	柴马	（背柴的一种工具）
逮酒	（赴宴、喝酒）	杨叉	（翻稻草用的工具）
逮仗	（打仗）	擂椒钵	（研磨石器）
拐哒	（指危险信号）	葱担	（两头尖尖的担草工具）
背时	（倒霉）	假儿马	（摆架子）
月婆子	（产妇）	背肩	（背黑锅）
董烂眼药	（出坏主意）	卵屎	（没有用）
尽到干	（不停地做）	插香	（订婚）
唏	（哭喊）	过背	（人去世了）
过会头	（结婚）	走脚	（情侣私奔）
尸簺	（安装捕鱼竹器）	礼行	（礼物）
搭伙	（重婚、重组家庭）	打发	（红包）
持到	（捉住、掌稳）	经路子	（谋略、计划）
亡横	（霸道、糊涂）	看人家	（相亲）
确宝	（滑稽、幽默）	挑作卵	（调皮）
有几的	（无心术）	卵搞头	（没办法）
得伙似的	（平庸、非高档）	闹药	（毒药）
卵脱索	（全废掉）	痾通肠	（吃东西）

兴园	（种菜）	喝凉水	（幸灾乐祸）
糊仓	（糊泥巴、关秧门）	有谱	（听话、有出息）
梭门儿	（大门外的小柴栅）	搁孽	（吵架）
刀袖子	（刀的一种木枷）	索利	（卫生、干净）
脱甩	（无牵挂）	剁尾巴	（做小孩生日）
转茶	（女人转嫁丈夫的兄弟）	虾痞	（不正当）
烧火	（父与儿媳乱伦）	尿滴	（倒霉）
晃天	（做事不落实）	把子	（以为……）
闷卵	（性格内向的男人）	舔卵	（坏事了，没有用）
夹卵	（完事、结束）	打波儿	（亲嘴）
穿疱	（败露）	安合	（尺寸准确）

家畜常用词汇

欧欧	（唤狗）	尔嚎	（驱赶鸡）
粥粥	（唤鸡）	递递	（唤鸭）
啦啦	（唤猪）	咪咪	（唤猫）
溜溜	（唤小猪）	阿乌	（老虎）

谚语

王家坪土家人的谚语多，涵盖面广，大多来源于自然、地理和气象。均为通过祖祖辈辈的实践，总结出适用于生产生活的谚语，并广为流传。

天气类

脚冷是雪，手冷是霜。

春季阴阴，无水插秧。

夏至见晴天，有雨在秋边。

秋季阳阳，打谷上仓。

六月初六落，苞谷像牛角。

春冷牢系船，夏冷火炕天。

秋冷禾生日，冬冷雪飞天。

雨打中，两头空。

七落八不落，九落似瓢泼。

四六开天不常晴，晴起来了无远近。

乌云接落日，不落今日落明日。

春无三月晴，夏无三日雨。

早起天无云，日出光渐明。

云起南山暗，风雨辰时见。

日出即浮云，无雨必天阴。

云随风雨急，风雨霎时息。

云布满山低，连夜雨乱飞。

秋冬东南风，雨下不相逢。

三月十八雨，四月十八止。

月落黑云接，风雨不可说。

云从龙门起，飓风连急雨。

春夏西北风，夏来雨不从。

云下日光，晴明无妨。

午前日晕，风起北方。

午后日晕，风势须防。

早白暮赤，飞沙走石。

朝月烧天，晴风必扬。

朝日烧地，细雨必至。

返照黄光，明日风狂。

日没暗红，无雨必风。

闪电西南，明日炎炎。

闪电乱明，无雨风晴。

闪烁星光，雨下风狂。

清明不明，谷雨不淋。

三月二十四,四月二十三。

大落大天干，小落小天干。

时令天相类

立夏不下，犁耙高挂。小满不满，芒种不管。

睁眼秋，样样收，闭眼秋，样样丢。

立夏前，好种棉，立夏后，好种豆。

九月重阳，移火进房。两春夹一冬，十个牛栏九个空。

重阳无雨，百日无霜。八月初一看来年，乌云少，白云多，来年好唱太平歌。

春干路，夏干田。

农业生产类

七豌八蚕九油十麦。田怕迟一日，地怕民迟一时。

三分种，七分管，十分收成才保险。

麦见阎王粟见天，黄豆绿豆掩半边。

宽秧田，窄菜园。庄稼一枝花，全靠肥当家。

有收无手在于水，多收少收在于肥。

头伏芝麻二伏粟，三伏四伏种绿豆。

清明发芽，谷雨采茶。田间管理，如绣花，功夫越细越到家。

一日春工，十日闲粮。种田无粪，瞎子无棍。

插田不如新调种，棉锄七道白如霜，田薅七道猪无糠。

持家理事类

粒米成箩，滴水成河，发家好比针挑土，败家如同浪淘沙。

一天节省一粒粮，十年就用仓来装。

走路不弯腰，家中无柴烧。

常将有日当无日，莫把无时当有时。

一家之计在于和，一生之计在于勤。

外面有个捞钱手，屋内有个聚宝盆。

若要富，种田贩酒做豆腐。

有米无柴，煮出饭来，有柴无米，烧破锅底。

吃得亏，成得堆。

六畜兴旺牛为首，五谷丰登粮领先。

千棕万桐，子孙不穷。

会攒的攒腊月，不会攒的攒六月。

生产生活类

有水必有渡，有山必有路。

道士斗法，病人遭殃。

儿不嫌母丑，狗不嫌家贫。

当官的一张嘴，当兵的跑断腿。

有钱买得鬼推磨。

只要身子正，不怕影子斜。

口说无凭，眼见为实。

家怕搬，火怕翻。

艄公多了易翻船，伙头多了吃生饭。

家花没有野花香，野花没有家花长。

在生不孝顺，死了哭鬼神。

强盗只因偷鸡起，打牌只因赢钱起。

有好儿孙就是福，无多田地不为贫。

酒肉朋友好找，患难之交难逢。

江湖一张纸，识破不值半文钱。

跟好人学好人，跟到土司学鬼神。

人无理讲蛮话，牛无力拖横耙。

有良田百亩，不如薄艺在身。

和尚赚钱，木鱼遭殃。

特殊文化符号

巫傩文化、草码字、木匠字是王家坪土家人在科学极不发达的特殊时期，由土家人自行摸索和发明的文化符号，主要适用于没有读书识字的老人。现基本无人再用，只是作为一种文化符号保存下来。

巫傩文化　巫傩文化是土家族千古相传、至今不衰的一种文化现象，王家坪土家族寿庆、生育、婚庆、丧俗等礼仪习俗，都饱含傩文化的元素，并且渗透在生产习俗中，扎根在民族文化的土壤中，与人民大众的生活息息相关。广义的傩文化包含傩祭、傩戏、傩技、傩符、傩舞等文化内涵。

土家族有两种特殊的文化符号在王家坪流传使用，一是“草码字”，二是“木匠字”。

草码字　是土家人简单的记数符号，运用对象是不识字的人群。记数分为个位、五位、十位、千位、万位。最大的位数是万。书写方法是用点、撇、叉、横、竖表示。草码字与汉语数字一样，都是古老的记数文字。如今，有的写法已经失传，但有的土家人还沿用此法书写记数。

木匠字　是在木匠行业中流传的一种记载房屋扇、柱、棋的位置。木匠字大的位置符号是东、西和前、后，即以堂屋为中心分“东”“西”，以中柱为中心分“前”“后”，堂屋左边（人对堂立）的扇为“西”，堂屋右边的扇为“东”。如果两边还有扇，东边

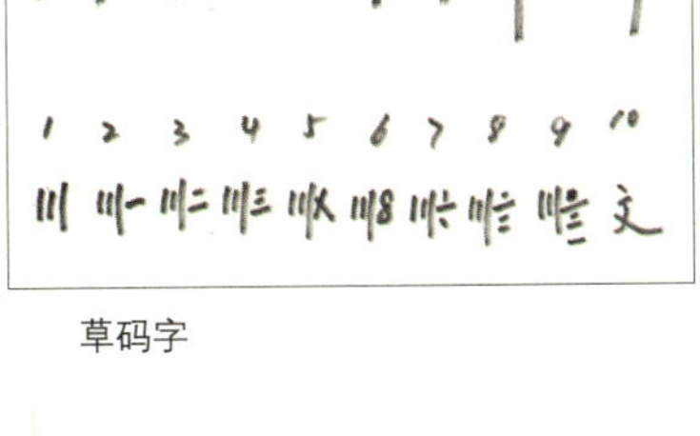

草码字

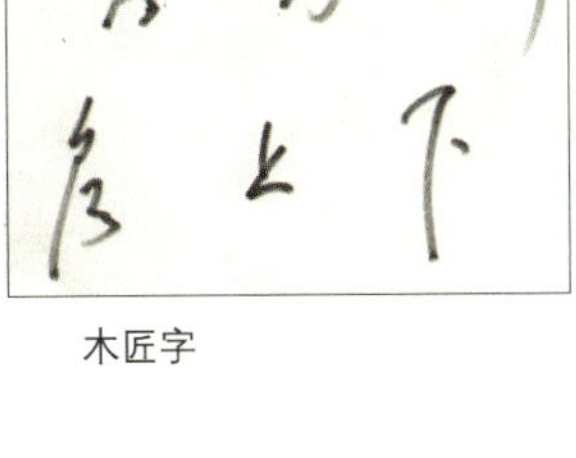

木匠字

的则为“东山”，再次为“东山山”；西边则为“西山”，再次为“西山山”，以此类推。中柱前面的叫“前”，中柱后面的叫“后”（木匠叫后檐柱），前有前檐柱，“前枋”叫“挑”前棋。“后”有后柱（木匠叫后檐柱），后挑，后棋。枋叫“川”，中柱和檐柱间的柱叫金柱。书写的方法是取汉字的一半或同音字。书写的原则是先东西，后前后，分棋柱。书写的要求是连贯流利，具有一定的艺术效果。

傩符

王家坪镇由于地处大山深处，当地土家人长期与世隔绝，生活极为艰难，人的一生如果患病，全靠当地土医开个土药方、扯个草药，外加个人毅力战胜病魔。为增加个人求生欲望，当地土司便以“神”的名义，画出各种符号配以中草药方进行调理，以达到治病救人的目的，于是便出现了巫傩文化，更演化出了傩舞、傩技和傩符。

傩符是一种傩文化符号。傩符的符像比较原始，常以人身、人头、动物、植物及日月构成，绘画古朴而粗犷。傩符的使用方法有五大类：一是定神肃立，由土司用右手中指和食指向虚空画其所用之符，嘴里念其所用之咒语。二是将应用之符贴于门楣上。三是在傩坛燃香念咒，按方向一手执符上角将符下端燃烧，并将燃烧符灰上扬。四是将画好的符缝入小布袋带在身上。五是将燃烧的符篆其灰，和在水碗内，给病人吞服。

安煞 煞，凶神。安煞，即安定所有凶神，谨防作乱，危害安宁。安煞为一切重大活动的必要措施。如人去世之后做道场、观灯、婚庆、修房盖屋等活动均需请道士安煞。民间安煞的人除道士之外，部分手艺人也需懂得安煞的法术。诸如木匠、石匠，破土动工、上山伐木之时，均需安煞请神，以防凶神恶煞倒行逆施，出现意外。安煞之时，须由安煞之人焚香烧纸钱，口中念念有词，随即在地上画符，以求平安。所谓符就是画一幅太极图，其咒语各门师父传教不一，通常为四句：“一点乾坤大，二点日月长，包罗生万象，神煞就地长。”有的是：“一点乾坤大，混沌日月长，包罗生万象，神煞各返房。”在念咒语的同时，需画完太极图。

安六甲　六甲意为六十甲子之意，安六甲是手艺人或工匠必须掌握的法术。大凡到主人家做工，主人家有女人怀有身孕或猪牛羊等牲畜有孕，均需安六甲，确保孕妇及胎儿安全，不致流产或胎儿残疾、畸形。安六甲之时，主人要封利市，旧时通常是香纸及现金三元三角。安六甲的咒语也不尽相同，一般为四句，常见的是："二十八宿，譬如流星，淋泉如口，百病如灵。"口诀为："一舍传祖神，二舍传公民，三舍传留许，四舍传北京，吾奉泰山老君，急急如律令敕。"

打时　又名启搜，是民间帮人寻物的推测法。所谓打时，就是按失物时天干地支运行的具体时间，推算活物或不动物遗失的方向或大致地方（远、近、高、低）。启搜，顾名思义，就是启动搜索程序。搜索方式就是推算庚甲，推测失物有无寻回之可能。民间常用的方式有"梅花搜""乌鸦搜""强盗搜"。

打卡　打卡即将咽喉处的卡物化掉。人们吞咽食物时，有时不慎会将鱼刺、骨刺等物卡在咽喉。打卡者将半碗凉水施以法术，让被卡者喝下去，一般都有奇效。相传，打卡者有将铁钉、竹筷等物用水让人喝下而不被卡在喉咙的先例。打卡不须烧香化纸，只需在半碗水上画符施字号，念其咒语即可。

杠仙　又名踢马脚，主角由仙娘（即巫婆）主持。杠仙多为患者问其病因或求其医治之法、医治之药。患者或旁人或仙娘之助手烧香烧纸请菩萨，仙娘高声念唱咒语，手持师刀，手舞足蹈片刻之后，便坐定，双脚开始抖动，谓之"踢马"。高潮时节，双脚双膝颤抖离地，并模仿患者死去的亲人之口音说出一些荒诞离奇的因果，往往似是似非，半真半假。病患者也多是信以为真，不假思索，随声附和，点头称是，深信不疑。仙娘表演完毕后，恢复常态，谓之"下马"，对其"踢马脚"过程浑然不知，矢口否认，言之是患者某亡人魂魄附身，言其所有，患者需遵其所言即是。

仙娘所作所为的报酬论其患者财力而定，多少不论，或钱或物，多多益善。

安煞

安六甲

打卡

土家织锦

民间艺术

王家坪镇民间艺术繁荣，随着社会的进步与变迁，一些珍贵的工艺已失传，现保留下的技艺多集中在马头溪村。各村均有传承，其中民间工匠主要集中在马头溪两岸的关水坪村。近年来，王家坪镇政府定期进行培训，将该镇的民间艺术再次推向发展高潮。

民间工匠

土家人常说："手艺一坝田，吃不尽，用不完。"各行工匠艺人代代相传，能工巧匠层出不穷。在王家坪当地最早流行着"三缝九佬十八匠"之说，涵盖了整个土家族社会分工，但大部分技艺在20世纪90年代已经绝迹。

三缝

鱼缝 是指缝补渔网的技术人员，这样的人才极少，旧时很受人尊敬。

雨缝 是指专门缝补雨伞的人，在20世纪50年代前，王家坪镇土家人都有用油纸伞、油纸斗笠、皮雨衣等雨具的习惯，这些雨具容易破碎，需要修补，雨缝工匠曾盛行一时。鱼缝及雨缝的技艺在1980年后基本绝迹。

肉缝 也叫阉猪匠，20世纪70年代以前王家坪镇仅有一两个"阉猪匠"，他们走村串户，用羊角吹奏音韵招揽生意。在王家坪阉猪匠吹羊角的习俗流传千年，自1990年后此习俗遗失。

九佬 分为红江九佬和白江九佬两大类，共有十八佬。红江即红江湖，白江即白江湖。

红江九佬又分为坐禅三佬、集三佬、巫三佬三种类型。坐禅三佬最受人尊敬的，指朝中阁老、家中父老、庙中长老；集三佬，主要指红白喜事或节庆假日聚在一起的排鼓佬，割谷时的打谷佬，渡船时的渡船佬；巫三佬是指阉猪佬、补锅佬和席佬（指酒席中的老者，席佬德高望重，很受人尊敬）。

白江湖是指社会底层直接从事劳动、行走江湖的农民阶层，白江九佬包括削脚佬、剃头佬、杀猪佬、打枪佬、干工佬、烧炭佬、轿夫佬、摸鱼佬、放排佬。

十八匠

即"金、银、铜、铁、锡、木、瓦、窑、石、漆、弹、篾、染、画、雕、酒、蓑、皮"的简称。十八匠中的五金匠，得以流传的只有铁匠。

篾匠 土家地区竹子种类繁多，有楠竹、毛竹、桂竹、水竹、金竹、麻竹等。土家人就地取材，用竹子编织生活用具。睡有凉席、竹床，坐有竹凳，劳动工具有背篓、撮箕、箩筐，生活用品有簸箕、米筛、糠筛、晒簟等。一般土家人都会做几件篾织品，但工艺复杂的，就必须请篾匠，慢慢地篾匠成为较好的行业。做篾匠很讲究，光就劈篾来说，就分青篾、黄篾、厚篾、薄篾、窄篾、粗篾、细篾等。特别是织花背篓、针线蓝等精致物件，用篾之细，几乎与纳鞋底之麻线一般，做工极为讲究。如织簸箕，其起底、编板、锁口等工序很不容易，上色、抛光、写字、画图案就更为讲究，要心领意会，神到手到。制作工序分为竹材选取、篾条削制、模型制作、加工成型、锁口装饰等。

木匠 木匠分为大料木匠和小料木匠。大料木匠以修造房屋为主，主持上梁仪式，即开梁口、唱上梁词、踩门等。小料木匠主要打造家具和房屋装修，对门、窗、栏杆、神龛、瓦檐等进行雕镂。嫁妆由小料木匠打制。土家雕花嫁妆通常有雕花牙床、屏风、挂屏、花柜、箱柜、衣柜、米柜、碗柜、书案、太师椅、靠椅、洗脸架、梳妆台、梳妆盒、茶几、八仙桌、方桌、金瓜脸盆、金瓜马桶等。

银匠 是指以银制饰品加工为主要职业的工匠，土家银饰工艺随服饰文化而生，也就有了银匠。其产品有现做现卖的，亦有预约定做的。银饰式样繁多，土家妇女常戴首饰有头上的银簪，手上的银镯及胸前的牙签、扣花。银帽正面饰有八仙、十八罗汉等银菩萨，后面吊有银链、银牌、银瓜锤、银辣椒等饰品。男孩一般还要戴项圈，配上镌有“长命富贵、易养成人”的“百家锁”，以祈吉祥健康。

瓢瓜匠 是专门制作水瓢瓜、粪瓢瓜等木瓢的工匠。王家坪盛产木材，将木材加工

篾匠

雕花木匠

瓢瓜匠

铁匠

成各种木瓢，不仅经久耐用、带有清香，还有保健作用，如刺槐树加工的木瓢通经活络、行气活血，野槐树加工的木瓢安神补脑、催眠助睡，白杨树加工的木瓢滋润皮肤、活血养颜，刷过桐油的瓢瓜具有润肠通便的功效。至今，王家坪土家人仍然习惯于使用传统木瓢。

铁匠 是指以铁为原料，进行铁器制作和加工的工匠。王家坪土家人生产、生活用品很多是铁器，如镰刀、菜刀、犁耙、锄头、铁锅、镐头、钻子、凿子、刨子等皆出自铁匠之手。铁匠一般在集市设铁匠铺工作，铺内有风箱、火炉，用于烧铁；有铁砧用于锤制；有水窖，用于淬火。铁匠打制铁器时，披着“黑皮兜”，以防灼伤衣物、皮肤。小件的制作用小锤锤打，大件的制作需两人合作（另一人一般为徒弟），其中一人挥大锤锤打。铁器制作的难点在于把握好铁器烧制的程度和淬火工艺。

石匠 是指以石材为主要加工原料，将其加工成生活器具的工匠。土家族聚居区有丰富的石材，质地优良，被广泛应用于建造房屋、道路、牌坊、桥梁、墓碑、家具等方面。房屋中的磉墩、地脚枋、门柱、门楣、门蹬、石狮、阶石，用于粮油加工的石碾、石磨、石碓，用于印染的石槽、石磙，用于生活的石桌、石凳、水缸、擂钵、粑粑槽、猪草缸等，均出于岩匠之手。工艺较难的有旱碾的制作和石桥的修建，土家人的石桥工艺独特，桥之大小随地势而定，桥之曲直由匠心而出。一座座石拱桥横跨溪河两岸，构成一幅幅“小桥、流水、人家”的风景画。

石匠

瓦匠

瓦匠 是指以泥巴为制作原料，将其制作成瓦坯并烧制成瓦型的工匠。王家坪土家民居大多是坡屋顶、小青瓦。制作小青瓦，得先做瓦泥，在转动的瓦坯架上罩上瓦坯模子，然后切割一块长方形泥片，敷于瓦坯模子上，做成瓦坯。瓦坯阴干后，置于瓦窑中烧制。盖瓦和检瓦最难的是粉檐垛脊，用石灰和纸筋，处理房檐及小槽缝口；屋脊用瓦与砖封砌而成，有的还在瓦脊两头做成莲花、龙头等图案。瓦盖上屋顶后仍需检修，有的房子还得用浆砌封火墙，这些都得请瓦匠师傅。

弹匠 是指将棉花加工成棉絮的工匠。其主要工具是一把 1.5 米长的直形弹弓、一根牛筋弦子和一把硬质杂木弹锤。19 世纪 70 年代以前，王家坪镇商店设有棉套可购，家用棉套，特别是嫁女用于陪嫁的，全部是请弹匠在家中制作。

弹匠制作棉絮时，主人在一间空屋子里摆两张高板凳，再铺上木板，上面铺上斗篁、棉花，弹匠左手持弓，右手拿锤，连续不断地敲打弦子。弦子上下跳动，将棉花弹成毛绒，待棉花绒修整成形后，弹匠和主人对着放纱，随后用木碾盘反复碾压。碾盘须是硬质杂木，为厚一寸多、直径一尺[①] 多的圆盘，上面做一个扶手。碾压时，弹匠双手用力下压转动盘子，前后左右绕着套子碾压。

画匠 是十八匠中的一种工匠，主要是靠画画行走江湖，土家族人又称光匠。土家族流传千年的习俗是在嫁女时，所有家用的木竹器具都是女方陪嫁。而木器就要画油漆画，一般家具上均为吉祥鸟类和红绿花草等图案；小饭桌中央则画上一尾大金鲤，再画

---

① 1 尺≈ 33.33 厘米。

弹匠

画匠

蓑衣匠

上 8 个盘碗。当画匠作画完毕后，再刷上一层用桐油熬制的光油，形同清漆。画匠不仅在家具上作画，也画梁木，也为刺绣者画图案。

土家族画匠凭个人才艺和独特的技术服务民间，但这类艺人仅流传到 20 世纪 90 年代以前，现基本上濒临绝迹。

蓑衣匠 蓑衣是独特、原始、古朴的雨具，其特点是透风透气，经久耐用，土家人家家必备。蓑衣披在背上，上盖肩，下遮膝。制作蓑衣时，蓑衣匠将长铁针穿一根棕索，把一块块棕片连接起来，宽度要能掩住整个身子，再在肩上制作两个像老鹰一样的“翅膀”，为将蓑衣做得滴水不漏，且穿着美观，蓑衣匠必需投师做学徒，才能掌握其技巧。由于现在有塑料等材质雨衣替代蓑衣，在 20 世纪 90 年代后，蓑衣匠王家坪也基本上也没了传人。

手绣工艺

王家坪土家族妇女除了能做鞋纳垫之外，还能手工织锦、挑花和绣花。

织锦 土家织锦工艺原始而复杂，土家姑娘在木质斜式织机上，以棉纱为经线，以五彩丝线、毛线为纬线，用一只牛角或一把金属挑刀，眼看背面，手织正面。传统的挑织方法使经线、纬线浮沉均匀，结实耐用，图案有 200 多种。其纹饰内容最早出现的是钩花，从四钩到单八钩、双八钩、单十二钩、双十二钩、二十四钩，直至四十八钩。后有动植物图案，如猴子花、燕子花、锦鸡花、杜鹃花、石必（小兽）花、马必（小马）花、白菜花、枫叶花、莲花等。其后还有动植物组合的图案和其他综合类纹饰，如“龙凤呈祥”“凤穿牡丹”“鲤鱼跳龙门”“福禄寿禧”等。在色彩调配上颇有讲究，喜用对比色，用黑白衬托钩提。多种钩状、锯齿状、梳齿状、缝合状、连锁等边饰，加上各种多角形的小花作为点缀，又以黑色衬底，以白色镶边，主次纹样因黑白衬托而显得界限分明，连成一体。2006 年，土家织锦技艺被国务院批准为第一批国家级非物质文化遗产。

挑花 是土家姑娘在直纹平面上按照布纹的经纬十字交叉点用与底布颜色相反的线绞成图案的工艺品。挑花以十字针法为主，配以直针、空针、牵针、双面针法。挑花按色彩分为素挑和彩挑。素挑为白色底布挑黑色花样，或黑色底布挑白色花样，也有选青布或蓝布作底布，挑红色或绿色花样的。彩挑以青布作底色，统筹白线挑绣的主体骨架，填挑红、朱红、橘黄、中黄，形成暖色基调，点缀粉绿、墨绿，使画面暖而不燥，繁复和谐。挑花按挑法分有单面挑和双面挑，单面挑只挑出平布上的正面，双面挑则用特技针法挑出正反两面一样的图案。

绣花 是指在已加工好的织物上，以针引线，按照设计要求进行穿刺，将绣线组织成各种花纹、图像和文字的一种技艺。绣花多用作衣裤、围裙、门帘、围床、桌布、帐

土家织锦

土家挑花

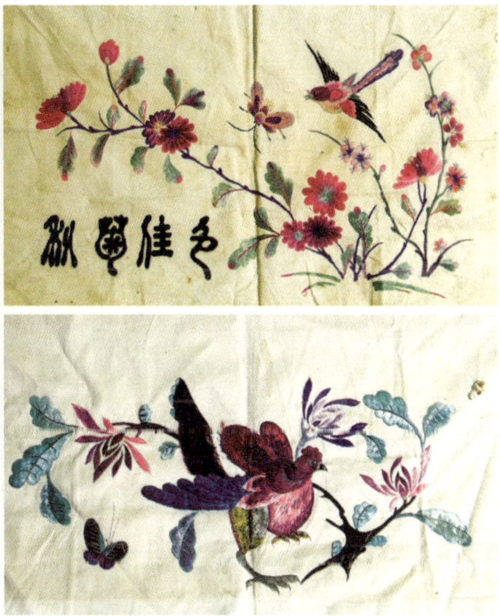

土家绣品

帘、荷包、枕头、褡裢、手帕、头巾、鞋垫等装饰，也用来做服装花边或胸花等。绣花方法是先将要绣的花用纸剪成花样，贴在绣花底布上，然后照着纸样用丝线绣制。绣成之后，丝线便把底样蒙盖在里面了，图案突出、立体。

编织工艺

王家坪土家人勤劳智慧，山中的野竹、野藤，屋后的棕树，地里的草茎、麦秸都能成为他们手中编制各种生活器具的材料，可编制成各种形状精美的生活器具。

竹编　竹编工艺是土家编结艺术中品种最多、工艺最精的一个门类。竹编工艺可分起底、编结、锁口三道工序。在编结过程中，以经纬编结法为主。王家坪土家族竹编工艺可分为编篾类、丝篾类、并合类三种。编篾类，是先取竹片，用钢刀剥离后使用。编篾类织品有筐、簸、席、篮、箱和装饰品等。丝篾类，是先用钢刀取篾，要细匀如麻线。丝篾类织品有箩、簟、花篮、背篓、捞斗、篆子、甑架、斗笠、鸟笼、饭篓、摇篮等。并合类，用竹片、竹条、扁篾、丝篾或者圆竹进行合并扁制。并合类竹器有竹桌、竹椅、竹凳、躺椅、书架、花架、竹床等。

藤编　藤编以藤芯为骨架，采用藤皮或藤芯纺织而成。藤编一般经过打藤、拣藤、洗藤、拗藤、刨藤、削藤、漂白、染色、编织、上漆等工序。藤编品种有藤笪、藤席、藤家具、藤织件四类。藤笪是将藤芯、藤皮编成长幅的成品，编制结构多为八角结构，用于室内装饰。藤席是用细藤芯编制，有床席、枕席、大席及沙发座套等。藤家具是用藤皮、藤芯或粗藤制作，有桌、椅、沙发、凳、床、柜、茶几、箱、屏风等。藤织件包括日用器具、玩具、装饰品等，如手提藤篮、罐、盒、灯座、镜架、书架、茶杯套、花盆套等。

棕编　棕编是用棕丝制成的工艺品，选材较精。棕编季节性强，多在春秋季编制提包，夏季编制鞋、帽等。棕编的品种主要有蓑衣、鞋、扇、包、斗篷、垫、盒、玩具等类。提包多用胡椒眼技法，即将等距排列的经线相交叉成为菱形，再用两根纬线穿于菱形四角。鞋、扇类产品采用密编法；帽、席等多用人字纹；蓑衣则是用棕丝和棕绳、棕片制作而成。

草编　草编是以各种草茎、麦秸为材料，经手工编织而成的工艺品。草编有草鞋、草帽、提袋、地毯等。其中，草杂件类又细分为糖果盒、首饰盒、面包盒、茶垫、靠垫、餐垫、门帘、壁挂、信插、花盆套、拖鞋、草扇、草席等，有结、辫、捻、搓、拧、串、盘等多种编织技法。草编制品以草鞋为主。

渔具

民间曲艺

曲艺是一门古老的艺术。改土归流后，城镇商品经济逐渐发展，市民阶层缓慢扩大，明清鼓曲、民间小调和曲艺艺术开始在王家坪土家聚居区应运而生，并不断繁荣。曲艺来源一是由外地传入，二是土生土长。综合起来，有三棒鼓、渔鼓、金钱板、九子鞭、讲古等喜闻乐见的形式。

三棒鼓 又叫“打花鼓”，是王家坪地区广为流行的曲艺形式。一般由三人组成，主角打鼓兼主唱，一人打锣，一人杂耍。耍者以抛舞花棒、钢刀、钢叉为主，刀、棒、叉以三个为多见，也有抛五个、七个的。花棒长约 5 寸，两端用钢丝串上数个铜钱，抛时沙沙作响；钢刀、钢叉在柄上用红布缠紧，扎一条红飘带。被抛的棒、刀、叉由艺人两只手轮抛轮接，往复循环，花样百出，断不落地。这些动作被行家称为“黄龙缠腰”“美女梳头”“苏秦背剑”“犀牛望月”“古树盘根”“太公钓鱼”“霸王背鞭”“金线吊葫芦”“喜鹊含柴”“黑狗钻裆”“海底摸沙”“跑马射箭”等。其中以“冲天炮”最为惊险，刀、叉、棒抛向空中，几乎擦着屋梁，落下来后又被一个个接住。唱词一般为“五七五”句式，四句一节，句句相韵。一些较为正规的艺班唱起来有本头，常以古典文学故事为主，如《大闹黄花院》《孟姜女》《七侠五义》《三打华府》《三打祝家庄》等。业余班子即兴编唱，“见子打子”，灵活巧妙，多以农事活动、爱情生活、社会见闻和历史事件为主要题材。

渔鼓 表演者只有一人，无须化妆，道具简单，表演灵活，大可适应广众场合，小可串门走户。史载，渔鼓亦叫道情，或叫渔鼓道情。它是一种在长竹筒的一端绷上蛇皮（或猪尿泡皮，如今改用塑料布），用手敲打的乐器。与之配套用来伴奏的还有一对简板、一支铜钹和一根手竹筷。起源于道士演唱道教故事的曲子。其始祖有人说为八仙中的张果老，也有说为武则天登基后，下旨在全国大兴土木、兴建寺庙，特在宫中供养 72

九子鞭

打渔鼓

名道士说唱渔鼓，供其享乐，始为源头。

金钱板 “金钱板”是王家坪流传较早的曲艺，因其道具为“钱”与“板”组成而得名。板是长约尺许、宽不足寸的两块竹片，竹片一端以兜圈串上数枚小钱。表演时，左手执两块钱板，右手执一块钱板，作为打击乐器边打边唱，或边打边说。在三块钱板的使用方法上，确有绝妙之处。左手所持两块钱板重叠，将一端放在虎口中，用拇指和食指握住，一合一闭，使两板相互撞击，起伴奏作用。主要表演技巧在右手，俗称“左手拉过场，右手玩花样”。在左手钱板演唱节奏发生迅疾变化或中止时，右手钱板的中间“凹”部，可用食指顶住，再用拇指用力旋转钱板，使其以食指为转动轴旋转数圈，可平转，可斜转，手的位置可高可低，花样百出。

金钱板是有“演”有“唱”的曲艺。唱词多为劝人行善、行孝之类。影响较大的曲目有《二十四孝》《华盖录》等。曲调结构为上、下句单曲体。音乐调式为“五声征调式”和“宫调式”，民歌风味浓厚，曲调活泼，旋律流畅，上、下滑音多。为丰富演唱效果，表演时还可用竹笛、大筒、三弦随唱腔伴奏。

九子鞭 又称“霸王鞭”或“打金钱杆”。金钱杆，使用金竹或紫竹配上小钱币制成，竹棍长3.5尺~5尺，两块竹片削凿成0.5尺~0.6尺，串挂32个小钱。金钱杆两头采取横串，顺挂着两串小钱，形成交叉的十字架。每串小钱币有5枚，以便舞蹈拍打时，互相冲击，发出沙沙等多种音响，与曲调合拍。棍的两端还要系上绣球和红绸飘带，垂吊绸须，使其伴随舞姿飞扬，别有风趣。表演时，一般是两人一对，多者为四对八人，并配有多人参与击鼓、打钹和帮腔，组成一个打金钱杆的队伍。打金钱杆时，边打边跳、边唱，男女互相对视，舞蹈表演或一前一后，或一左一右。开展活动时有的挨家挨户进行“朝贺”，也有在广场上或庭院中表演的。打金钱杆的扮演者多为一男一女。女旦角多属男子装扮，女人直接扮演者极少。其舞姿有“犀牛望月”“观音坐莲”“懒牛伸腰”“盘地龙”“两相好”等，唱词内容涉及“十二月歌”“祝福吉祥”“八仙过海”“风调雨顺”“六畜兴旺”“五谷丰登”等内容。这种舞重视舞姿及节拍，讲究词意新颖。

讲古 就是讲故事，说善书。系评说曲艺，多在春冬两季举行。举办者只由一两户人家牵头即可。讲书人须是饱学之士。讲书人巧舌如簧，以讲为主，也常常以唱代言，讲的内容多为古典章回小说中助人行善或孝感天地的故事等。流传的本子有《二十四孝歌》《封神演义》《薛平贵征西》等话本。

民间杂耍

王家坪镇土家人的民间杂耍大都是根据生产生活创造或改编的，他们来源于生活而又高于生活，操作简单，趣味实足。

龙灯 龙是吉祥的象征。王家坪人爱玩龙灯，对龙灯的制作很讲究。龙头用竹篾编扎而成，外糊白帛纸，用彩笔上眉、点睛、画鳞。龙呈张嘴龇牙状，眼睛可转动，下颌长须，头顶长角，十分威武。每节龙身穿一木柄，柄上横一小木板，板上有小孔两个，供插烛之用。龙尾呈斧头状，前圆后扁，末端如燕尾。龙头与龙身之间，用草绳或布相连，有的龙尾不连在一起，以便于舞动时活动自由。龙头前面，有能活动的球形红灯一盏，叫作“龙宝”。有呈方形的两盏或四盏牌灯，作为引龙照明之用，上写“国泰民安”“五谷丰登”“风调雨顺”等字样，边饰卷草花纹。

“出龙”的头一天，先要在庙里设祭。由主持龙灯的“首士”用一炷香在龙口中烧小孔，一直按顺序烧到龙尾，叫“开龙喉”。开了龙喉，龙才有灵。开喉后，继而向龙祈祷，求它保佑一方安泰，五谷丰登，遂开始敲锣打鼓，走寨串家游耍。龙灯进寨之前，先由一人提着灯笼前往“报灯”。报灯人在村寨路口高喊：“龙来啦，大家准备接龙！”于是各家各户赶紧煨茶、焚香，准备接龙进屋。龙进屋前，户主得在门口或堂屋置一小桌，桌上摆有清茶数杯，红包一个。刚建新房的人家还得放一匹红布，然后恭恭敬敬开中门，放爆竹接龙进屋。这时，牌灯分站槽门两侧，龙宝引龙进堂屋，进屋由扛龙宝的人讲吉利话。旧屋人家，一般讲四五句，新屋则多些。

龙灯逐户拜完，停锣息鼓，留灯休息。好客的主人挽留灯客进屋吃饭。首士便把灯客分到各家各户吃“灯酒”。吃罢灯酒，灯客又在寨中开阔地方聚集，郑重其事地再耍一场才离寨而去。如果途中两龙相遇，双方就会将龙举高，互争“雄龙”，有的甚至“殴打”起来，双方首士便要进行调解，调换一对蜡烛，表示友好。玩龙这一习俗在王家坪至今沿袭不衰。

草龙灯　草龙灯是王家坪人们根据龙灯式样，用稻草精扎而成，灯由九节组成，每节按五尺长度安上木托，木托上安有连环可灵活转动，用竹篾细绳将木托联结起来，再用剥壳稻草扎在外表上。龙头，也用竹篾织成龙头的形状再扎上稻草。草龙灯是尾随狮子灯的，玩灯人身穿草衣，有锣鼓、钹等乐器助威，龙随耍珠人的方向上下翻腾，龙头

草龙灯

高花灯

时高时低，龙身离地寸许，左右旋动。再现“双龙出洞”“九连环”“一字长蛇阵”等，或东起西落，前俯后仰，忽左忽右。最精彩是的“金龙喷泉”，龙口忽然张大数倍，喷出一泉，形似下雨一般，这时鞭炮齐鸣，锣鼓喧天，满堂喝彩。

王家坪草龙灯始于宋朝时期，某年大旱，砂子垭老屋湾农庄的土家族人到太山庙求雨，苦无制造龙灯的材料，有人眼望干枯的禾稻，突然灵机一动，遂尝试用稻草扎龙灯。经过千百年的传承发展，逢农历六月十一，男女老少群集附近庙堂，观看草龙灯。今王家坪镇凡有庆典集会，必有草龙灯。

板板灯 “板板灯”又叫“板凳灯”，或“老龙头”。将木箱凳两端安上灯笼，组成龙节，一人举一节连接成一条“龙”。一般有数条龙参加，每条龙的灯形状各异，有圆形、方形、菱形、六角形等。天黑以后，主持人下令，表演的板板灯才上灯，亮相坪中，在鸣炮声、锣鼓声中，板板灯开始蠕动，昂头、摆尾、走圆场，组成一个巨大的、滚动着的火轮。随着锣鼓声紧，板板灯越发起劲，左右翻滚，做出各式各样的动作，时而蜿蜒，时而腾跃，八面生风。板板灯的高潮在“龙争珠”这一节，此时，一位漂亮的土家姑娘走入坪中，把彩珠抛向空中，顷刻间，一条条虎虎生威的龙向彩珠奔去，呐喊声响成一片。

高花灯 高花灯有一个齐肩高的灯托，托上扎有一长方形的立体灯笼，玩灯时将托举起，夜晚灯笼里点上蜡烛，格外引人注目。玩灯人身着土家族服装，男腰系带，女腰缠锦，玩灯时花炮齐鸣，锣鼓高奏，24 人成双队，由头伞引路，和着“啊”“嗬”之声

群花灯

狂舞，走成太极图以及“双八字”“连八字”“六耳节”“羊打架”“牛触角”等多种队形，在黑夜里，令眼花缭乱，极为震撼。高花灯在王家坪民间传承千年，具有浓厚的土家族民族风情，将土家族劳动的艰辛、丰收的喜悦情感表现得淋漓尽致。

群花灯　群花灯是土家族人们从几经演变的傩戏分支出来的民间曲艺，经过千百年的传承与发展。最开始是由两人表演的花灯（形似东北的二人转），再发展到十人、八人不等的群演花灯。群花灯唱腔优美婉转，动作整齐和谐，灵活多变，可出演各种集会庆典。尤其是元宵佳节，王家坪镇的十支花灯汇在一处演出，其景十分震撼。

出演群花灯时，男着青蓝色缀花边对襟衣裳，红花手巾缠头一圈，腰扎红丝带，脚穿布鞋。女穿花衣裙，头戴凤冠，脸施薄粉，稍透淡红，手持彩扇，脚上的一双绣花鞋更是醒目。随着锣鼓声，男女双双出场转一圈儿，二胡奏过快门，女接唱：“叫一声啦啊……小阿哥呀哦，你是听啦呀呀喂子呀，正月里来是新春啰呀。”此时，男随锣鼓声手舞腰丝带，围女旋转一圈，微屈身子，抬眼上看，女用扇掩半面与阿哥眉目传情。接着众男女齐唱齐舞，二胡悠扬，锣鼓高奏，舞台上衣带飘飘，彩扇飞舞，流光溢彩。

一方水土一方戏，群花灯反映出王家坪土家族人们身处世外桃源式的生活，展现出土家民族纯朴善良的人文精神。

踩火犁　为傩技的表演形式。将平常农村耕田、犁地使用的铁犁，放到炭火上烧红，然后取出一字排开。这时，巫师光着脚板，口念咒语在通红的铁犁上行走，如履平地，场面肃然，触目惊心，神奇至极。如今，踩火犁逐渐从祭祀活动中剥离出来，成为一种高难度的表演节目。

上刀梯　为傩技的表演形式。上刀梯器材是一根高 10 米以上的木杆，杆上凿开 36 个孔眼，安插上 36 把钢刀。钢刀长 67 厘米，刀背厚 0.5 厘米 ~ 1 厘米，刀刃锋利。刀口朝上，装成刀梯，安装时加闩固紧，以防摇动。一刀一步，共 36 步。桩杆四周拉线固紧，刀梯上端缠系多种颜色的彩布小旗，象征着希望和胜利。

傩技——过火海

傩技——上刀梯

阳戏

民族戏剧

王家坪镇土家族的民族戏剧主要有阳戏、土地戏、傩愿戏三种。

阳戏 阳戏是国家级非物质文化遗产。王家坪是历史悠久的“阳戏艺术之乡”。清代砂子垭曾成立民间阳戏班子，20 世纪 80 年代初成立王家坪公社阳戏剧团，有演员 38 人，1984 年更名为大庸市职业阳戏剧团。自编、自导、自演《陈木匠做官》《挑女婿》《五女拜寿》等代表性剧目，在湘、鄂、川、黔 4 省边界、31 个县（市）、280 个乡镇、1508 个村寨巡回演出 4788 场，创收 89.8 万元，受到文化部表彰。2010 年，王家坪阳戏传承人龚安婵、李海平、全子雄等，在镇中心学校传授阳戏艺术，培养阳戏艺术人才 819 人。

土地戏 为自唐宋以来，由民间小戏不断演练而成的土家族独特戏剧。土地戏由土

土地戏

地公和土地婆两人演出，没有固定台词，因人因事即兴演唱。土地戏的演唱内容大都是贺喜、贺寿，歌颂勤劳致富、勤俭持家、因果循环等。

一处戏曲教化一方人，土地戏民俗风情浓。土家族的大土大俗、大悲大喜全都融入土地戏中，从而教化人、感化人，使得王家坪这一方山水，成为和谐美好的“世外桃源”。

傩愿戏 由傩舞发展而成，是古代傩神祭祀说唱与戏剧文化相结合进而得以发展的艺术，被誉为戏剧“活化石”，俗称“请傩还愿”，属祭祀戏剧。傩愿戏的演出

巫傩文化——傩祭表演

带有宗教活动色彩，扮演者系职业巫师（也叫梯玛、土司），一般七八人，多则十二人。以屋内做内朝，屋外搭台唱戏。其服装为青衣、无袖红袍，头戴凤冠或老君帽。傩戏，常以傩舞和巫歌的形成出现，既为娱神，也为娱人。土司们演唱结合，且歌且舞。

傩愿戏，有高傩和低傩之分，敬奉“八部天王”“土地神”和“傩神”。土家傩愿戏唱腔较为丰富，有明显行当分腔。如生角腔有老生腔、小生板、土地等；旦角有姜女板、绣花板、梅香板等；丑角腔有十八扯、货郎板、探子数等；净角腔有开山调、花脸等；还有共用的教训调、观花调等。傩愿戏唱腔由于吸收了一些地方民歌，加上人声帮腔和民间“鲢鱼咬尾”的唱法，使其在宗教音乐风格中渗入了浓郁的乡土气息。傩戏真实地反映了土家族敬祖、尊长、爱幼、热爱生活的民族风格。

体育竞技

王家坪镇土家人的体育活动来源于传统的农耕习俗，场地即于田间地头，器具基本上是就地取材。随着时代的进步，现稍有变化。

运粮 每逢秋收，王家坪各村寨的山路上，都会有运粮人。他们挑着箩筐，背着背篓，往家里运送稻谷、玉米。根据这一种劳动场景，2015 年以来，湘西北传统农民体育运动会把“运粮”作为一项竞赛项目。比赛设置 100 米长的赛道，运动员肩挑 120 斤玉米，4 人接力，先抵达终点者胜。比赛场面生动热烈，极具土家族特色。

担水抗旱 王家坪是山川地貌，山高坡陡，水源匮乏，遇有十天半月干旱，靠在溪边的田就用水车、筒车车水浇灌，山坡田、望岗田就靠人工挑水、端水浇灌。土家人把挑水、担水抗旱的农活，演变成民间体育竞技活动传承下来。

扳力 扳力比拼的是手上腕力，每逢茶余饭后或连绵阴雨，土家族人会在吊脚楼架一张方桌，进行扳力比赛。竞赛人各出右手，互相握住对方虎口处，捏成拳头，手肘立

运粮比赛

抗旱比赛

扳扁担比赛

在方桌一角。随着裁判一声“预备齐”的喊声，两人使劲将对方的手扳向自己一边，直到扳倒为胜。另一种扳力方法叫扳梗儿。一方手握对方掌下段的手梗（手腕）处，这种扳法必须有大于对方一倍以上的腕力。在田间劳动逢休息的时候，土家族人把扳力当作一项娱乐活动，进而演化出扳扁担比赛。找一根扁担或者一截木棍，竞者双方各将左手反过背后，把住扁担一头，步成八字，右手握住扁担上，扳法与桌上扳相同。众人围在一起呐喊加油，场面生动，群情热烈，是最具土家族民族精神的民间竞技活动。故此土家族扳力竞技，被列入王家坪镇一年一度的体育运动会项目。

打飞棒　制作飞棒时，用刀将硬质木棒削尽树皮作为娘棒，再取一截短棒作为儿棒，在场地的 头挖 梭形小土坑，便可进行飞棒竞技了。打飞棒可以双人对赛，也可以多人群赛。竞赛时先由一人将儿棒横放在土坑里，用娘棒的一头用力前挑，对方在前方接儿棒，如接着了，竞赛人就没资格进行下一轮比赛，若没接着，就将娘棒横在土坑里，对方在儿棒落下处就地远踯，敲着娘棒，竞赛人即被淘汰出局。打飞棒在王家坪镇由来已久，从唐宋时期流传至今，形成了一整套的竞技规则，是富有土家族民俗情趣的民间竞技活动。

拔河　拔河是一项传统的体育项目，人们在山里劳动时，每逢休息，为了娱乐，就地取一根扁担或木棍，一人或几人对拉，众人围着呐喊助威，土家族称之为原汁原味的“拉拉赛”，是原始古朴的民间娱乐。在王家坪，这种拉拉赛一直流传到20世纪60年代。后来不断发展，竞赛时都采用对拉绳索。自2015年始，拔河被列入湘西北文化体育艺术节竞赛项目。这项竞赛包含着土家族人团结、拼搏的民族精神。

高脚马　即竹马，制作高脚马可就地取材，做工简单。取茶杯粗细、4尺多长的楠

拔河比赛

竹进行裁剪，底下尺来高一截处留下呈八字形、长 5 寸左右的双枝，再用细稻草绳将双枝缠绕系牢在竹竿上，双枝上置一草窝，供人们骑马踏脚。在制作高脚马时，根据自己的技艺而定，在两截或三截处留枝不等，两脚离地可达三五尺高。王家坪境处山地，道路崎岖，每逢下雨、下雪，为防弄湿脚下布鞋，人们用自己的智慧创造了高脚马，有的能踩着上坡下岭，更有绝技者在陡险结冰的路上行走如飞。

高脚马比赛

高脚马比赛在王家坪有千百年的历史，土家族人一年组织一次。竞赛时，两人一组，踩在高脚马上，相互追赶驱逐，以撞倒对方为胜。高脚马竞技是王家坪土家族人在原始古朴的生活中独创的竞赛活动，被列为湘西北传统的体育运动会的比赛项目。

鸡罩捕鱼 鸡罩捕鱼是王家坪土家族人独创的、原始古朴的捕鱼法。自唐宋以来，逢年过节，人们在自家塘里用鸡罩捕几条鱼享用，这种捕鱼方式从侧面反映出土家族人民的勤劳、智慧。

鸡罩是土家族人用以圈养小鸡仔的器具，家家具备。唐朝晚期，王家坪镇砂子垭村老屋湾农庄张氏祖先的吊脚楼前有一口大池塘，养殖了很多家鱼，由于交通闭塞，不知道世上有网。一天，张公在塘边给鱼喂草，成群草鱼争相吃食，适逢一邻家持鸡罩从堤上经过，张公见了灵机一动，顺手借过鸡罩，一罩下来，捕到了几条大鱼。用鸡罩能捕鱼的方法自此一直流传下来。张氏家族有一位长者，适逢腊月二十四生日，该日是土家族人们比较看中的小年节日，必定要捕鱼庆祝生日。天气寒冷，主人便喊上三五个后生，众人一齐下塘，鸡罩飞舞，水花四溅，各人短裤赤膊，场面壮观。至今，王家坪镇将腊月二十四定为鸡罩捕鱼节，进行比赛奖励。

斗画眉 画眉，个体不大，黄褐色羽毛，长喙，爱叫，其声清脆，雄性好斗。土家族人养画眉已有千年历史，民国时期以来，土家族人把每年农历六月初六定为斗画眉节。这天，湘西北的养鸟爱好者齐聚王家坪，在斗鸟场里，一字儿摆开 8 个大鸟笼，每笼一对。画眉灵巧，短飞跳跃，相互追逐。土家族人斗画眉的习俗由来已久，比赛盛况空前，当地人把斗画眉日当作传统的民俗节日。

斗鸟

鸡罩捕鱼赛

民俗活动

王家坪是一个典型的民族风情镇，人人能歌善舞，个个热爱活动。加上气候适宜，山川秀美，一年四季根据不同的时节可举办各种民间活动。

艺术人才传承培训　王家坪是文化艺术之乡，为了弘扬中华文化，在王家坪镇党委以及上级主管部门的支持下，从2014年开始，每年举办一次文化艺术人才传承人的培训班。

培训班在8月举行，为期15天，每期学员达200多人，分别培训乐器、山歌、舞蹈、阳戏等多种才艺人员，请名师授课，在培训期间，镇政府党委书记及主管文化艺术的领导下到各班各组指导鼓励，培训班办得有声有色。

在培训班结业的那天，培训组举行汇报演出，各组学员各献才艺，锣鼓喧天，歌声嘹亮，掌声不绝于耳，三年以来的培训均取得了圆满的成功。

山歌擂台赛　王家坪山歌擂台赛自2014年4月20日开始举办，一年一次，具体时间为农历三月初三。每当时间临近，镇政府发出布告，湘西北土家歌手齐聚罗峰山，赏花竞歌，场面热闹非凡。

王家坪山歌擂台赛

开赛当天，组织者在海拔1000多米的高峰，架起高音喇叭，搭起擂台，开台的第一支歌唱的是“罗峰山上搭歌台，歌士四面八方来，唱得云开红日出，唱得映山花儿开”。比赛一直持续到夕阳西下，方分胜负。

王家坪的山歌擂台赛，被多次搬上县、市、省级电视频道，取得了很好的社会效益和经济效益。

农民春节晚会　春节是中国人最喜庆的节日，自1990年起，每逢春节前夕，王家坪镇文化站都会组织各个村庄的艺术团聚在一起会演联欢，比较偏远的山寨，还会到各家各户慰问演出。剧目全是自编自导的，贴近土家族人生活、生产的民俗风情戏曲或歌舞，加以锣鼓、二胡等乐器伴奏，年节喜庆的气氛展现得淋漓尽致。

年俗表演　《直播苏木绰》是湖南卫视2017推出的新春走基层特别节目。从2017

农民春晚部分节目

毕兹卡相亲会

熬猪头

年1月26日（农历腊月二十九）至30日（农历正月初三），湖南卫视黄金新闻时段18：30《湖南新闻联播》连续五天在张家界市王家坪镇石堰坪村进行直播报道，每天用10分钟左右的新闻时间，聚焦“武陵民俗”，从地理、历史、民俗、文化等多个层面展现土家族“祖源之地”王家坪的鸡罩捕鱼、古法榨油、百人打糍粑、高花灯和毕兹卡相亲会等民俗活动。

王家坪镇非物质文化遗产一览表

表 7

类别	发祥地	发祥年代	传承人	级别
阳戏	砂子垭	明代	全子雄、龚安婵、李海平	国家级
辰州傩文化——傩技	两河口	唐代	燕普云	国家级
高花灯	木山	唐代	龚银桃	省级
糊仓	石堰坪	明代	全建国、李英	省级
织锦绣花	关水坪	唐代	张雪春	省级
扬叉舞	砂子垭	明代	张兴恒	省级
山歌、放排歌、采茶歌 盘歌、寿歌、哭嫁歌	关水坪	唐代	龚桂梅	市级
蓑衣舞	八家河	明代	全军	市级
草龙灯	砂子垭	明代	龚冠雄	市级
土家吊脚楼建筑工艺	王家坪	唐代	张回文	市级
古法榨油工艺	王家坪	唐代	张金运	市级
古法制老糖干工艺	马头溪	清代	李根雄	市级
古法酿酒工艺	紫荆塔	唐代	李兴权	市级
木瓢加工工艺	关水坪	唐代	姚小光	市级
腊肉加工工艺	王家坪	唐代	李锡昌	市级
小青瓦、小青砖制作工艺	八家河	唐代	全华东	市级
土家风雨桥建筑工艺	桥边河	唐代	全子林	市级
槽门建筑工艺	紫荆塔	唐代	全京雄	市级
土家礼仪	紫荆塔	明代	李远喜	市级

清晨石堰坪

特色美食

王家坪镇土家人主食以米饭、玉米面、馓饭最为常见，吃菜讲究荤素搭配，嗜酒，酒多由自酿，五谷杂粮为酿酒原料。喜食酸菜、辣味，多为自制，家家都有酸菜缸用于腌泡酸菜。土家人喜用大碗喝茶，茶基本上是根据植物习性就地取材，到山中直接采摘，用水洗净后熬煮而成，多为老叶和藤茶。

饮食习俗

土家人淳朴实在，坦诚爽气，是一个重礼仪的民族，进门喝大碗茶，上桌吃大碗饭，招待客人和操办宴席有“土家十大碗”。堂屋是土家人最庄重和神圣的地方，客人来了，要先请在堂屋中就座，喝茶吃饭也都在堂屋中进行，客人坐在靠堂屋中央的地方，称之为上座。招待客人的菜是以自制的腊猪脚和土鸡为主材的“土家十大碗”，妇女和小孩不与客人同桌吃饭。如果是很熟的朋友，则可以在火炕屋里炖一个火锅，碗筷放在火炕四周，主客不分彼此，喝酒聊天。土家人最为隆重的食礼为“土家三道茶”和“土家十大碗”

土家三道茶 “土家三道茶”的习俗自古盛行，源远流长。第一道茶称“蛋茶”，尊贵的客人来到家中，主人将鸡蛋煮熟剥壳，盛在碗中，以红糖水代茶，敬献客人。第二道茶称“炒米茶”，炒米为土家人的年货，主人泡一碗炒米敬献给客人，既能解渴，又

蛋茶

清茶

能充饥。第三道茶称“清茶”，作为最后一杯茶敬与客人。

土家十大碗 王家坪镇土家人热情好客，招待客人用的是“土家十大碗”。土家十大碗是土家山寨最体面的宴席。土家十大碗的食材也是当地最有特色的食材，主菜不离猪、牛、羊、鸡之类的荤菜；配菜不离岩耳、山菇、香椿等野味；伴菜不离青，新鲜绿色的蔬菜是必不可少的，伴菜随吃随炒。上菜也有讲究，第一道菜是蒸肉糊，最后一道菜是萝卜蒸排骨，历有俗语：“先上蒸肉糊，萝卜出来打跟头。”意思是萝卜上了桌，就正好十大碗。

菜食嗜好 王家坪土家人菜食种类多而杂，归纳起来有五大嗜好。

一喜酸，有酸萝卜、酸辣子、酸肉、酸鱼、酸腌菜等。酸腌菜开胃助消化，所以深受土家族人喜爱。民间流传：“三天不吃酸、走路打闹蹿。”

二喜辣，土家人有“一日不吃辣，心里像猫抓”的俗语，“七姊妹”辣椒做成的剁辣椒酱尤为可口。

三喜烫，山里气候，阴湿多雨，故而沿袭下来了吃火锅的习惯，其中“三下锅”尤为出名。哪怕是盛夏酷暑，土家人也习惯于围着个火炉，不断往炖钵里添菜，边煮边吃。

土家十大碗

火坑炒菜

四喜腊，有腊猪肉、腊牛肉、腊羊肉、腊香肠、腊制猪血豆腐等。

五喜野（或土），喜食山珍野味和野菜，如岩耳、枞菌、马齿苋、鸭脚板、鱼腥草、蜂蛹、地衣、草根等。

土家主食

王家坪土家族主食品种较多，以大米饭为主，也有小米饭、玉米饭，或大米拌玉米的“两合饭”，大米、玉米、绿豆拌和煮的“三合饭”。土家主食因不同的烹饪工具和方法有不同的味道。

甑子蒸饭　甑是一种土家人惯用的木制圆柱形的蒸饭工具，甑里面有一圆形有隙甑垫隔板将米饭和水隔开。甑用高山天然油质杉做成，不吸潮，不含水分，经久耐用且轻便，蒸饭时散发出的天然杉材的油脂香味和米饭的香气馥郁芳香，香味绵长。甑有大有小，最小的可以蒸 2 公斤 ~ 2.5 公斤米，供一般人家庭用餐；最大的甑可以蒸上 25 公斤 ~ 30 公斤米，供百人食用，一般都为操办宴席等集体活动时使用。用甑蒸饭可节约粮食，减少浪费，没有"饭少锅巴多，除了锅巴没有饭"现象。

鼎罐饭 鼎罐是一种用生铁铸成的圆锥形生活器具，鼎罐既可煮饭也可以熬猪脚或鸡等肉类。鼎罐饭就是将盛有适量水的鼎罐架在铁三脚架上将水煮沸，把米放入鼎罐内，盖上盖子，用火焖一段时间。鼎罐里的水快干时，揭开盖子，倒入少量玉米面，用筷子把米和玉米面拌匀。盖上盖子，把鼎罐取下，放在火边煨。煨时必须旋转鼎罐方向，直至饭熟。夏天，用鼎罐煮的绿豆稀饭是土家人的最爱。

竹筒饭 土家人就地取材，将自家山中的竹子砍下，做成一节一节的竹筒，削整圆滑，然后将竹筒内装进适量的米和水，放在火堆中烤熟。用餐时，破开竹筒取出米饭。

社饭 春社之时，将园边或溪边采摘的鲜嫩蒿菜剁碎，揉尽苦水，放锅里焙干，与切成小丁的腊肉拌胡葱炒香。然后把黏米煮到半熟，再将糯米倒入锅内与黏米一起煮熟，黏米与糯米比为 1∶2，接着把事先炒香的野蒿菜、野胡葱、腊肉丁放进锅里搅拌均匀，盖上锅盖焖熟。

甑子蒸饭

炒米

特色小吃

常见副食品有糖馓、烧玉米、炒米、糍粑、玉米粑、叶儿粑粑、荞粑粑以及葛粑、蕨粑等。

糖馓　又名团馓。多于秋后制作。取糯米蒸熟，压成薄薄的圆饼，绘上字样，置于火中烘干或晒干。食用方法有二：一是油炸。将糖馓置于茶油锅中炸酥，使之鼓胀。既可直接食用，亦可加蜂蜜用开水冲食。二是烹煮。将糖馓放入锅中，加水煮熟，再放上油、煎鸡蛋、胡椒粉等，是妇女生小孩后的营养饮食。

烧玉米　取农家地里新鲜玉米，剥除外皮，置于炭火上烧烤，边烤边翻，也有人直接将玉米带叶一起放入火中烧烤至熟，味道更香更美。

炒米　将精选的糯米浸泡、过滤、蒸熟、冷却后捏散，再晾干成一粒粒，俗称“阴米”。吃的时候，将阴米倒入锅中拌沙一起炒，米粒逐渐膨胀，待其全部炒爆“开花”以后，筛除沙子。炒米可以直接食用，也可以用开水加红糖冲食。炒米所用的沙子非常讲究，不能粗也不能细，炒时还要掌握火候。这种类似“爆米花”的炒米，香味浓郁，回味悠长。

叶儿粑粑

荞麦粑

糍粑　糍粑制作方法是将精选出来的糯米淘洗干净，用清水浸泡 24 小时以上，再用木甑蒸熟。把蒸熟的糯米饭放在木糍槽内捣烂，趁热时先用手捏成大小不一的圆坨，冷却前用手掌或木板压成圆饼即成。捣烂时，若参入蒸熟的糯粟米，则成金色栗色糍粑；参入蒿草，则成麻栗色蒿草糍粑；参入片糖、红糖或白糖则成糖糍粑。食用以火烤为主，也有用油炸、锅煎，或用油茶、甜酒煮着吃，用青菜拌着吃的。还有人在雪白的糯米糍粑上用五颜六色画花、鸟、虫、鱼或八仙、神童等图案，往往是嫁娶喜庆必备的礼品。糍粑的贮藏方法很简单——用腊月里接的雨水浸泡在陶缸内即可。不用换水，半年之久也不会腐烂、酸臭。

玉米粑　有嫩玉米粑、玉米糍粑两种。嫩玉米粑的做法是：将嫩玉米脱粒，和水，放入石磨中磨成浆，加糖搅匀，用油桐叶或芭蕉叶包成三角形，放入锅中蒸熟。其味清香甘甜。玉米糍粑的做法是：将玉米放入石磨中粗磨，用细筛筛去粉末，取其粗粒放入水中浸泡，再与水泡过的糯米一道拌匀，上甑蒸熟，放入木槽中捣烂，再揉成小团，板压成片。食用时可烧烤煎炸，其味清香软糯。

叶儿粑粑　取糯米、黏米各半浸泡一天，洗净，放入石磨中磨成浆，再通过麻布过滤沥干后，取一小团，捏成圆饼，放入肉馅或炒熟的黄豆粉末，用芭蕉叶或棕叶包裹，放入锅中蒸熟，其味香糯甘甜。

煎饼　又称荞软饼，制作方法是：将水磨荞粉加适量红薯淀粉或鸡蛋，加水搅拌均匀，放盐、葱花，油锅加热（最好是平底锅），倒进粉浆，用锅铲涂抹均匀，随后煎焙另一面起锅。煎饼可卷生菜或剁细的肉类，亦可蘸蜂蜜或自熬梗糖（甜高粱熬成）食用。

荞麦粑　荞麦粑有两种，一种是煎饼，一种是经发酵蒸制而成，酷似北方的馍。王家坪盛产荞类作物。兰荞磨粉必须先蜕壳。荞粑粑一般在春冬两季制作，将兰荞粉（苦荞粉）加水揉成半液体状，将蒸熟的红薯剥皮捏碎混在荞面中发酵，秋季 4 天～ 5 天，冬季 7 天～ 10 天，待面团表面开坼，有气泡眼时，发酵即成，便可上锅蒸熟。

葛粑、蕨粑 将野生葛根挖出、洗净，于木槽内捣烂，放于木桶中，加水搅动，滤去粗渣，将其浆沉淀，即得葛粉。加水适量，放于锅内蒸熟即食，其味清香。蕨粉的制作方法与葛粉一样，蕨粑做法略有不同。取蕨粉加入适量的水，将其蒸煮成团。待冷却后煎炸，配以佐料，味道鲜美。蕨菜三五年即长成，可采挖。蕨菜生长于沙质土壤中，如不被杂树掩遮，光照时间较长，蕨菜产量就越高。

蕨根的淀粉加工方式与葛根相近，但蕨根在捶碎之前必须逐一洗净根部上的泥沙，过滤沉淀方式与葛粉加工相同。蕨根淀粉含量较葛根低，但蕨根粉所含的其他的营养成分比葛根粉高。蕨根粉化水炒成糊状冷却，再切成薄片炒肉，味道比葛根粉筋道，韧性强。

每逢春节前夕，王家坪集市上有蕨粑可卖。但因此价格较高，难免有在蕨粉中加薯粉的掺假行为，且难以分辨。

老糖干 王家坪马头溪有传承数代人的李氏老糖干食品，至今保留有百年历史的加

熬老糖

工作坊。老糖干加工有糖糟发酵、熬制糖糕、绞扯糖带、做成糖干到上芝麻等多道工序，制作时需 6 人以上互相配合，方可成品上市，是当地土家人过年的年货和拜年的贵重礼品。体验马头溪代代相传的老糖干加工技艺，可以感受土家先民的勤劳智慧。

特色菜肴

王家坪的美食很多，最具特色的有土家腊肉、香肠、血豆腐、干豆腐、腊牛肉、腊羊肉、腊猪脚、鲜河鱼、干河鱼、腌河鱼、山菜、山蘑菇，各种干菜、腌菜等。

麻辣竹鸡 将淀粉、鸡蛋清一起搅拌上浆，用炒锅将猪油烧至七成熟，放入鸡丁过油后捞出。再往炒锅里下入玉兰片、红辣椒、花椒粉稍炒，然后下鸡丁扒炒，淋入猪油，起锅装盘，撒上胡椒粉即成。

腊味合蒸 先将腊肉、腊鸡、腊鱼用温水洗净，盛入钵内，上笼蒸熟，取出。再将腊鸡去骨，腊肉去皮，腊鱼去鳞。然后将腊肉切成一寸长的片，腊鸡、腊鱼切成大小略同的小条。取瓷菜碗一只，将腊肉、腊鸡、腊鱼分别皮朝下整齐排放碗内，再放入猪油、白糖和调好味的清汤，上笼蒸制，取出翻扣在瓷盘中即成。

燕麦粉蒸螃蟹 先将燕麦粉加水调成糊置于锅里，再将活蟹倒入，盖上锅盖，生火煮熟。食用时加入油、盐和作料，燕麦浆味喷香，螃蟹软糯易嚼。

螃螃汤 螃螃又叫石蛙，多产于山谷幽洞中，形若巨蛙，大者一只重为 1 斤左右。制作方法为剥皮去内脏，将其切碎小炒至金黄，加入水煮熟，放入佐料即可食用，味道鲜美。

沙罐熬乌鸡 乌鸡是家禽野养，靠野外啄虫食草，毛色乌黑发亮，营养丰富，是产妇、病人的滋补之品。沙罐熬乌鸡是王家坪土家人世代传承的烹饪方法，沙罐用陶土做成，不上陶光，十分粗糙，将乌鸡拌上花椒或桂皮等佐料放入沙罐置于火坑的火塘周围，细火慢熬。

炖腊猪脚

和渣

土钵炖腊猪脚 腊猪脚是王家坪土家人招待尊贵客人的一道大菜。好的食材，好的烹饪，美味宜人，土家人将备好的腊猪脚拌上山菇、木耳，以花椒佐料，放入陶土做成的土钵之中，用木炭火慢慢炖熬，营养得到较好的保护，原汁原味、腊味四溢。

和渣 和渣做法简单，营养价值极高，为当地人待客常用菜。先将黄豆在火上焙烤至 6 成熟，加水用石磨磨成浆，放入锅中煮，然后放入切细的韭菜、青菜等，就制作成了和渣。和渣不用滤渣可直接煮用。也称和渣为“懒和渣”。解放前主食多为玉米，玉米粗糙，但和着汤水的和渣容易入口。在酷暑，喝一碗和渣，既解渴又消暑。磨出来的和渣放置几天就成为“酸和渣”，又是另一番滋味。在寒冬，将酸和渣放入辣椒、猪油、盐、大蒜等调料，架在柴炉上边熬边吃，比起吃麻辣豆腐、臭豆腐来更具风味。

酸肉 为王家坪土家人最爱吃的一种带酸味的肉。制作酸肉，以猪肉、牛肉、狗肉为主要原料，选取瘦肉，剔除筋腱，用淘米水初洗，再用清水洗净，切成巴掌大小，沾上食盐，再配以花椒、辣椒粉、五香粉、姜末等作料和少量米饭或干米粉拌匀，装入陶罐内压实密封，腌一两个月即可食用。一般可保存半年左右，在贮存期间随时可以取来食用。吃时，大多切成薄片，与青蒜同炒。取出的酸肉需在三五天内吃完，否则容易变质、变味。昔日，只有贵客嘉宾临门时，才取来招待；如今，王家坪人的生活水平提高了，自制自食，长年不断。随着旅游业的发展，酸肉成为向客人馈赠的食品。

油炸蜂蛹 境内山区野蜂颇多，土家人常取其蜂蛹烹食。将油烧沸，以菜油最佳，放蜂蛹于锅中煎炸，待其浮于油面之时，即时捞起，放上食盐、香葱、姜末等既成。其味异香松脆，是下酒的绝品。

岩耳炖土鸡 用水把岩耳清洗多次，晾干。将鸡平放，剁成块状，焯水后捞出沥干。然后把鸡肉放在菜油锅里炒熟后加入姜片、料酒，拌炒后放入鲜汤，用大火烧开后再用小火煨至鸡肉酥烂，再放盐、味精调味，下入岩耳，稍炖一下，撒葱入锅，就可品尝。

腊肉炖火炼圈 火炼圈是王家坪农家人过端午节必备的佳肴。农谚有：“三月螺丝四月蚌，五月黄鳝讲不像”，意思是说五月间的黄鳝味美，其中当属火炼圈。这种从野外水稻田、堰塘中捕捉的黄鳝，是自然生长的生态食材。火炼圈煎煸前，要切腊肉（五花肉）少许，炸出腊肉油，放盐，再将洗净的黄鳝倒入锅中，盖紧锅盖，任黄鳝在油锅中翻滚，直到黄鳝焙死后稍加大火，放入花椒、蒜瓣、山茶籽油、干七星椒，煎炒 1 分钟～ 2 分钟后，加水没过黄鳝，小火慢炖 30 分钟～ 40 分钟。炖好的黄鳝可用筷子夹紧其一段，即可骨肉分离，亦可破肚剔除内脏。熬炖的黄鳝汤呈乳白色。起锅后放适量白醋或陈醋，可助黄鳝骨刺软化。它所含的特种物质“鳝鱼素”，能降低血糖和调节血糖。鳝鱼含维生素 A 量较高，因此民间有“小暑黄鳝赛人参”的说法。

小溪河鱼 王家坪境内，生态环境优良，溪河鱼类生长繁育条件好，水产资源丰富。常见的小鱼类有当地人称的岩斑鱼、白大口、小泉鱼、椽角钉、黄腮古等十余种。溪河小鱼多生长于山泉水中，味美可口。小鱼可油炸，可煎煸煮汤加紫苏叶，亦可加苦瓜清炖。湿鱼加盐焙干或晒干，可保存数月。小干鱼在冬季拌萝卜丝或做成火锅，是不可多得的风味美食。鱼肉中含有丰富的优质蛋白，脂肪含量低，维生素含量丰富。鱼脑中富含俗称“脑黄金”的不饱和脂肪酸 DHA，还有磷脂类物质。河鱼的吃法很多，主要有辣炒小鱼干、清蒸小鱼、油炸小鱼、香煎孜然小鱼、酥脆小鱼卷饼、清炖小鱼火锅。

渣豆酱 冬季，将豆腐渣煮熟冷却后置木桶于温热处，待其发酵后将其捏成小团球风干即成。食用时用水洗尽，煮成糊状，加入葱蒜即可食用，味道极美，土家人又叫“十里飘香”。

岩耳炖土鸡

腊肉炖火炼圈

溪河小鱼

腊肉

腊香肠

血豆腐

灌肠粑　王家坪镇土家人杀年猪时，用器皿将猪血收集起来，把猪血拌上一定量的糯米、食盐、香料，灌入猪大肠，每隔一段用线扎紧隔开，然后用竹筛挂在火炕上熏烤半月即成。

土家腊肉　王家坪镇家家户户都喂年猪，主要是图过年时有肉吃，过年吃不完的，便把它制作成腊肉，不仅便于保存，而且肉色更加好看，是王家坪人平时招待客人摆在席上的主菜。腊肉的制作方法是：将猪肉分成 1.5 公斤 ~ 2.5 公斤（或更大）的块，然后把盐炒黄，加花椒炒出香味出锅；把肉用温盐抹匀，放入盆中，将盆底的肉皮朝下肉朝上，面上层的肉皮朝上肉朝下排放整齐，每 3 天 ~5 天翻一次，10 天后沥干水分挂到熏房中；用柏枝或硬木柴加核桃壳、花生壳、橘子皮等柴草料进行烟熏烘烤，月余后待肉变棕红时即可。

熏好的肉应该放在通风处，可保存 2 年 ~ 3 年不变质，名曰“腊肉”，也称“土家腊肉”。土家腊肉色泽焦黄、肉质坚实、熏香浓郁、风味独特。食用时，取肉在火上将肉皮烧焦黄，放在温水中将皮泡软，刮洗干净备用。腊肉的烹调方法比较多，不同部位烹调方法亦不相同，如排骨、猪蹄一般通过炖的方法，可制作火锅，其他部位一般用来与辣椒、蒜苗、山野菜、小米一起炒、蒸而食。

还可制作腊牛、腊羊、腊麂肉。先将鲜肉砍成小块，抹上食盐、胡椒粉、花椒粉、五香粉，放在缸里腌十天半月。然后，挂在火炕上用锯木、谷壳、花生壳、橘皮、柚皮等生火熏烤，日夜烟火不断。腊肉色泽金黄，香味很特别。来年春天藏于谷仓里，可食数月或者数年。还可制作腊香肠，把新鲜瘦猪肉切成肉丁，拌入辣椒末、花椒粉、胡椒粉、五香粉，灌入猪小肠，每段用线扎紧隔开，然后用火熏烤半月即可。

血豆腐　血豆腐制作颇费功夫。杀年猪时将新鲜猪血预留半盆不煮熟，再磨豆腐些许，瘦猪肉剁碎成肉泥，五香粉适量。豆腐做好后，视其量将新鲜猪血、肉泥、五香粉拌入其中，再舀入炭筛（需用包豆腐的纱布铺垫），将豆腐包好，挤出豆腐中的水分。豆腐压干后，可根据其口味放入腌腊肉的盐水中浸泡一天一夜，随后用开水略煮后，用炭筛平放，置火炕上方熏干。血豆腐食用时先用温水浸泡发软，切成薄片，拌芹菜、辣椒小炒，别有风味。血豆腐熏干后亦可入冰箱存放，可做常年待客的应急菜肴。

水酸菜

酸菜类食品 酸菜开胃助消化，所以深受土家族人喜爱。酸菜类食品主要有：（1）酸萝卜。先将萝卜从地里拔出，清洗干净，切成条状，在太阳下晒干水分，然后将晒干的萝卜条、食盐和酸辣椒一起放入陶罐里腌上几天即可。（2）酸辣椒。将鲜辣椒剪去把后洗干净，再晾干。往榨菜缸内倒入半缸冷水，然后加入甘草、花椒、食盐，搅拌后静置几天。待缸内水略有酸味时便可加入辣椒，不让辣椒露出水面。压紧辣椒以后，盖上棕叶，再用石块压在上面，10 天后，辣椒变酸即可食用。（3）酸豇豆。先将新鲜豇豆洗干净，摊开晾干，切成细碎颗粒，放入盛有凉开水的瓶中，放生姜、干辣椒、花椒，加点白酒，一般泡制 3 天～4 天。（4）酸大蔸菜。将大蔸菜洗净晾干，切成丝状，放入坛中，用布裹紧，倒扣在盛着水的盘里，等到散发酸味即可。（5）酸藠头。把新鲜藠头放入干净的容器里，与食盐混合拌匀，加入适量清水，盐渍 3 天。将盐渍好的藠头放入干净的坛里，倒入食醋，上部放一小块竹席，压上重物。醋渍 10 天以后，再撒少量食盐，搅拌均匀，再腌渍 1 个月左右。

生态食品

王家坪镇土家人崇尚生态环保，讲究健康饮食，常用的生态食品有水碾米、木榨

水碾米

木榨油

油，手工制作的剁辣椒和红薯粉等。

水碾米 水碾米如今亦不常见。水碾设施年长月久未加维修，引水沟渠漏水，水堤垮塌，水碾米磨未见修凿，损毁严重。加上无人看管，碾米费时，一般农户都有机械打米设备，集市更有先进的碾米设施，一般农户贪图快捷，不愿到水碾碾米。水碾米未经高温脱壳，碾米过程平缓，大米摩擦受力均匀，糠皮碾磨细腻，米质未经高温，营养成分保存完好。水碾米煮饭柔软、可口。

木榨油 榨油是较繁重、粗放的体力劳动，旧时榨油时多唱榨油歌，形同劳动号子，起到振奋精神、清除疲劳的作用。木榨油中尤以茶油最为珍贵。王家坪满山遍野都生长着茶树，尤以砂子垭种植面积最大。每年八月秋分时节正是采茶果的季节，茶果自然张开，茶米就自然脱落下来。每到这时满坡飘着采茶歌："茶子果果红得乖，打起油油下常德。买来针线送给妹，妹妹给哥好做鞋。"

木榨油靠人工撞击榨楔挤压油脂原料而成。木榨油需先将菜籽炒熟，再用油碾碾成细末，随后将油脂物用甑蒸熟，用稻谷草包裹，塞进榨槽，装好榨楔，以三人撞击榨楔，并逐渐加楔挤压，榨出油来。木榨油原料经两次炒蒸，所压榨的茶油或菜油均可直接食用，无须放在锅中加热煎熟。木榨油无论茶油或菜油均香气袭人，口味尤佳。

茶油是王家坪的一大特产，每年秋节，土家人上山采摘茶果，晒干后到村寨中的榨油房榨油，除自己食用外，多余的拿到集市上去卖，约 35 元 / 公斤。榨完油剩下的残渣被制作成枯饼，枯饼可用于杀虫消毒、施肥松土等。

七姊妹剁辣椒 七星椒又名七姊妹，生长于海拔500米，昼夜温差较大的黄土地或农田，当地农民已有数百年种植历史。1949年后，七星椒曾作为外贸出口的农产品。

七星椒剁辣椒开始生产时为农户小作坊手工制作，成为富有地域特色的调味品。2000年以后有大规模的机械加工厂家，成批生产剁辣椒。剁辣椒生产工艺较简单，先将新鲜红透的七星椒去柄，洗净晾干，随后加大蒜、生姜剁碎，用陶制缸罐加盐拌匀后压紧发酵，发酵缸须用塑料薄膜覆盖扎实，不可透气。1个～2个月后，发酵即成，将缸内七星椒翻透加适量白糖防变酸，加新鲜盐浸花椒，适量味精拌匀后，分装在陶制瓶罐或玻璃瓶中，上面加适量煎好冷却的茶油或菜油、芝麻油覆盖，放置于阴凉处待用，最好避光放置。

剁辣椒极少掺拌化学香料及五香粉之类，防止剁辣椒失去原味。人工手剁的七星椒品质高于机械加工剁切的产品，不当的添加剂会损失七星椒原本固有的清香。

红薯粉 红薯据传是明末清初从福建引进王家坪的，逐渐成为主要粮食作物之一。它的产量高、用途广，红薯是养猪的精饲料，薯藤又是猪的青饲料。红薯可熬糖、煮酒，做成红薯粉，均富经济价值。

剁辣椒

土特产品

王家坪镇土特产品很多，比较出名的有甜酒等茶类以及野生葛根、板栗、枞菌、蜂蜜、岩耳等。

油茶 将豇豆、杂豆、豌豆煮烂，将糯米炒香拌入其中，加上汤，放油、盐、酱、辣椒、香料、味精、姜末、葱花等配料即可食用。亦有将糯米糍粑用火烤熟，投入油茶中同食。油茶味道鲜美，清新可口，多作为招待客人的早点。

杜仲茶 是采摘杜仲树的嫩叶，经传统的茶叶加工方法制作而成的健康饮品，口味微苦而回甜上口，常饮有益健康，保健价值极高。饮用方法为把2克~3克杜仲茶放入杯中，倒入开水，闷3分钟，即成。

炒米茶 将糯米煮熟晒干，用沙子在锅里炒至酥脆，加上米糖或红茶，冲开水即可食用。还有一种糊米茶，是将大米用火炒得焦煳，变成黑色，再用清泉浸泡，喝起来有一股清香味。

灯笼果茶 山上的植物灯笼果，又名金缨子，等到秋天成熟，摘下来晾干。放一颗晾干的灯笼果在杯里，用开水冲泡，就是灯笼果茶。

甜酒茶 即用自酿的糯米甜酒当茶待客。甜酒平时用坛子封存，来客时，将糟取出，加水煮沸，用碗盛给客人喝。甜酒茶一般供客人喝酒前享用。

葛根粉 野葛生长在荒山野岭，其淀粉含量不及人工栽培的家葛，但其品质是家葛的2倍以上。野葛的淀粉积累需数年或数十年，人工栽培的家葛2年～3年就可采挖。野葛一般在秋冬季节采挖，刮净葛根表皮，切段，在石板上用木槌击打成绒状，随后放在水缸内用水搓揉葛渣，洗净淀粉。葛根粉用水洗好后，加贯众（一种助沉淀的植物块茎），滤尽杂质。将沉淀后的葛根粉从缸底铲起，做成圆形粑粑状，放在干净的火灰中浸干水分，再到太阳底下晒干或用纸包好挂在火塘上熏干。葛根粉加适量水搅匀后用开水冲熟，是老年人及幼童喜爱的食物，易消化，有退火、消炎的药用功效。

霉豆腐 将豆腐切成3厘米左右的方块，用清水煮沸。滤水后，装入木桶，置于高温处，令其发酵生霉，后用凉开水泡于坛中，加上食盐、胡椒、生姜片、辣椒末和少量白酒。密封几天以后，即可开坛食用，其味麻辣。

魔芋豆腐 魔芋喜阴凉，土层深厚肥沃地段两三年即可收获。魔芋洗净后，磨成糊状，并将其加碱水在木盆或其他器具内聚拢、拍实、成形，待魔芋凝固后，用刀切成豆腐大小，在放有烧碱的水里煮沸，反复3次～4次。魔芋豆腐煮熟后，用清水浸泡待用。煮熟的魔芋豆腐可炒、可炖，拌肉做成火锅是当地富有特色的佳肴。

枞菌 湘西北山区气候属亚热带向暖温带过渡类型，夏凉冬冷，雨量适中，很适合各类野生菌类的生长。枞菌一般都在雨后生长，营养丰富，含有丰富的矿物质、微量元素、氨基酸以及维生素。枞菌味道鲜美，枞菌炒肉是土家名菜。

蜂蜜 王家坪镇土家村寨自古以来就有养蜂的习惯，一般农户檐前屋后都有三五个蜂箱，甚至个别农户的谷仓、碗柜等器具都有分群蜜蜂所筑蜂巢。蜂蜜的成分除了葡萄糖、果糖之外还含有各种维生素、矿物质和氨基酸。蜂蜜的功用很多，是上等补品。与白芍、甘草等食用可缓急止痛；与乌头类药物同煎，可降低其毒性；对疮疡肿毒、溃疡、烧烫伤有解毒防腐、生肌敛疮之效；可治疗肠燥便秘；尤其是能润肺止咳，治疗久咳不愈、气阴耗伤、气短乏力、咽燥痰少等症状。王家坪的蜂蜜是蜂蜜采百花酿成，其中与鱼腥草、茯苓、五倍子等草药合用效果更是上乘，对治疗妇科疑难杂症疗效尤其显著。

岩耳 岩耳生在王家坪海拔1000米以上的石英砂岩峭壁之上，靠吸收岩石体内的

葛根粉

魔芋

枞菌

板栗

微量元素繁殖生长。岩耳宜作佳蔬食用，岩耳炖鸡、岩耳肉丝汤均是土家人明目养神、严防衰老的超级补品，具有消炎、滋阴润肺、补血补铁的功效。岩耳炖排骨与猪蹄，也是土家特色菜肴之上品。

板栗 板栗素有“干果之王”的美誉，外国人称之为“人参果”。遍布于王家坪境内的各个村寨，其中最为集中的地方是在杨柳池的森林里。板栗的营养丰富，果实中糖和淀粉含量高达 70.1%，蛋白质含量 7%。此外，还含脂肪、钙、磷、铁、多种维生素和微量元素，特别是维生素 C、B_1 和胡萝卜素的含量较一般干果都高。栗子营养丰富，除富含淀粉外，还含有单糖与双糖、胡萝卜素、硫胺素、核黄素、烟酸、抗坏血酸、蛋白质、脂肪、无机盐类等营养物质。板栗既可以和鸡鸭一起炖着当菜吃，也是一种美味的零食，是土家人喜爱的土特产品。

土家油灯

名人与名镇

王家坪镇人杰地灵，历史人物有进士郑国祥，湖南五大才子之一李尧，中南地区著名律师全文炳，烈士全德主、张雁南、全美玉，诗人全翼之，民间文学家张天赢，教育家欧化东，民间礼俗传承传播人李远喜，吊脚楼建筑师张回文，省级劳模欧大海等人。在他们的传承和影响下，王家坪镇土家人家风严谨，过着自给自足、与世无争的田原生活。父母勤劳善良，子女积极向上，各行业精英辛勤劳动和无私奉献，成为张家界市有名的学子之乡，中国民间文化艺术之乡。这里民风淳朴，民族风情浓厚，自然风光迷人。

历史人物

郑国祥（1648—1740） 王家坪镇关水坪村人。清康熙进士，历雍正、乾隆，被称为“三朝拟旨郎”，参与编纂《康熙字典》。明永历二年（1648年）五月二十三日，郑国祥出生于麻伊府，后随母迁至河道庄（今永定区王家坪镇关水坪村）。郑国祥3岁～5岁由母训教，便能背诵上百首诗词，聪慧过人。6岁～8岁，随在麻伊府任职的父亲居住，由师爷教授《四书》《五经》。清顺治十八年（1661年）参加乡试，首获百子冠，再夺两县千子冠。后被选送湖广总督府深造。康熙元年（1667年）于湖广总督府学会试，一举夺魁。接着丁未科殿试中一甲榜眼，受康熙钦点擢拔为预习拟旨郎。翌年擢拔为拟旨郎。

康熙十五年（1676年），郑国祥草拟《北镇祭》，得到康熙赞赏。康熙二十五年（1686年），郑国祥参与编纂《大清一统志》《三朝圣训》《政治典训》《平定三逆方略》《明史》等史书，屡受皇封，曾四次加俸银一级。康熙三十年至四十九年（1691年～1710年），郑国祥曾随康熙三次南巡北访。接着康熙帝降旨宰相陈廷敬总纂编修《康熙字典》，陈廷敬因理朝政国事，便荐郑国祥参与编纂《康熙字典》。康熙五十年（1711年），陈廷敬奏请康熙为其山西古宅撰联一副，康熙命郑国祥代撰。郑国祥挥毫：“春归乔木浓荫茂，秋到黄花晚节香”。此联由康熙书写，成为皇城相府之墨宝。康熙曾多次面谕雍正：“国祥智能兼备，可续任拟旨，望善用，并可辅左朝政。”雍正即位，郑国祥续任拟旨郎，助理政事。乾隆即位时郑国祥已87岁，上疏乞休荣归故里，可乾隆帝一时难择阅历丰富的拟旨，便挽留曰：“速选拟旨，望爱卿暂待。”半年内，访遍神州选了4人为预习拟旨郎，均不如乾隆旨意。就降旨郑国祥一面移交两朝先皇圣训资料，一面训导4位拟旨郎。乾隆五年（1740年）二月，郑国祥患心疾，自知难以再享天年，便将多年积存俸银交与乾隆“缮修福建炮台”。并嘱儿孙亲属：“丧事从简，不可张扬，微墓小碑，切莫负债。”当年四月二十九日病故。

李尧（1838—1908） 字玉犀，又名必有，清沅陵九都大溪（今永定区王家坪镇两河口村）人。湖南五大才子之一，光绪进士。王家坪素有“李尧的文章，翼之的诗”一说。李尧生于贫寒的农民家庭，幼年聪慧，天赋过人，读书过目成诵。年十五，即从案首入泮。沅陵府知府以“月明星稀照子地”属对，李尧应曰：“云淡风轻近午天”。两河口修建文昌阁，当地老秀才全能燮为石坊题写对联：“两河绿水朝金厥”，李尧脱口应曰：“一朵红云捧玉皇”。一代名师宿儒皆服其才，全能燮收其为义子，资助李尧考取功名。李尧当年赴京会试，礼部初试为本科会员，殿试一甲十八名，应入翰林，因家贫无钱行私，义父全能燮欲助之，李尧生性正直，不屑此道，后赴云南广西邱北县事，继补罗次县知事，云南第五次同考官，昆明知府。李尧深知民间疾苦，为官清正廉洁，体察下民，曾在县府衙大堂悬联曰：

“刑法当宽处便宽，草木亦上天生命。财可用俭时须俭，丝毫皆下民脂膏。”

此联曾被许多衙门广为袭用。李尧任职期间的俸银全部资助地方办学，以循兴学、富民、强国之道，身无分文积蓄。任期病故，无资运榇返乡，幸得同僚门生资助得以返乡。临运榇出昆明城时，万余昆明人民以猪羊为祭品，跪拜李尧灵柩，万炮齐鸣，送出昆明城外，李尧遗骨得以返乡，落叶归根。

李尧为改变家乡教育落后的现状，曾在砂子垭泰山庙创办“天香书院”传经授道。在李尧的推动下，王家坪所办私塾学堂如雨后春笋，马头山下习颂之声，不绝于耳，耕读育人蔚然成风，先后有 28 人取得进士、举人、秀才功名，辰州陆知府亲题“九都文化之乡”以示褒奖。李尧一生，著述颇丰，集《西道韵》等著作，未能付梓，尽失民间。

全翼之（1849—1892） 桥边河村人。全翼之，字忠良，同为李尧乡间同窗，博学多才，才思过人，一生功名不遂，教书育人，门生遍布沅陵、桃源、慈利、大庸边界四县，培养出一大批优秀文化人才。全翼之学富五车，才高八斗，为一时文人之冠，人皆爱其谈吐儒雅，谈笑风生，对答如流，引经据典，人莫能难之。一次全翼之游学沅陵古城，偶遇时任辰州夏知府，夏知府见其温文尔雅，谈吐不俗，问其为何人。答曰：“是读书人。”夏知府即以“是读书人”嵌顶命作诗，全翼之未见思索脱口占曰：“是否烟霞误此身，读书万卷落风尘。书中那见黄金屋，人不如人气煞人。”夏知府喜见其构思敏捷，以礼相待，后成为莫逆之交。全翼之在沅陵古城游学三年，返回家乡，时正值春水猛涨，顺水船速。全翼之在船上口占云：“水如平地浆如飞，一刻行人过九矶。横石有滩都不险，顺风船当马蹄归。”全翼之晚年受鸦片毒害较深，劝世人莫沾烟毒，诗曰：

“十指尖尖捧铁条，铁条上面结葡萄。一旦识得个中味，万贯家财被火烧。”

全翼之一生著作颇丰，因年代久远，大都遗落民间，所著《味唐新草》诗稿在湘西北地区广为流传，因通俗易懂，语言生动，脍炙人口，开创湘西北大地清新诗风。

全文炳（1879—1956） 王家坪镇两河口村人。中南地区著名律师。全文炳民国年间毕业于政法大学，博古通今，精通法律，为人正直，惩恶扬善，不畏豪强势力，一生专为贫苦百姓打官司，胜诉不计其数，被誉为湘西北贫民大律师。

龚启琼（1884—1960） 王家坪镇紫荆塔村人。湘西北著名儿科医师。龚启琼出生中医世家，自幼随父研习儿科诊治，独创儿科推拿疗法。一生悬壶济世，拯救儿童不计其数，为贫困人家治病不但分文不取，而且自贴药费，被称为“济世观音”。龚启琼为改变家乡缺医少药的现状，一生致力医疗人才的培养，门下高徒如云，遍布沅陵、桃源、慈利、大庸边界四县。一生著有《儿科辨证施治》《儿科推拿手法》等中医学手稿，但未能付梓，遗失民间。

全德主（1886—1958） 王家坪镇紫荆塔村人。中共湘西北地下工作站负责人，曾任贺龙的联络员。全德主以理发职业为掩护，借助湘西北贸易古道必经之桥，商贩、行人、军队和地方武装往来之便，收集军事等情报。1934 年，贺龙密令全德主扩大红军队伍，组织武装起义，以策应红二、红六军团长征北上。全德主与张雁南共同策划在王家坪境内发动农民武装起义，与贺龙部会合，随军北上。起义失败，全德主身份尚未暴露，贺龙指示全德主继续潜伏下来，继续收集各路情报。为保证全德主和情报站的安全，贺龙亲授“甘草、三钱”的联络暗语。1935 年 11 月，红二六军团在桑植誓师长征，突破敌军澧水防线，贺龙率红二、红六军团进入王家坪境内休整部队，补充给养。根据全德主提供的情报，将当地几个豪强、地霸抓捕枪毙，所有田地财产全部没收，除留下少量充实给养外，其余全部分发给当地贫苦百姓。贺龙将军对全德主情报工作予以高度评价，并安排全德主执行长期潜伏计划，亲自为全德主开具中共地下党员的身份证明，以便日后与党组织联系。后来全国解放，全德主已是古稀之人，神志不清，将贺龙出具的身份证明不慎遗失，后病故在郭家湾风雨桥。

张雁南（1898—1934） 王家坪镇韭菜垭村人。张雁南在沅陵、常德求学期间，结识了一批进步学生，决心弃笔从戎，报效国家，他在《咏志》诗中写道：“而今世事异寻常，欲挽狂澜少主张。无处扰戈气郁郁，有怀投笔志昂昂。枪林弹雨告他国，抓穴兔巢还我乡。愿为华夏奇男子，扫清俘虏见天光。”1926 年，张雁南聚集一批志士好友赴广州投考黄埔军校，因无人推荐，未遂心愿，返乡后与冯冠雄、全德主，秘密往来策划农民起义暴动。1934 年 10 月，全德主受贺龙指示，与张雁南策划农民起义，策应贺龙、萧克率红二、红六军团向湘西挺进，立即在王家坪组织农民起义，成立游击大队。王家坪镇农民闻风而至，不到两月，游击队发展到 300 多人，张雁南任大队长，他们提出了“投奔红军，北上抗日，还我中华”的口号。12 月 8 日，游击队开赴桃源观音寺与冯冠雄部会合，遭常澧警备司令刘运乾围剿被捕，后被押往常德，牺牲于常德小西门处飞机坪。

全美玉（1908—1934） 王家坪镇石堰坪村人，黄埔军校第五期学员。全美玉曾在贺龙部下任团长，文武双全，战功卓著。1936 年赴上海抗日前线，从此杳无音信，当年所写家书载：“大敌当前，民族危亡，儿乃军人，必当捍卫中华，决心与日寇决一死战，言来凶多吉少，尔后若无消息，儿必为国捐躯矣。”其兄全宝玉，黄埔军校第六期学员，文武全才，1926 年参加北伐战争英勇善战，屡建奇功，与弟全美玉赴上海抗战，为国捐躯。

李远喜（1912—1992） 王家坪镇紫荆塔村人，土家民间礼俗传承传播人。李远喜毕生搜集整理土家民间礼仪资料，传播土家民俗礼仪，编成《告祖礼》《土家婚俗》《土家讲茶》等手稿 50 万字，因年长日久，未能付梓，手稿遗失，为传承、传播土家民俗礼仪文化付出一生。

张桃妹（1917—1960） 又名张友桃，王家坪镇邻近七甲坪镇五家湾人。出生在一个贫苦的农民家庭，17 岁嫁给比她小 9 岁的金家少爷。金家对她百般虐待，经常打骂，不给饭吃。张桃妹不堪金家凌辱打骂，离家出走，来到王家坪一带师从著名歌师梅世玉等土家歌手学习土家民歌。张桃妹勤奋好学，加上悟性过人，芳年二十便成为王家坪、七甲坪一带有名的土家歌手，在湘西北土家山歌擂台赛一路过关斩将，夺得歌王桂冠，对推动王家坪及周边乡镇土家民歌的繁荣发展起到了巨大的促进作用。

张桃妹从一个贫苦农家的女孩子，成长为一个享誉湘西北著名的土家歌手。她以自己的聪明才智，把土家民歌唱遍湘鄂边区、湘西北大地；以卓越的土家民歌才华，把土家民歌唱到北京的中南海，唱响中国少数民族民歌歌坛。她是土家民歌杰出的歌手，在湖湘大地产生了巨大影响，为传承传播土家民歌，做出了巨大贡献。

1958 年，张桃妹参加全国少数民族民歌会演，在中南海受到党和国家领导人的亲切接见，表演土家民歌。1960 年 4 月走过 43 年的短暂一生，在几十年的唱歌生涯中，她将土家民歌艺术推向一个时期巅峰，至今无人能及。她虽然走了，但她的歌在湘西北的湖湘大地广为流传。

欧化东（1920—2003） 又名欧存心，王家坪镇伞家湾村人。湘西北著名民间教育家。欧化东学识渊博，善诗词，工书法，一生无意仕途，一心教书育人，为沅陵、桃源、大庸、慈利边界四县培养一大批人才。桃李遍布湘西北大地，有的成为军政高官，有的是文学艺术界名人。一生著述颇丰，有《存心文集》《存心诗集》，欧化东论其才学、人品，被后世称为“一代文化宗师”，其撰写的《马头桥碑序》令世人称道。

张回文（1920—2003） 王家坪镇居委会人，湘西北著名土家吊脚楼建筑师。张回文年少师从当地土家吊脚楼建筑师启木匠。他大字不识，凭着土家族人的那种顽强不屈的精神，继承和发扬了土家族吊脚楼的建筑艺术风格。年仅十五岁出道，独立设计、修建土家吊脚楼，从事土家吊脚楼建筑 50 多年。50 年来，张回文认真研究土家吊脚楼建筑工艺，博采众长，将土家建筑工艺推向一个高峰。50 年来建筑土家吊脚楼不计其数，成为湘西北著名土家民居土家吊脚楼建筑匠师。

欧大海（1921—2001） 王家坪镇黄粟界村人，省劳动模范。欧大海出身贫寒，小学二年级文化。1955 年到 1960 年担任村支部书记。1968 年，土家坪丹寺洞被定为永定区重点引水工程，欧大海出任指挥长。丹寺洞是一条大峡谷，荒无人烟，条件十分艰苦，工程需要开一条几百米长的隧洞穿到阴河接水，整个永定区就一支风钻队，并且只有一部手握式钻机。在一次排哑炮时，队长庹凤九惨遭不幸，另有几名工人炸成重伤。一时人心惶惶，欧大海一户户上门接工人，逐个做思想工作，大家的情绪才稳定下来，花费一年多时间打通了隧道。接着要砌 100 多米高的拦河坝，沙子、水泥等所有物资都要经 4 千米的人工搬运，欧大海带着工人肩扛背负，苦战一冬春才竣工。在欧大海的带领下，工人们用钢钎、锤子人工打眼放炮，开通了两万多米的水渠，1972 年水通王家坪。在整个工程中，欧大海四年没回家过年，幺女出嫁也没回去。工程竣工后，大海出任丹寺洞水利管理所所长，几乎天天在渠道上维修巡视。在一个风雨交加的夜晚，欧大海病故在沙子垭的一段渠道上，一手握着锤子，一手拿着手电，一支钢钎还插在渠道的闸门上。

张天赢（1932—2011） 民间文学作家，土家民歌学者。张天赢年少聪颖，读书刻苦用功，后因家境艰难，无力深造，返乡务农。他在农闲工作之余，遍读群书，踏上了艰难而漫长的民间文学创作之路。先后创作 180 多万字的武侠小说，30 多万字的散文游记作品，上万首古体诗词楹联作品，出版了中篇武侠小说《圣剑夙缘》、古体诗集《天赢诗选》。参与了镇文化站组织编写出版的《马头诗集》共六卷，以及《马头歌集》《王家坪乡志》《王家坪的文》《王家坪的歌》《王家坪的诗》《王家坪的庙》等王家坪土家民族文艺丛书的编辑、撰稿工作。古稀之年参与镇文化站发起的对土家民族文化遗产保护抢救工作，编写成《桃妹之歌》，使这些珍贵的土家民族文化遗产得以传承。

名人与王家坪

1999 年 6 月，世界文化遗产开发公司总裁迈克尔夫妇、美国《国家地理》杂志著名摄影家蒙盖尔考察紫荆塔村龚家湾、大垭湾土家吊脚楼、土家歌舞。

2002 年，日本关西大学社会学家、巫傩文化学者山路胜彦夫妇考察紫荆塔龚家湾土家吊脚楼、傩技巫术“上刀山、下火海”等巫傩文化。

2007 年，世界自然遗产基金会总裁安迪及国务院新闻中心记者团一行观摩“石堰坪土家农耕文化艺术节”。

2007 年 8 月，丹麦皇家摄影家协会主席彭忠民考察关水坪、紫荆塔土家吊脚楼、土家民俗风情。

2008 年 10 月，美国科学院院士世界著名科学家查理·格鲁斯考察土家吊脚楼、传统水碾坊、木榨油坊等民俗建筑。

2008 年 10 月，新华社著名摄影记者杨飞考察关水坪、紫荆塔等村土家吊脚，被称为“张家界宣传第一人”。

2010 年 6 月，著名国画师范阳带领 48 名研究生、博士生到石堰坪、紫荆塔写生土家吊脚楼，题赠“土家原生态、人文吊脚楼”书法条幅。

2012 年 5 月，中央美术学院教授邱振中考察关水坪村土家吊脚楼及土家民俗风情，为镇文化站站长李炎雄题赠“土家文化传承”。

2012 年 7 月，中央民族大学教授冯颜明带领研究生 50 人，考察土家文化、民俗风情。

2012 年 10 月，《中国国家旅游》杂志主笔陈赐贵考察王家坪土家民俗风情，为镇文化站站长李炎雄题字“王家坪镇土家文化旅游开拓者”。

石堰坪吊脚楼

王家坪镇烈士名录表

表 8

姓名	性别	住址	名称
张安南	男	韭菜垭村	红军烈士
欧福山	男	黄粟界村	红军烈士
全化龙	男	桥边河村	红军烈士
王其章	男	桥边河村	抗美援朝烈士
欧喜堂	男	木山村	红军烈士
全德主	男	紫荆塔村	红军烈士
欧高宏	男	紫荆塔村	烈士
欧安华	男	伞家湾村	烈士
欧志浩	男	伞家湾村	烈士
欧中廷	男	伞家湾村	烈士
欧国礼	男	伞家湾村	抗美援朝烈士
石生海	男	桥边河村	红军烈士
龚时爱	男	桥边河村	红军烈士
吴愈培	男	桥边河村	红军烈士
全福义	男	桥边河村	红军烈士
燕星明	男	石堰坪村	红军烈士
王其章	男	桥边河村	抗美援朝烈士
欧星浩	男	王家坪	烈士
张朝品	男	八家河村	烈士

王家坪镇各行业精英人物表

表 9

姓名	性别	出生年月	村别	类别
张朝汉	男	1932 年 8 月	韭菜垭村	土地戏传承人
张　彬	男	1980 年 8 月	韭菜垭村	高级网络工程师
李玉章	男	1992 年 8 月	韭菜垭村	空军飞行员
张兴武	男	1938 年 6 月	砂子垭村	高级制造工程师
龚冠雄	男	1938 年 6 月	砂子垭村	草龙灯传承人
张南针	男	1938 年 6 月	木山村	土家民歌传承人
全界珍	男	1939 年 6 月	八家河村	狮子灯传承人
龚桂梅	女	1940 年 8 月	关水坪村	土家民歌传承人

续表 9

姓名	性别	出生年月	村别	类别
郑明华	男	1958 年 7 月	关水坪村	土家长龙宴传承人
张楚圭	男	1935 年 8 月	王家坪居委会	高级地质工程师
李锦英	男	1943 年 6 月	王家坪居委会	高级建筑工程师
张默然	男	1948 年 6 月	王家坪居委会	土家中草药传承人
张兴才	男	1951 年 8 月	王家坪居委会	诗歌传承人
张兴华	男	1956 年 8 月	王家坪居委会	教授留学加拿大
张辉兵	男	1980 年 1 月	王家坪居委会	高级软件工程师
欧宏鑫	男	1942 年 6 月	汪家垭村	土家礼仪传承人
李远喜	男	1932 年 6 月	紫荆塔村	土家告祖礼仪传承人
龚中正	男	1943 年 6 月	紫荆塔村	中医儿科传承人
李炎雄	男	1952 年 8 月	紫荆塔村	土家文化传承人
龚兵雄	男	1958 年 8 月	紫荆塔村	中医儿科推拿传承人
龚安婵	女	1959 年 6 月	紫荆塔村	阳戏传承人
龚中健	男	1962 年 8 月	紫荆塔村	安康食品创始人
龚辉浓	女	1981 年 4 月	紫荆塔村	国家一级建造师
李晓明	男	1981 年 8 月	紫荆塔村	高级机电网络工程师
张金军	男	1982 年 6 月	紫荆塔村	高级网络工程师
李晓峰	男	1982 年 8 月	紫荆塔村	高级网络工程师
高伯元	男	1951 年 2 月	泗墩溪村	渔鼓传承人
全子雄	男	1949 年 6 月	石堰坪村	阳戏传承人
全昱东	男	1962 年 4 月	石堰坪村	食品研究员
商春松	女	1998 年 2 月	石堰坪村	国家体操队队长
燕普云	男	1951 年 6 月	两河口村	傩技传承人
全耀章	男	1951 年 8 月	两河口村	土家礼仪传承人
张宏鹏	男	1978 年 9 月	两河口村	西北工业大学教授
张亚凌	男	1980 年 2 月	两河口村	高级软件工程师
欧宏繁	男	1951 年 8 月	伞家湾村	高级地质工程师
欧惠蓉	女	1955 年 6 月	伞家湾村	茅古斯传承人
全凤霞	男	1962 年 7 月	伞家湾村	教授
李海平	男	1958 年 6 月	马头溪村	阳戏传承人

王家坪镇模范人物表

表 10

姓名	性别	获得荣誉时间	住址	劳模名称
全宗香	女	1958 年	紫荆塔村	县劳动模范
李炎雄	男	2008 年	紫荆塔村	中国幸福家庭（土家族）
李炎雄	男	2009 年	紫荆塔村	湖南省少数民族幸福家庭
李炎雄	男	2013 年	紫荆塔村	湖南省五一劳动奖章
燕宜勇	男	2013 年	紫荆塔村	张家界市第二届助人为乐道德模范
李炎雄	男	2013 年	紫荆塔村	张家界市第二届敬业奉献道德模范
李炎雄	男	2015 年	紫荆塔村	市劳动模范
张兴云	男	1968 年	砂子垭村	县劳动模范
龚海宴	男	1969 年	砂子垭村	县劳动模范
李占清	男	1978 年	砂子垭村	县劳动模范
李开科	男	1968 年	宋家溪村	县劳动模范
朱良楚	男	1974 年	宋家溪村	市劳动模范
欧生荣	男	1954 年	木山村	县劳动模范
张南针	男	1981 年	木山村	县劳动模范
欧荣钦	男	1970 年	黄粟界村	市劳动模范
欧大海	男	1970 年	黄粟界村	省劳动模范
张子海	男	1979 年	老龙口村	省邮政劳模
李锦葵	男	1972 年	王家坪居委会	县劳动模范
龚云璋	男	1986 年	汪家垭村	市劳动模范
张凌屏	男	1988 年	石堰坪村	全国优秀文化站长
全建国	男	2009 年	石堰坪村	省劳动模范
商金周	男	2006 年	泗墩溪村	全国计划生育协会先进个人
李东明	男	2013 年	马头溪村	中国最美农技员

艺文杂记

王家坪镇地处大山深处，是土家族民族风情古镇，民间趣事较多，传说古老而神奇。

民间传说

归蛇

相传旧时学归蛇的人首先要立誓，不能捉蛇吃蛇。归蛇时，首先要看准蛇窝，一次可归来数百条或上千条。归蛇前，燃一撮香纸，念动咒语，画一个符号，各种各样的蛇一齐聚来，直到最后来一条小红蛇，算是归完。归蛇后还要散蛇，再念散蛇咒，如果不会散蛇，归蛇将是很危险的。这一绝技在解放前较为流行，现土家族很少有归蛇传人了。

鸳鸯柳的传说

从王家坪镇北行十多千米，便到了德修溪，沿河直上，远远望去有一大片柳林，林中有两株两人合抱的老柳树各自从两岸数丈宽的河面弯着身躯，最后在离河面几丈高的上方互相缠绕、依偎着。

据前辈说，这是两株神树，能治病救人。相传在清朝时期，树旁不远处住着一户人家，家有三子，其中二子人称二哥，娶一土家族姑娘为妻，妻子聪明伶俐，勤俭持家，家有这样一位女人，也就省了许多心事，大凡有人问："二哥，几时栽秧。"二哥便会回道："我还没与女人商量。"再有人问："几时割谷，你田里的谷黄了哩。"二哥一口回答："问你二嫂去"。久而久之，就形成了以女人为核心的小家庭，邻里便戏称二哥怕老婆。

一日，见家里米不多了，二哥便挑了一担谷子去碾米，沿河直下一里多路，有一座古老的风雨桥畔，只见桥头挂一联为："一水鱼虾相娃戏，三潭瀑布比抒情"。再看风雨桥飞檐翘角，脊顶上龙飞凤舞，是典型的土家族吊脚楼的建筑风格。过桥后经数十级石板路，有一栋木瓦结构的三间吊脚楼，第一间开了一座木榨油坊，有三个人正在榨油，嗨嗨的号子声与咚咚的撞击声，响彻河谷。火炕上架着铁锅，锅里是腊肉炖黄鳝，旁边一个小方桌上放了一大碗淋了糖汁的油粑粑。二哥来时，见三人忙着，便没有招呼，径自到旁边的房间碾米，油碾坊的下面是几亩宽的深潭，潭里鱼儿成群。说起这几位榨油的，一位是专职油匠，沉默少言，肚子里很有戏文；再一位是人称秀才，诗词歌赋样样皆能；年纪小的一位更是远近闻名的“雀宝”，家里排行第四，人称小四，专与人找乐子。小四看到隔壁碾坊里的二哥碾好了米，撒了几把米给小雀儿，又撒了几把给潭里的鱼儿，便端了一碗米饭，夹了几块腊肉和一条大黄鳝，沿着临潭的长廊来到碾坊里。对二哥说：“二哥，吃了早饭再回去，我们今天的菜是腊肉炖火炼圈。”当时小四见二哥推说有事，便激道：“你是怕老婆不敢耽搁，不敢吃。只要你敢给鱼儿浇一瓢米和糠，我便敬你三大碗酒，另加一块盖面肉，一条一斤重的黄鳝，也敬给你。”见二哥还是迟疑不决，小四一边撕着黄鳝，一边转过身子，自言自语道：“看来，二哥怕老婆是名不虚传的。”话音刚落，便听得潭里哗啦啦一声响，抬眼看去，只见水面上糠粉飞扬，白米激起一层浪花。小四推着二哥说：“好角色，一起喝酒，吃盖面肉和大黄鳝去。”

四人围着火炉，吃着肉，喝着酒，大家闹着要行个酒令，说个笑话，最后定下来对对子。“雀宝”小四正夹着腊肉、吃着黄鳝，触景生情的吟了一句上联：“腊肉黄鳝确实香”。秀才夹了一个油粑粑，喝了一口米酒，其味甜甜的，便应了一句：“米酒粑粑格外甜”。这时“雀宝”小四抬头见二哥低头喝闷酒，见其浓眉大眼的高大汉子，而得了一个怕老婆的绰号，随即便启了一句上联：“五尺汉子怕老婆”。二哥见是针对自己而言，不由得涨红了脸，回想往事，平时妻子在生产上、家务上盯得很紧，但在生活上是体贴的，总的感觉是爱自己的，再想到妻子的那一双小脚，走起路来像杨柳一样轻盈，正合了戏台上讲的三寸金莲，不由得灵机一动，便得了一句：“三寸金莲爱男人”。大家不约而同地贺了一声彩，有敬酒的、夹黄鳝的、夹盖面肉的，弄的二哥反而不好意思了。这时，秀才见潭里的鱼儿，时时跃出水面争抢食物，便起了一个五字句：“一潭鱼儿跃”。平时不太言语的专职油匠，见榨里的油流成了一条线，从而也得了灵感，对了一句：“满屋菜油香。”

二哥酒足饭饱后回到家里，妻子收拾妥当米后，发现糠和米少了不少，问其原因。二哥不敢隐瞒，二嫂听了便数落着。这样，二人你一句，我一句地吵了起来，最后还打了起来，闹得不可开交。二哥便趁个空子走了出来，在古柳下止了步，喝了几口柳旁泉水，就在青石板上坐了下来，抬头看柳。二哥发现沿河数百株柳树，枝繁叶茂，形态各异，尤以眼前的两株竟是如此的有灵性，各自从两岸弯着身子，在河心上相拥，两株具有灵性的树，自幼苗开始向对岸生长，一点一点地长高、长大，长成今天的合抱大树，这需要多少年、多少天、多少个日夜。在河心没有错开，方向准确，没有擦肩而过，且弯曲的角度相同，合起来的树身，形成一道标准的拱门。这时，二嫂也来了，也喝了泉水，之后人们发现，二哥、二嫂在茶余饭后，经常双双来到柳树边一坐就是一段时间，来了两人就非要喝些泉水，抬头看一会柳树。从此以后，二哥、二嫂再也没吵过架，十分恩爱，更为奇怪的是，二嫂嫁过来十多年了未有身孕，喝了泉水后，人们慢慢地发现二嫂的肚子大起来了，不久就生了一对龙凤胎，男孩长大后做了大官，女儿成了当地有名的女文人。几年后，几个人骑快马来到柳树旁，并栖宿在树下，清晨在古柳上摘树叶子，有人上前打探原因，得知他们是常德一欧姓员外的管家，因员外家的小姐得了病，四处求医无效。后来有一对柳氏夫妻的路过，说可为小姐治病，但必须要用这两株古柳的三片叶子作药引，用柳旁的泉水熬药，小姐才能有救。

过了十多天，常德的欧氏外员带着小姐、管家及十多个随从，在古柳的不远处建了一座小寺，取名柳仙寺，并仿照那对柳氏夫妻的模样塑了金身安放在寺内。柳仙寺塑像建好，仙寺落成，前来烧香、取水、求子、还愿的人络绎不绝。随来的小姐说这里风水好，可以得到柳树保佑，不愿再回常德。员外没办法，只得依了女儿，全家举迁，在德修溪置田买地，在古柳的旁边建房基，依土家族的建筑格局修建了三栋吊脚楼。每逢青黄不接时，还主动救济穷人。后来，他们还开了药店，专为贫苦人民免费治病，在清末民国初时连续两代出了两位著名中医，传说其医术是柳氏夫妻梦里所传，药引都离不开门前古柳的叶子，药也必须用树旁的泉水熬煎而成。故此，至今寺前仍香火不断，树旁泉水涓涓。

杨柳池的传说

很早以前，在王家坪镇东北方向有一杨姓和柳姓两户人家合开了一口数十亩的池塘，池堤上按各姓遍植杨树和柳树，到了明末清初，两家人丁不兴，杨家单生一男，取名杨山，柳家独得一女，取名柳英。又过了几年，杨家更是惨遭不幸，杨山父母双亡，其舅见其可怜，便将杨山带到山外很远的地方去了。

转眼十多年过去了，一天时值盛夏，荷花正艳，一名白面书生来到这池塘边，坐在池边的大石上，手握钓竿，眼睛专注着浮漂，不时地望向对面掩映在绿柳之中的那座大院。这名书生便是杨山。大院前面有一条小径，穿过几丛修竹，便有一栋小阁楼，小楼一侧，一座小桥直达池中的一座小山，小山四面临水，山上绿柳成荫，一株高大的梧桐树下，建有一座八角凉亭，真是玲珑剔透，别具一格。

凉亭前沿着十来级石阶可到池边，此时靠池边的一块光滑的大石上有一位少女正在浣纱，抖动的水花在阳光的照映下，池面泛起一阵阵金色的涟漪。杨山看得有些呆了，心里想，传说柳小姐天姿国色，这次回来一是想见见这位才女，再是想看看自己的家，没想到自己偌大一座庄园只剩三间瓦房了，若不是远房的姨妈居住着、维修着，恐怕三间瓦房也没了。想到这些，不觉悲从中来。

夕阳西下，一位少年走到池塘边，该少年是杨山姨妈的儿子叫全波，由于从小在池里游玩，练就一身好水性，人称“水鸭子”，问：“哥，你钓了一个星期也没钓到什么鱼，今天钓到多少了？”“运气不好，鱼不上钩”，杨山回答。水鸭子打趣说：“愿者都上钩，人家不愿呢？”水鸭子接着说：“我倒有个法子，看鱼儿愿不愿呢？”说完便附在杨山耳边说只需如此这般即可见分晓。

次日，杨山和水鸭子同坐池边垂钓，近午时候，水鸭子一个猛子就游到了对面的大石头上，洗衣姑娘笑骂道：“死水鸭子，又来讨姑娘骂了。”水鸭子满脸是笑道：“我这次是做月老来了。”“呸，你也配做月老，真是笑掉大牙了。”水鸭子不仅不生气，反而笑嘻嘻地从怀里掏出一包东西交给少女，少女板着脸说：“谁要你的东西了，让老爷看见成何体统，还不快走。”水鸭子说：“这东西是我表哥杨山送给柳小姐的，我只是做个传递而已，杨相公求你帮忙转给柳小姐。”没等少女回复便扑通一声跳入池中。

一连几天杨山与水鸭子都在池边，过了一些时日，送去的信仍未得到任何消息。杨山夜不成眠，忽有松涛阵阵，突然下起雨来，便披衣而起，坐在窗前，举起酒杯，喝了一小口，又放下杯子，对着窗外的梧桐夜雨叹了口气，信手拈来“浪淘少”一阙：

把酒立窗前，风卷珠帘，深夜渐冷未成眠，应是梧桐声叶脆，细雨缠绵。

寂寞故乡还，万里河山，不知今日是何年，身处深山难入梦，梦里团圆。

水鸭子无意中见了这词，笑说表哥太书呆子气，说那柳小姐从小读书识字，才貌双全，不是随便见得着的。

这一日，忽然从对岸传来一曲琴声，寻着琴声望去，一位古装少女，端坐亭中，十指尖尖，轻拨瑶琴，数十只白鹤从远处飞来，到池心旋了一圈，齐齐落在亭前的梧桐树上，周围很静，只有那琴声铺在水面上。水面上泛起了一阵阵涟漪，此时没有风，这涟漪是琴声荡起来的么，那定是鱼儿游向了凉亭，那不是应了沉鱼落雁之容的古语么。杨山的钓竿不觉脱了手，水鸭子急道：“表哥，你的钓竿脱手了。”一曲高山流水奏罢，小芳扶着小姐款款而去。自那以后，杨山更是难以自拔。忽一日，他独自出门散步，远见小姐丫鬟小芳一边洗衣一边唱道：“闲游池边打一望，荷花出水浪花香，心想采朵荷花去，一无船来二无桨。”唱完，随手摘下一朵荷花，放在水面上。于是，碧水托着荷花，慢悠悠地荡了过来。到了池心，荷花害羞地打着旋子，怎么也不肯过来。杨山见了非常着急，就要跳入池中，水鸭子赶紧拦住说：“表哥，别急，让我来。”说完，折下指来粗、寸多长一截树棍，捆在钓丝上一扔，慢慢将荷花拖了过来，两人闹着到了书房，打开一看，一张白宣没有字，单画了两只白鹤，一座高峰，两人都是莫名其妙。吃晚饭时，见杨山吃得很少，姨妈问其原因。水鸭子不顾杨山频频踩脚，尽道其因。姨妈夫妇想促成两人姻缘，非要看纸卷不可。杨山无法，只好拿了出来，姨妈见了说：“白鹤。”顿了一下，再念“山”又顿了一下。姨父脱口而出道：“那不是白鹤山吗？”姨妈接着说：“好聪明的才女呀！那一定是约你去白鹤寺相会。”原来，离池不远处有一座高峰，当时由杨柳两家出资建了一寺，由一名童颜鹤发的道人当主持，人称白鹤道人。久而久之，人们便称这高峰为白鹤山，称该寺为白鹤寺。

到了白鹤寺，杨山抬眼望去，山门有一联，上联是“白鹤仙人传道法”，下联是“慈航普度有缘人”。山门上首“白鹤寺”三个大字。过了片刻，见小芳扶着小姐进了山门，沿着走廊到了观音阁。杨山与水鸭子进来的时候，见小姐正捧着檀香朝观音拜了下去。杨山一时手足无措，小芳见了便燃起一支香给杨山，将小足朝杨山小腿轻轻一勾，嗔道：“见了观音菩萨还不下拜。”说完拉着水鸭子说：“水鸭子我们去前殿看看。”杨山拜了几拜，便誓道：“菩萨在上，杨山今生今世非柳小姐不娶。”柳英见杨山文采好，又是一表人才，也很是欢喜，遂一同发了誓。

出了观音阁，柳英左思右想，不觉有些感伤，问其原因，柳英说父亲曾扬言要她嫁个有功名的人。这该怎么办呢？二人商量，由柳英资助盘缠，杨山待秋后去考取功名。

光阴短暂，转眼将到秋天。一日清早，柳员外起来散步，见小芳怀里抱的衣服沉甸甸的，便叫住打开一看，是一堆白花花的银子。被逼无奈，小芳只好尽道其详，员外怒唤夫人，夫人哭诉着说：“事已至此，得想个万全之策。”到了次日，路人皆见池堤上的一株大柳树上贴了一张柳员外以文招亲的告示。于是，堤上坐满了人，数十个纨绔子弟、王孙公子，跃跃欲试。其时，天已过午，轻风阵阵，杨柳多姿，柳员外便指着以这片柳林为题，随口一律，谁快谁好定为东床。结果是杨山的“盛夏时候景色新，柳林成片最销魂。西阳西下莺声脆，玉兔东升柳影清。似线青丝挂满树，如仙舞女落风尘。言欢把酒君微醉，脉脉含羞等路人”。最为出色。杨员外见杨山才思敏捷，与之谈古论今，对答如流，加之一表人才，又是故交的儿子，满心欢喜，给了足够的盘缠，让杨山进京求取功名。

杨山赶考是下山到两河口坐木排走的，可这一走再也没有回来，其原因众说纷纭，无以考证，只苦了柳英小姐，成天坐在池塘前的高峰上，不断念叨着：“西厢待月是从前，杨柳连枝应有缘。比目鱼儿同戏水，荷花并蒂盼团圆。”这首水鸭子托小芳转给她的诗。这样过了数年，柳员外在这座孤峰上筑了一小庵，供柳小姐避风躲雨，人们便称这孤峰为望郎峰，而这方圆数万亩的大山，因杨柳两家合开的大池塘以及两家凄美动人的故事而称为杨柳池。

后来，有一游方道人在池堤上的大石上题诗：“杨柳池边白鹤飞，多情自古多伤悲。佛前同许终身愿，望断天涯郎不归。”

鬼画桃符

桃符是古代一种习俗。古时元旦用桃木板写神荼、郁垒二神名字，悬挂门旁，以为能压住邪气，马签“续事始”中《玉烛宝典》曰：“元旦造桃板著户，谓之桃符。”宋代书法名家孟昶在桃符题联：“新年纳余庆，佳节号长春。”由此，古代挂桃符驱邪的习俗演变成挂春联而代之，表喜庆的民俗。

鬼画桃符是土家族极具讽刺意义的俚语，原本驱邪镇鬼的桃符怎能是鬼所画？后来把写字潦草，不易辨认的行为称之为鬼画桃符。

大海之歌

雨后初晴，朝霞辉映群峰，阵阵轻风，将薄薄的雾一会儿撕成一缕缕青烟，一会儿又截成一段段白练，在悬崖上，在丛林里漫延开来，一时间丹寺洞大峡谷里紫雾蒸腾，霞光点点，好不壮观。

透过那层如梦如画的薄雾，可见从崎岖的山道上走来一老一少，老的手捧一大把草药，少的手提一只锦鸡，两人好不高兴，原来在几年前，在县委、县政府的领导下，决定解决王家坪的干旱问题，经专家勘测，乡镇领导反复研究，报上级有关部门批准，决定将丹寺洞阴河水引到王家坪，计需凿两百多米隧道，砌近百米的拦河坝，修近两万米的水渠，决定任命共产党员村支部书记欧大海为工程指挥部指挥长。

提起欧大海，王家坪的人民都赞不绝口，他在旧社会给地主放过牛，解放后50年代加入中国共产党，是一位优秀的共产党员，被评为全省劳动模范。在他的带领下，丹寺洞沸腾了，一时间炮声隆隆，硝烟四起，隧道工程进展顺利，可在前几天，炮后排哑炮，出岩渣时，洞顶一块岩石掉下来，将走在前面的欧大海砸伤了左肩，虽是因公负伤，但欧大海坚决不肯住院，仅让事务长用草药治疗，好在丹寺洞到处是奇花药草、山珍野味，事务长采药时顺便下了几付套子，套着了一只锦鸡。这一老一少走进工棚，其他职工都出工了，只有欧大海躺在大铺上，事务长告诉大海，自己上山菜药时套了一只锦鸡，好为他补补身子。可欧大海说锦鸡是保护动物，怎么也不同意。事务长见大海伤了好几天还不能动，身躯日渐消瘦，便对少年说："我去熬药，你去杀鸡，给指挥长熬点鸡汤喝。"欧大海无可奈何，见两人将出大门，便喊道："小李子，你去磨刀，就在这里杀，将鸡拿过来让我看看"。待两人出去后，欧大海用右手将鸡按在床沿上，侧身俯着，口咬缚翅缚脚的青藤，待青藤断了，手一松，那锦鸡拖着尺来长的尾巴，扑棱棱一阵乱飞，从进门的事务长头上掠过，事务长望着地下的几节青藤和几片羽毛，两眼含着泪水，呆立在床前。欧大海见了，便笑着说："你们的好意我心领了，以后谁也不准捕杀保护动物，如果我们都不捕杀，全国人都不捕杀，等十年、二十年，遍地奇珍异兽，这将是一笔多么巨大的、不要分文投资的财富啊！"

几天后，工棚门前立着一块告示牌，上面写着醒目的大字——"严禁捕杀保护动物，违者重罚"。

欧大海就是这样一个清正廉洁、任劳任怨、艰苦创业的基层干部。

在大海的带领下，经过两年多的艰苦奋战，隧洞凿通了，由于水位太低，需砌一道近百米高的堤坝堵水，丹寺洞不通车路，钢筋、水泥等物资要从几十千米的地方由人工搬运，大海左肩不能挑，靠一只右肩，凭着共产党员钢铁般的意志，与大家一起，天天搬，天天挑。

一天晚上，大家都睡了，欧大海走出工棚，此时已月过中天，月华似水，秋风拂过群峰，踏着林梢，带起阵阵松涛，大海迎着松涛的韵律，走上一条山径，不时有落叶斜飞过来，前面的林子里有沙沙的风声，大海的心越发不能平静，几天前夫人来工地接大海回家，临别扔下一句话："你已经几年没回家了，这次嫁姑娘可要回来呀！"明天就是大海嫁姑娘的大喜日子，这是大海的幺女，平常视为掌上明珠，如不回家，一生一次的大事，女儿怎么想？可眼下正在抢修堤坝，必须在明年汛前截流竣工，不然要推迟一年，并且还有被洪水摧坏堤坝的危险，到时受了灾害，耽误人们一年的收成，后果将不堪设想。想到这些，欧大海的心平静了，心里拿定了主意。

第二天早晨，只见欧大海挑着一担水泥向工棚走来，有几个职工赶紧放下饭碗，上前接过大海的担子，一边走一边劝欧大海回家办喜事。可吃过早饭后，欧大海又带着人们上了路，那路旁有一株青松立在朝阳里，似一位巨人，目送着欧大海一行渐行渐远。

经过一冬的艰苦奋战，大坝截流成功，望着清凉甘甜，潺潺出洞的阴河水，欧大海弯下腰，捧一捧在手，就仿佛是捧着梦想，捧着希望，捧着丰收，有泪珠在脸颊上滚落下来，心里下定决心，一定要早日将渠道修通。于是欧大海带领大家，凭着钢钎、铁锤、锄头，肩挑背负，用钢铁一般的意志，历时七年时间，开凿了近两万米的引水长渠。王家坪通水了，王家坪沸腾了，到处张灯结彩，人们奔走相告。

这天，乡镇领导又任命欧大海为丹寺洞水利管理所所长。接过上级交代的任务，他几乎是天天一手拿着钢钎，一手拿着锤子，肩上扛着锄头，锄把上挂一盒素菜饭，在渠道上来回寻查，渴了捧一捧水泉，累了在渠道上稍作休息。欧大海最喜欢站在山峰上回首远眺，只见长渠自丹寺洞经仁山到盘古岭，一路回旋曲折，如玉带环山，碧叶红花掩映在绿水长堤之上，青烟紫雾，荡漾于田园村舍之间，轻风带着幽幽的花香随水流动，沿途一遍翠绿，一派丰收景象。此时的大海不禁吟起了时人称赞王家坪的两句诗——“雄狮府首吞千浪，卧龙仰首喷玉泉”。目睹此情此景，欧大海不禁豪情满怀，感慨万千，心里想，为了繁荣王家坪，为了人们的丰收，一定要护好堤、管好水。他告诉人们：“我要死也要死在渠道上，并且将我葬在渠道上，我要用自己的灵魂永远守护长堤，管好渠水。”

春去秋来，花开花谢，管理所门前的梧桐树，叶黄了又绿了，绿了又黄了，一年四季，年复一年，欧大海在管理所一干就是三十多年，欧大海渐渐老了，年近古稀，两鬓染霜。又是一个风雨之夜，人们发现欧大海病故在远离管理所 10 千米的砂子垭段的渠道上，手里握着钢钎，钢钎另一头插在排洪闸的横梁上，闸门半开，渠水低声呜咽，身旁还有一把铁锤，一支手电。人们万分悲伤，安葬那天，有万人为他送葬，遵其遗嘱，将其葬于渠道旁边，好让他看到王家坪人民年年丰收。

古寨传说

在张家界市的东南边陲，在永定、慈利两县区交界之地，在海拔 1200 多米的罗峰山下，镶嵌着一颗璀璨的历史文化明珠——千年古寨蔡家坪。

走近这个形如盆地的古村寨时，会见到村口一株 8 人合抱，树高 80 多米，树冠阔幅达 120 多平方米，树龄达 500 年的古枫树，它虽然经历过百年风雨沧桑，但仍然树干挺拔，枝繁叶茂，成为村民们乘凉休闲的一大场所。

一条发源于罗峰山下，不甚宽敞的小溪穿村而过，溪上有着一座两百年历史的风雨桥，虽然有些歪歪斜斜，但更具古朴沧桑。

村寨清一色的小青瓦吊脚楼，顺着村寨四周的山根延伸开来。这里的土家吊脚楼不像侗族的侗寨那样，上百栋吊脚楼甚至几百栋吊脚楼聚成一片，形成一个庞大的建筑群落。这里的吊脚楼大都是顺其山脉地势单家独处，但它仍不缺失邻舍之间的关联和照应。每一栋吊脚楼与山水的融合都是那样恰到好处，这就是这个古寨民居建筑的过人之处。

在这个村寨的村民，仍然传承着祖上修建吊脚楼的习俗，没有人修砖瓦小洋房，更没有人拆掉吊脚楼修建钢混砖房。

该村寨是蔡家坪村部所在地，居住着 4 个村民小组，近 500 名土家族村民，除去一户杜姓和 8 户李姓人家外，都是欧姓和张姓两大家族。

传说这里原本是蔡姓人家居住之地，是宋代四大书法名家之一，宰相蔡京的血缘家族。

据说当年蔡京官至宰相，但家族人丁不旺，蔡京为壮大家族势力，网罗各地风水高人，遍访名山大川，但无中意之地。当来到蔡家坪时，见此地四面环山，古木苍翠，状如盆地，形似泳蛙，四腿自然伸展，正合蔡京意在仕途、大展拳脚、壮大家族之意。他立刻焚香祭拜，求神灵庇护，并将血缘家族迁徙至此。后来，果然蔡京家族发达兴旺，才俊辈出。正值蔡京家族鼎盛时期，蔡京篡位事发，家族受到株连，为免遭灭族之灾，遂举族迁徙，隐姓埋名。

这个村寨经过千百年历史文化的积淀，有着许许多多久远的故事。这里勤劳朴实的村民，会将村寨那些遥远的逸闻趣事，如数家珍的唠叨给来访客人，唠叨最多的话题是这里的四古、四怪和四奇。

四古：一是村寨古。这个村寨留下了许多唐代人类生活的陶片和历史文化遗存。

二是宅子古。这里的宅子大都有两百年以上的历史，修建年代最为悠久的要数欧家古宅子，据欧家老伯说："祖上曾五次翻修过宅子，最后一次是在民国年间，按吊脚楼自然使用寿命算，应该有 500 多年的建筑历史"。

欧家大院占地 5800 多平方米，建筑面积达 2800 多平方米，是两进三重堂复合式吊脚楼，四周是用小青砖砌成的高 5 米的马头墙，进入大院有百步丈许青石条材勘砌的阶台，在大门口处的槽门是用 5 米长的巨大青石条打造，高 5 米，宽达 3 米，形如牌坊，仅缺两边偏门，所有来往的过道及头塔、二塔、四合井的底塔都用青石板铺垫而成。可见当年主人的财力非同一般。现古宅吊脚楼大部分已经毁坏，四周的马头围墙也是断壁残垣，昔日的繁华景象已经不复存在。

三是古宝塔。在村口的百米处，曾经有一座建于盛唐时期，高 30 多米的宝塔，毁于"文化大革命"期间，是村寨历史最为悠久的文化遗址。

四是古树多。除去村口的古枫树外，在村寨上方的山脚边一株有两百年历史的八月桂花，树干可由 3 人牵手合围，树高约 20 多米，树冠阔幅达 58 平方米。每年的八月，桂花绽放，香飘十里以外，称之桂花树之王。

红豆杉不仅是村寨的三大古树之一，也是村寨的传奇之树。传说村寨有两个张氏兄弟，自幼习武，武艺超群，清顺治十八年（1661 年），跟随郑成功收复台湾，不幸哥哥阵亡，鲜红的热血注入一棵红豆杉树苗的泥土之中。因当时交通不便，烈士遗体无法返乡安放故土，郑成功将烈士遗体就地掩埋，嘱张氏弟弟将这株流淌着烈士鲜血的红豆杉苗带回故里，栽植于村寨，勉励家乡儿女为国守土护疆，共御外侵。昔日小小的红豆杉，而今已成为参天古树。

四怪：一怪是百年红豆杉遇火死而复生。1952 年初春一次意外野火，将纪念张氏兄弟抵抗外侵，为国捐躯栽植的红豆杉古树，烧得枝叶枯焦，树皮爆裂，三年没有发芽，形同枯树。在 1956 年初春，这株被野火烧死的古树，竟奇迹般的开始发出新芽，在后来的几年里，枝叶越来越茂盛，烧焦的树干开始长出新树皮，村民都说是烈士英灵的庇护。

二怪是罗峰山每年起野火。罗峰山是永定区与慈利交界之山，海拔 1288 米。以山脊分水，山这边是永定区王家坪镇，山那边是慈利县金岩乡，山上只有少量的小灌木丛，遍山都是野草丛生。乡亲们说："历史上罗峰山是野火不断，一烧便是几天几夜。"

频繁的野火，可能就是罗峰山一带至今没有形成灌木林带的原因。

三怪是罗峰山修寺庙，常德城里狗不咬，鸡不叫。据说唐太宗当年大力倡导佛教文化，全国各地修建道观寺庙成风，当时罗峰山也修建了一座寺庙，当寺庙建成后，常德城里狗不咬人了，鸡也不叫了，常德方面就聘请风水高人查明原因，经几年查探是罗峰山寺庙镇住了常德风水，将该庙拆除后，常德城里竟又开始狗咬鸡鸣了。

四怪是红豆杉古树保佑村民不得癌症。说也奇怪，村寨上百户人家，几百个村民，解放后没有癌症病人，而且家家老人 80 岁左右都能下地干农活，乡亲们都说是红豆杉古树的功劳。

四奇：一奇是天降神鸭变土堆。据说在清初年间，突发一场特大洪水，罗峰山的野鸭顺山洪下游到蔡家坪小溪的上游果河洲，其中一只野鸭随水而下到了蔡家坪，洪水突然消失，野鸭受困，顿时化作一个圆圆的土堆。村民说这是天赐吉祥之物，为感谢上帝的恩赐，人们就在这个圆圆的土堆上，建起高达 30 米的宝塔，取名“感恩塔”。

二奇是罗峰山不起野火，桃源热水坑的水不热。据说桃源热水坑的水平时都在 30℃左右，但只要罗峰山野火一起，桃源热水坑的水温度要上升 5℃左右。

三奇是欧氏三兄弟都是黄埔军校学员。欧铭尧共有四子，长子欧亚东是湖南群治大学高才生；二子欧亚南是黄埔军校二期学员，曾任张自忠部下排长、连长、营长，在抗日战争中屡建奇功，后升任独立团团长，在台儿庄战斗中不幸阵亡，为国捐躯；老三欧亚西是黄埔军校三期学员，国军独立营营长，解放战争时期经上峰授命返乡招募士兵，因不愿打内战，就没有归队，在家务农，“文化大革命”期间，受到政治迫害；老四欧亚北是黄埔军校第三期学员，随蒋介石赴台，至今音讯全无。

四奇是李自成余部避难怀水洞，部分困死哑巴洞。怀水洞位于村寨的山脚处，洞有三层，洞内石笋、石柱千姿百态，最小的石笋只有指头粗细，最大石笋要由 5 人合围。石笋保护完好，如同地下迷宫一般。

传说李自成兵败后，带余部携带大量财宝退居湘西天罗山、罗峰山一带，为避免清军追杀，一部分军队藏身怀水洞，并在洞中筑池升硝，制造弹药以待日后东山再起，至今怀水洞还有大片硝池灶台遗址。

另一部分被清军追杀至村口的哑巴洞，因洞口太过狭窄，清军不敢贸然进入，在哑巴洞围困半月后撤离。幸洞中有水，除部分将士因伤、因病和饥饿死在洞中以外，余下将士靠捕食洞鼠躲过一劫，亦在洞中筑池升硝，以备今后起兵复出制造弹药。现哑巴洞还留下连体 20 多个的大片硝池、灶台群落，如此之多的硝池和灶台群落实属罕见。

因年长日久，当时所掩埋李自成将士的尸骨，大部分都裸露在洞中的各个角落。

蔡家坪这个有着千年历史文化积淀的古寨，至今还是那样原始古朴，村民们是那样守旧传统和憨厚朴实，它的旧貌风范仍然是无处不在。

古寨故事多，蔡家坪的故事说不完。

土家吊脚楼那些事

偷梁木 王家坪人把修新屋作为繁衍子孙的根基，因而看得十分神圣，在空间和结构的转换上，很讲究“天时、地利、人和”以及“天人合一”的理念。因此要请风水先生选好依山傍水、背风向阳的地方。接下来，选个好日子偷梁。梁是指堂屋脊横梁。梁木选择有个古怪的规矩：修新屋的主人家在天亮之前偷偷在大山中寻找分叉成两根的标直大树，偷偷砍下，锯成两根，同时从山上滚下，头在前，尾在后，哪根无伤无疤就选哪一根。这种风俗，叫作“偷梁木”。寨子里有俗规，偷梁木不算“偷”。梁木一旦落到坪地，主人家就要鸣放鞭炮，在上面搭红布，然后热热闹闹请八个后生抬回家，一路招摇过市，似乎“偷得很光彩”。树的主人家不仅不追究，反过来还要来喝“斟上梁酒”以示祝贺，因为这是吉利与看得起的象征，相当于为人家子孙根基送了大礼。

偷梁木有着浓厚的民族色彩，成为王家坪土家人的一种约定俗成的习俗。

竖屋 竖屋最隆重的仪式莫过于“造宝梁”“祭宝梁”“上宝梁”“赞宝梁”“丢宝梁粑上宝梁”。仪式要择好时日，一般选巳、午、未几个时辰。因为这段时间，百客来齐，可以热闹地抢宝梁粑，使上梁的气氛更活跃，仪式更隆重。宝梁是房子最重要的主梁，人们把它看成吉祥的象征。平时每当家事不顺遂，或是旧屋迁移的时候，往往都要换上新宝梁，以祈“万载兴隆”“百事顺遂”。

一切准备就绪，木匠按“鲁班经”的尺寸量好，开始造宝梁。新屋主人准备一个小簸箕，内放大米升许，拌与茶叶，将木工开始造梁的木渣一起收拢来，以示郑重。木匠将宝梁锯好、刨光，两头修成梭子形，再在中间凿一小孔，放入朱砂，外面放历书一本，墨一锭，笔一支，然后用一块红布蒙上。红布四角用铜钱钉住（现用硬币），并将记载房屋尺寸的竹竿捆在上面。最后在红纸上写“紫微高照”四个大字贴在梁上，宝梁就算做好了，时辰一到，主家准备一张方桌放在新屋的槽门口，上放一斗稻谷，将宝梁横摆在谷斗上（头左尾右），备上猪头、糍粑、香烛和文武曲星雕像，一边一个，用布牵引上梁，边上边讲吉语，谓“赞宝梁”。

先由武曲星唱：

日时吉良，
天地开张，
主东造屋，
大吉大昌。

文曲星接唱：

神木出在昆仑山，
五丁伐来做金梁，
鲁班仙人亲手造，
手拿五尺量短长。
锯子锯得齐齐崭，
刨子刨得面面光，
两头修在梭子样，
文房四宝藏中央，
紫微高照黄道日，
特与主东上宝梁，
文武曲星把梁引，
步步高升百世昌。

这时，文武曲星用布挽梁，另由二人把梁抬起，攀梯而上，谓“上宝梁”。

文曲星唱：

脚踏云梯步步高，

金梁披彩入云霄。

……

武曲星唱：

你上东来我上西，

荣华富贵不相离。

……

他们边唱边上，从楼梯一步、二步……一直到前元挑、元柱头、元柱瓜、三柱头、三柱瓜、二柱头、二柱瓜，每上一步都要讲吉祥话，一直到把宝梁安置在中柱上，二人分两头坐梁。

上梁场面既热烈喜庆，又充满了土家人的理想与希望。土家人造屋上梁是人生中的大事，因此被十分看重。上梁有专门的歌师，也有临时充数的。上梁歌师能演唱很多首歌谣，追问各种根由，会让临时充数的人无言以答，甘拜下风。土家人称造屋为“修华堂”，可见其重视程度。

文曲星唱：

坐梁头，吃也不愁用不愁……

武曲星唱：

坐梁尾，发富发贵发无底……

坐梁后，才请“鲁班”上来将鲁班尺上系红绫，从左边缘着梯子按步边唱边上，直到中柱为止。

文曲星唱：

忙忙走、走忙忙，

主东请我来上梁。

行一步到阶檐，

堂屋大门开中间。

行二步到堂前，

两张云梯搭两边。

抬起头来打一望，

一条黄龙缠主梁。

主梁主梁，

金碧辉煌，
主东修造大吉祥。

武曲星唱：

手端茶盘四四方，
主东请我来上梁，
美酒佳肴放中央，
象牙筷子摆两双。
手攀云梯步步高，
攀上仙树摘仙桃。
左手摘桃八百八，
右手摘桃八百双。
八百个来生贵子，
八百双来状元郎。

众人唱：

那是有的！

上梯唱：

上一步，步步高，
上二步，紫云祥，
上三步，三元及第
上四步，金玉满堂，
上五步，五子登科，
上六步，六合同春，
上七步，七姊妹团圆，
上八步，八仙过海，
上九步，九九长寿，
上十步，十全十美！

众人唱：

那是有的！

上梯唱：

一手攀到排扇枋，
代代儿孙状元郎。

众人唱：

那是有的！

上梯唱：

二手攀到屋梁头，
代代儿孙出诸侯。

众人唱：

那是有的！

文曲星唱：

亲戚朋友请走开，
我把主东请进来。

武曲星唱：

粑粑一对，荣华富贵，
粑粑一双，福寿绵长。

众人唱：

那是有的！

文曲星唱：

坐在梁头观四方，
主东请得好阴阳。
前头双龙捧壁，
后头锦凤朝阳。
双龙捧壁、锦凤朝阳，
代代儿孙保朝纲。

众人唱：

那是有的！

武曲星唱：

坐在梁头打一望，
主东请来好土匠。

前挑九十九丈宽，
后挑九十九丈长。
前面修起子孙屋，
后面修起宰相堂。

众人唱：

那是有的！

文曲星唱：

说此梁，道此梁，
说到此梁根又长。
主梁何日生来何日长？
主梁正月十五生，
主梁二月十五长，
十八枝子朝上长，
二十四枝子朝下扬。

武曲星唱：

张郎鲁班打此过，
看见枝子发毫光。
张郎提斧来砍倒，
鲁班就把尺来量。
丈八椿树好做梁，
子孙万代富贵长。

众人唱：

那是有的！

文曲星唱：

主东粑粑对你抛，
抛了一对又一对，
代代儿孙出富贵。
主东糖果对你撒，
撒了一双又一双，

代代儿孙做栋梁！

武曲星唱：

手攀云梯往下梭，

代代儿孙辅朝阁。

上梁完毕大吉大利，

上梁已完富贵双全！

“鲁班”来后，在梁上摆起茶盘、酒杯、炒猪肝等，并将十二对糍粑摆在梁上，祭酒三杯，文武二星划拳饮酒，赐主人“利市”，丢“富贵粑粑”，谓“丢宝梁粑粑”。

问主人：

“要富要贵？”

主人扯开被面在下面承接：

“富也要，贵也要。”

文曲星唱：

要富赐你福满门，

五谷年年得丰登；

六畜兴旺般般好，

金银宝贝垫墙根。

武曲星唱：

要贵赐你出贵人，

又有武来又有文；

文的提笔安天下，

武的走马定乾坤。

唱完后，将几对“富贵粑粑”和“利市”钱丢在被面里，由主人包好，收藏起来。丢过“富贵粑粑”和“利市”钱后，向东西南北中五方丢粑粑给小孩和看热闹的人去抢。他们边丢边唱：

一对糍粑抛向东，

代代儿孙坐朝中，

……

一对糍粑抛向西，

荣华富贵般般齐。

……

丢过五方粑粑后，就可朝人多的地方随便乱丢。这时抢宝梁粑粑的人你拥过来，我挤过去，人流起伏，笑声一片，非常有趣。粑粑丢完了，接着封赠吉语，由上面一步一步退下来。边下边唱，直到中堂，上梁的仪式已告结束。

开财门 竖新屋“开财门”，是祈求“财神”赐福的一项仪式。

新屋落成后，木匠还要给主人造一方“神壁”（中堂的板壁）和两扇大门，要请人来“开财门”。主人在堂屋摆上两桌酒席，木匠把大门紧闭，开财门的扮作“财帛星”，身背褡裢，扛把雨伞站在大门外，讲吉语：

喊：主东庭前景象新，
造得两扇好大门，
左边有对金狮子，
右边一双玉麒麟，
青龙白虎排排对，
中间高照紫微星。
开门！开门！
问：门外何人？
答：我是天上“财帛星”。
问：你来有何事？
答：我来开财门。

这样一问一答，将从何处来，带什么东西，路上见到什么，门有多高多大，谁人所造等内容问得清清楚楚后，木匠才把大门打开。“财帛星”进门唱：

今日吉星到吉门，
就此一言贺主群。
鲁班仙师手艺巧，
一扇金来一扇银。
左手开门金鸡叫，
右手开门凤凰鸣，
双脚齐把华堂进，

金银财富积满门；
左手带来抬财童子，
右手招来进宝郎君，
两扇财门是摇钱树，
早落黄金夜落银；
一个早晨捡八两，
两人早晨得一斤
……

“财帛星”进屋后，坐在堂屋中间和木匠、主人一起饮酒。唱道：

一杯酒，喜洋洋
东君坐的好屋场。
左有双龙来抢宝，
右有丹凤来朝阳。
美奂美能千秋顺，
华构华堂百世唱
……

开过财门，便预示着从此以后财源茂盛，四季发财。

大事纪略

王家坪镇建置久远，重大事宜较多，由于篇幅有限，加上部分资料经考证后发现不实，此处仅对1935年11月至2017年1月发生在王家坪境内的重大事项进行简略记载。

1935年红二、红六军团长征经过王家坪

1935年11月，任弼时、贺龙等率红二、红六军团长征突破国民党澧水防线，进入王家坪，在紫荆塔驻扎休整部队，临时指挥部设在落水洞、郭家湾十家风雨桥。

1944年美国飞虎队战斗机坠毁干溪沟

1944年8月，援华美国飞虎队战斗机在衡阳保卫战中对日作战，一架战斗机被日机击中，坠机于汪家垭村干溪沟。

1950年王家坪解放

1950年1月4日，王家坪解放，隶属沅陵县第六区。乡政府选址王家坪，始建初期

王家坪荒无人烟，仅有张姓两户人家居住。

1953 年王家坪从沅陵析出划归大庸

1953 年，王家坪从沅陵县析出划归湘西土家族苗族自治州大庸县，属大庸县第八区。保改农会，原十二、十三、十四保分别改为十二、十三、十四农会。

1996 年《湖南日报》报道王家坪镇民族文化

1996 年 1 月 15 日，《湖南日报》头版头条刊登题为《“文明与富裕同步，精神与物质齐飞”——访永定区“文化之乡”王家坪》的文章。

1996 年湖南省廉政文化进农村现场会在王家坪召开

1996 年 5 月，中共湖南省纪委在王家坪乡召开湖南省“学报用刊”廉政文化进农村现场会，出席大会的领导有中纪委领导，全省各地州、市纪委书记，省纪委副书记赵焱森为王家坪民间诗词组织题写“马头诗社”社名，王家坪乡为大会表演了隆重的廉政文艺节目。

1996 年中共中央办公厅调研组到王家坪考察农村文化建设

1996 年 11 月，中共中央办公厅一行到王家坪乡考察农村文化建设，参观了乡文化站文化活动设施和文化艺术档案。乡镇文化站站长李炎雄汇报了王家坪乡土家文化保护取得的成绩、存在的困难和对土家文化保护的建议。

2000 年王家坪撤乡建镇

2000 年 10 月，王家坪撤乡建镇，万名群众汇聚在镇文化广场，载歌载舞，举行庆祝活动。

2002 年湘西北斗鸟节

2002 年，王家坪镇举办“湘西北首届斗鸟节”，来自沅陵、桃源、慈利、永定四县区近千名驯鸟爱好者举行斗鸟竞技，交流驯鸟经验。

2004年央视“心连心”艺术团到张家界慰问演出分会场选址紫荆塔

2004年11月，中央电视台“心连心”艺术团到王家坪镇，欣赏于紫荆塔的田园风光、自然山水，古朴的土家吊脚楼群落，浓郁的土家民俗风情，将其列为央视“心连心”艺术团慰问演出分会场。

2012年全国重点文物保护单位石堰坪古建筑群揭牌仪式举行

2013年6月5日，石堰坪土家吊脚楼历史古建筑群举行揭牌仪式，被国务院列入全国第七批重点文物保护单位。

2014 年举办湘西北罗峰山映山红首届山歌擂台赛

2014 年 4 月，王家坪镇举办湘西北罗峰山映山红首届山歌擂台赛，来自沅陵、桃源、慈利、永定四县区的土家山歌队，共计千名歌手汇集在海拔 1288 米的罗峰山万亩映山红景区，交流切磋歌艺。经激烈角逐，王家坪镇土家歌手龚桂梅获得湘西北罗峰山映山红首届山歌擂台赛的“歌王”称号。

2014 年王家坪荣获“全国民族团结进步模范集体”称号

2014 年 9 月 29 日，王家坪镇被国务院授予“全国民族团结进步模范集体”称号，镇党委书记石之见在北京参加表彰大会。

2015 年举办首届湘西北“中隧杯”篮球友谊赛

2015 年 9 月，王家坪镇举办首届湘西北“中隧杯”篮球友谊赛。来自常德、怀化、张家界 3 市的 28 支篮球代表队，经过 3 天激烈角逐，最后由王家坪镇政府机关代表队获得篮球友谊赛冠军。

2016 年举办湘西北第一届农民春节文艺晚会

2016 年 1 月 24 日，由沅陵、桃源、慈利、永定等区县周边乡镇协办的“2016 年湘西北第一届农民春节文艺晚会”在王家坪镇民族剧院举行。该届晚会是由农民自编、自导、自演的农民春晚、乡村大戏，来自 4 个县区的 22 支民间文化艺术队伍，近 500 名农民演员，同台献艺，各展风采。晚会共演出节目 28 个，历时近 3 个小时。

2016 年举办湘西北首届土家鸡罩捕鱼节

2016 年 1 月，王家坪镇砂子垭村举办湘西北首届土家鸡罩捕鱼节年俗活动，来自沅陵、桃源、慈利、永定的 38 支代表队参加土家鸡罩捕鱼竞赛活动。百名选手顶着寒风飞雨，在堰塘用鸡罩捕鱼。经激烈角逐，砂子垭村村民龚云辉双人组合以捕鱼 48 斤的成绩，获得冠军。

2016 年张家界首届户外嘉年华暨马头溪骑行赛举行

2016 年 6 月，张家界首届户外嘉年华暨马头溪 27 千米骑行赛在王家坪镇马头溪举行，来自全国的千名自行车赛事活动爱好者参加竞技。

在马头溪举行的千人自行车赛开幕式现场

2016年举办湘西北“中隧杯”传统体育艺术节

2016年8月，王家坪镇举办湘西北“中隧杯”传统体育艺术节。来自桃源、沅陵、慈利、永定四县区边界乡镇的近千名民间体育爱好者参加拔河、扳力、高脚马、扭扁担、打飞棒等28个民间体育项目竞技。

2016年商春松获奥运会女子体操团体季军

商春松，1996年3月出生，王家坪镇石堰坪村人，中国女子体操运动员。2003年，在湖南永顺县开始练习体操，2006年进入湖南省队，2010年进入国家队。2016年8月在里约奥运会中获得女子团体季军。

2017年湖南卫视新春走基层直播进入石堰坪村

2017年1月25日～30日，湖南卫视入驻王家坪镇开展“走进王家坪，直播苏木绰”活动。王家坪各村寨配合湖南卫视开展了土家鸡罩捕鱼、古法榨油、打糍粑、高花灯、打飞棒等土家民俗、民间体育竞技活动。

附录

王家坪获得的荣誉

自中华人民共和国成立后至 2016 年，王家坪镇政府共获省级以上奖牌 51 块，15 个村共获得省级以上奖牌 35 块。

获奖展示（一）

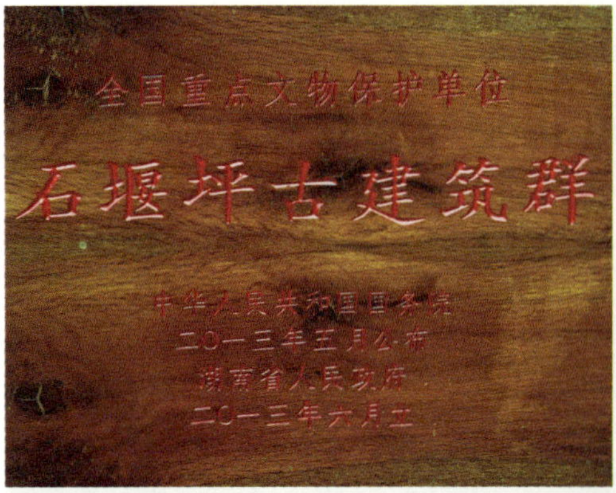
全国重点文物保护单位
石堰坪古建筑群
中华人民共和国国务院
二〇一三年三月公布
湖南省人民政府
二〇一三年六月立

中国传统村落
中华人民共和国住房城乡建设部
中华人民共和国文化部
中华人民共和国财政部

中国少数民族特色村寨
国家民委
二零一四年九月

张家界石堰坪
土家族生态博物馆
湖南省文物局

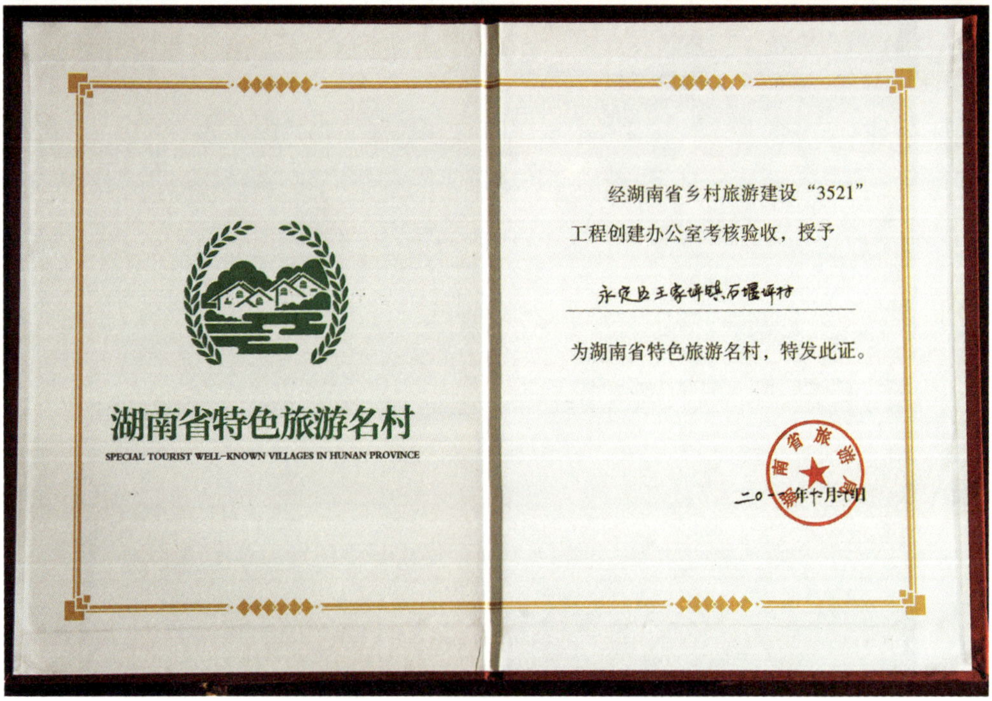
湖南省特色旅游名村
SPECIAL TOURIST WELL-KNOWN VILLAGES IN HUNAN PROVINCE
经湖南省乡村旅游建设“3521”
工程创建办公室考核验收，授予
永定区王家坪镇石堰坪村
为湖南省特色旅游名村，特发此证。
湖
年十月

获奖展示（二）

表 11

1999 年~ 2016 年王家坪获得国家级荣誉一览表

年份	所获荣誉
1999 年	“全国民族团结进步模范单位”
1999 年	“全国创建文明村镇工作先进单位”
2000 年	“全国少数民族计划生育工作先进集体”
2008 年	“中国民间文化艺术之乡”
2012 年	石堰坪村入选“中国传统村落”
2013 年	“全国重点文物保护单位——石堰坪古建筑群”
2014 年	“全国民族团结进步模范集体”
2016 年	伞家湾村获“中国传统村落”称号 关水坪获“中国少数民族特色村寨”称号 马头溪村获“全国美丽休闲乡村”称号

张家界市永定区王家坪镇人民政府文件

王家坪镇土家文化保护与发展总体规划

定王政发〔2005〕2 号

规划名称：王家坪镇土家文化保护与发展总体规划

规划时间：2005 年至 2030 年

规划范围：王家坪镇辖区 19 个村（居）委会，镇域面积 178.2 平方千米。

东起国家重点文物保护单位石堰坪土家吊脚楼历史古建筑群，南至中国少数民族特色村寨两河口，西至中国少数民族特色村寨关水坪、马头溪，北至“中国传统村落”伞家湾、湖田垭等村。

保护内容

一、古建筑保护

对木山欧氏古祠、马头溪等全镇12座风雨桥、田家湾等全镇8处古槽门等古宅老院、城堡、古井划定保护范围，指定保护人，列出专项保护资金，实施保护措施，维持原状，整旧如故，保持历史人文价值。

二、街巷保护

街巷重点保护历史文化风貌、突出土家建筑文化符号，损坏的古街巷，进行仿古修缮加固，对近年新建建筑实施穿衣戴帽仿古改造，新修整旧，与街巷古貌和谐统一。店面仍是前店后作坊，店名仍然是栈、铺、行、坊等传统名号，招牌是木板雕字匾额，挂木刻对联。

三、民居保护

建立马头溪、关水坪、两河口、紫荆塔、砂子垭、八家河、石堰坪、伞家湾、桥边河、泗墩溪、木山、蔡家坪等12个土家吊脚楼核心保护区，对明清以来的2198栋土家吊脚楼修缮加固，粉檐垛脊，扳爪翘角，实行镇、村、组、户保护责任制，进行长期保护，将土家风雨桥、水碾坊、木榨油坊、筒车列为重点保护范围。

四、民间艺术保护

挖掘抢救土家民歌、土家舞蹈、土家工艺、土家礼仪、土家戏剧、民间信仰、农耕文化等民间艺术历史史料，建立文字档案，影像资料数据库，收集民间艺术实物物质史料，文字资料，成立民间艺术传承队伍进行动态、活态传承。实施土家民间艺术人才培养，开展土家文化艺术进学校，实施学校、民间、政府多渠道培养土家民间艺术人才。

五、重点文物保护

依照国家文物保护法律法规，对国家级重点文物保护单位石堰坪吊脚楼古建筑、桥边河、八家河、泗墩溪、砂子垭、木山、马头溪、关水坪、两河口、紫荆塔等村土家民居建筑进行重点保护，结合实际，因地制宜，划定建设防控范围，防止建设活动对文物的破坏，依照《中华人民共和国文物保护法》“保护为主，抢救第一”的法规，对村落文化遗产进行重点保护。

六、遗址遗存保护

对境内寨子抹，大垭湾古城堡，南武当，太阳山，济公界等18处古庙遗址遗迹，上伏溪48个“箱子眼”古葬文化遗址，划定保护范围，控制人类活动不损坏一草一木，不动一砖一石，保护森林植被，生态环境确保文化遗产与生态环境相和谐，如修缮重建，坚持原貌复制，整旧如故，确保历史风貌。

组织保障

成立镇、村、组三级古镇保护工作领导小组，镇、村、组主要负责人均是第一责任人，成立民间义务古镇保护巡查队，对重点文物、遗址遗存，人文景观，风景名胜坚持常年巡查保护，设立举报投诉电话，动员全镇人投入古镇保护工作行列，调动一切社会力量，积极投身古镇文化保护，把王家坪镇建成历史文化古镇。

资金保障

镇财政根据实际需要，列出专项保护资金，特殊情况特别专列，确保古镇保护工作资金正常运转。

关于印发《加强王家坪镇土家吊脚楼保护的管理办法》的通知

定王政发〔2008〕2号

村（居）委会、镇直各单位：

《加强王家坪镇土家吊脚楼保护的管理办法》的通知，已经通过镇人民政府同意，现印发给你们，望遵照执行。

王家坪镇人民政府

二〇〇八年元月八日

主题词：土家吊脚楼　保护　管理办法

发：各村（居）委会、镇直各单位

王家坪镇人民政府办公室　2008年1月8日印发（共印25份）

关于加强王家坪镇土家吊脚楼的管理办法

张家界市是土家民族大市，王家坪镇是土家民族乡镇一。吊脚楼是土家民族的重要组成部分、重要标志和珍贵的民族文化遗产旅游资源。保护这一珍贵民俗文化资源，是我镇广大党员干部和人民群众责无旁贷的责任和义务，为加强我镇土家吊脚楼的保护工作，特制定如下管理办法。

一、建立石堰坪、马头溪、关水坪、两河口、紫荆塔、桥边河、八家河、伞家湾溪河地带8村土家吊脚楼核心保护区，实行镇党委政府领导包片、村支两委包组，委员、组长包户的包户责任制，实行绩效奖惩管理措施。

二、在核心保护区，严禁修建砖瓦洋房，杜绝拆楼建砖房，大力倡导广大农户保护新修吊脚楼。

三、在核心保护区将风雨桥、古槽门、水碾、木榨油、筒车、水车、旱碾、纺车、织布机、古雅床等大件民俗设施纳入保护内容。

四、对保护新修吊脚楼的农户、镇人民政府将以奖代投，给予5000元～10000元的奖金奖励，并优先给予建房宅基、木材等相关事宜。

五、本管理办法自2008年元月8日起开始执行。

王家坪镇古镇保护总体规划（2010年～2030年）

定王政发〔2010〕2号

规划名称：王家坪镇古镇保护总体规划

规划时间：2010年至2030年

规划范围：王家坪镇辖区19个村（居）委会，镇域面积178.2平方公里。

东起国家重点文物保护单位石堰坪土家吊脚楼历史古建筑群，南至中国少数民族特色村寨两河口，西至中国少数民族特色村寨关水坪、马头溪，北至“中国传统村落”伞家湾、湖田垭等村。

保护内容

一、古建筑保护

对木山欧氏古祠、马头溪等全镇12座风雨桥、田家湾等全镇8处古槽门等古宅老院、城堡、古井划定保护范围，指定保护人，列出专项保护资金，实施保护措施，维持原状，整旧如故，保持历史人文价值。

二、街巷保护

街巷重点保护历史文化风貌、突出土家建筑文化符号，损坏的古街巷，进行仿古修缮加固，对近年新建建筑实施穿衣戴帽仿古改造，新修整旧，与街巷古貌和谐统一。店面仍是前店后作坊，店名仍然是栈、铺、行、坊等传统名号，招牌是木板雕字匾额，挂木刻对联。

三、民居保护

建立马头溪、关水坪、两河口、紫荆塔、砂子垭、八家河、石堰坪、伞家湾、桥边河、泗墩溪、木山、蔡家坪等12个土家吊脚楼核心保护区，对明清以来的2198栋土家吊脚楼修缮加固，粉檐垛脊，扳爪翘角，实行镇、村、组、户保护责任制，进行长期保护，将土家风雨桥、水碾坊、木榨油坊、筒车列为重点保护范围。

四、民间艺术保护

挖掘抢救土家民歌、土家舞蹈、土家工艺、土家礼仪、土家戏剧、民间信仰、农耕文化等民间艺术历史史料，建立文字档案，影像资料数据库，收集民间艺术实物物质史料，文字资料，成立民间艺术传承队伍进行动态、活态传承。实施土家民间艺术人才培养，开展土家文化艺术进学校，实施学校、民间、政府多渠道培养土家民间艺术人才。

五、重点文物保护

依照国家文物保护法律法规，对国家级重点文物保护单位石堰坪吊脚楼古建筑、桥边河、八家河、泗墩溪、砂子垭、木山、马头溪、关水坪、两河口、紫荆塔等村土家民居建筑进行重点保护，结合实际，因地制宜，划定建设防控范围，防止建设活动对文物的破坏，依照《中华人民共和国文物保护法》“保护为主，抢救第一”的法规，对村落文化遗产进行重点保护。

六、遗址遗存保护

对境内寨子抹，大垭湾古城堡，南武当，太阳山，济公界等18处古庙遗址遗迹，上伏溪48个“箱子眼”古葬文化遗址，划定保护范围，控制人类活动不损坏一草一木，不动一砖一石，保护森林植被，生态环境确保文化遗产与生态环境相和谐，如修缮重建，坚持原貌复制，整旧如故，确保历史风貌。

组织保障

成立镇、村、组三级古镇保护工作领导小组，镇、村、组主要负责人均是第一责任人，成立民间义务古镇保护巡查队，对重点文物、遗址遗存，人文景观，风景名胜坚持常年巡查保护，设立举报投诉电话，动员全镇人投入古镇保护工作行列，调动一切社会力量，积极投身古镇文化保护，把王家坪镇建成历史文化古镇。

资金保障

镇财政根据实际需要，列出专项保护资金，特殊情况特别专列，确保古镇保护工作资金正常运转。

张家界市永定区王家坪镇旅游发展总体规划（2013 年～ 2020 年）

定王发〔2013〕8 号

一、规划范围

1. 本规划名称：张家界市永定区王家坪镇，旅游发展总体规划

2. 本规划范围为张家界市永定区王家坪镇境内，总面积 172.8 平方公里。

二、规划期限、目的

本规划基准为 2013 年，规划时限为 2013 年～ 2020 年，根据王家坪镇旅游发展现状及发展趋势，结合辖区的社会经济现状，同时更加的与省、市、区旅游发展总体规划的规划期限相衔接与协调对年限划分如下：

一期：2013 年～ 2015 年，重点项目建设运营期。

二期：2015 年～ 2020 年，全面启动综合发展期。

本规划目的：以科学发展观为指导，坚持科学性、指导性、前瞻性、可操作性，以丰富的土家民俗文化资源，自然资源为依托，以旅游市场需求为导向，整合旅游资源，深入挖掘本辖区土家民俗文化资源的社会的经济价值，准确定位，科学规划，突出重点，力求特色，在规划期内，完善旅游产品体系，规范旅游服务体系，把王家坪镇旅游地建成一个集观光、休头、度假、影视拍摄、绘画写生、土家民俗体验等为一体的综合性的土家民俗文化旅游目的地，不断提高国际民俗文化旅游的知名度和影响力，提高乡村居民的生活质量，全面展示我镇土家民俗旅游国际形象，引领张家界从纯自然旅游向民俗文化旅游的跨越发展。

三、总体定位

张家界土家文化旅游目的地。

加强土家民居建筑吊脚楼的保护和发展，挖掘土家民间文化艺术，保护保留土家民族的生产生活习俗，高规格推出具有国际影响力土家民俗节庆活动。高档次建设一批功能完善、运营高效乡村旅游配套设施，提升乡村旅游服务质量。

四、战略目标

依托张家界市旅游大背景，结合王家坪镇丰厚的土家文化资源优势，实现规划期内

旅游发展的战略总体目标。

以王家坪镇历史悠久的土家文化为依托，以土家民居土家舞蹈，土家歌谣，土家仪式，土家戏剧，傩技巫术，宗教信仰，农耕文化、民俗节庆，生产生活习俗开发为重点，加强土家文化旅游与生态农业大项目，自然资源，历史文化遗存，遗址相结合，充分发挥区位优势和市场优势，紧密联系周边地区著名景区，通过旅游资源创新整合，组织精品旅游路线，引导游客由纯自然旅游向文化旅游的转型，大力发展土家民俗文化旅游和乡村生态旅游。

五、战略措施

（一）大力加强土家吊脚楼的保护和传承土家吊脚楼是土家民族的重要组成部分和重要标志，被世界文化遗产开发公司迈克尔博士誉为“世界民居建筑的活化石”，是张家界市乃至湖南独一无二的民俗文化旅游资源。拥有巨大的旅游价值，王家坪镇人民政府在吊脚楼的保护上，先后制定了关于土家吊脚楼保护的“老五条”和“新八条”按照国务院关于非文物质文化遗产保护的有关精神制定“王家坪土家吊脚楼管理办法”，签订了“镇、村、组、农户土家吊脚楼保护的责任状”，并将土家吊脚楼保护工作纳入镇、村、组年度工作岗位责任制和奖惩措施。在此同时，大力争取国家项目资金支持，王家坪镇石堰坪村土家吊脚楼已申报国家生态博物馆，紫荆塔村申报省级民居博物馆的项目2012年度得到批准。

（二）充分利用土家民居建筑吊脚楼文化旅游资源

王家坪镇土家吊脚楼是张家界市乃至湖南省保护最好的吊脚楼，是中国最大的土家吊脚楼群落所在地，在全球纯自然游向文化旅游转型之称，王家坪镇土家吊脚楼的旅游价值是不可估量的。近年来，王家坪镇政府借助这一资源优势。一是举办湘西北走进土家吊脚楼大型摄影采风活动；二是邀请国家主流媒体央视《探索·发现》栏目来镇摄制土家吊脚楼节目，扩大国际影响力，形成国际文化旅游重大品牌；三是扩大对外开放，招商引资，加速文化旅游项目的建设，现“马头溪电站综合旅游开发项目”已成功招商，“紫荆塔民居博物馆”“千年古寨蔡家坪”文化旅游项目招商工作正在进行中。计划在2013年～2020年王家坪镇启动“马头溪民俗文化村”“紫荆塔民居博物馆”“千年古寨蔡家坪”“国家生态博物馆石堰坪”“中国少数民族特色村寨关水坪片区”“土家舞蹈第一村砂子垭”“土家古村寨德修溪”七大文化旅游项目建设。

（三）推出土家民俗演艺精品，打造民俗演艺目的地。将“土家打夯歌”“扬叉舞”“草龙灯”“盘歌”等土家民间艺术进行挖掘回归，打造土家民俗演艺的经典文化旅游节目。

（四）重点推出泰山庙天香诗社、僰人部落文化遗存“箱子眼”、金鸡洞、老屋坪百年古宅、南武当古寺、欧公洞欧氏宗祠等历史文化遗存景观。

（五）重点推出，郭家湾红军桥，紫荆塔“将军洞”，上伏溪古柳长廊，农民起义领袖张雁南故居红色旅游景点。

（六）重点推出：飞溪河景区湘西北第二大通天洞穴，欧公洞梯级瀑布，罗峰山千亩映山红，马头溪天然姊妹石拱桥等自然景观。

（七）大力发展土家文化旅游产业，不断壮大土家文化旅游队伍，实施土家文化旅游强镇富民战略，土家文化旅游就业人员从2013年的892人到2016年达5000人以上，旅游人均收入从2015年过3000元到2016年人平实现万元大关。

（八）加速旅游基础设施建设，提升旅游接待能力，提升旅游服务质量，对镇内交通设施提质升级，实现村村通畅，组组通达工作。对重点景区旅游接待示范户优先解决通路建设。集镇土家风情街的民俗文化旅游项目建设，将具有土家民俗风情特色的土家酒店，民俗宾馆纳入建设规划，土家文化旅游接待示范户在2016年在全镇范围内实现全覆盖，对土家文化旅游从业人员进行分期分批的业务培训，和职业道德教育，2016年实现游道通畅安全，接待能力舒适充裕，服务质量，成为张家界市一流。

（九）加强社会治安综合管理，不断优化旅游投资环境，一是以申报湖南省特色旅游名镇为契机，深入开展“全国文明村镇”“中国民间文化艺术之乡”“全国民族团结进步规范乡镇”创建活动，在全镇范围内开展“文明景区”“文明家庭”“文明市民”创建评优活动。倡导广大党员干部人民群众争当“民族文化遗产的守护人，土家民俗文化旅游有心人，入境游客的贴心人”。

王家坪镇土家文化旅游的开发，是张家界乃至湖南旅游综合体的有益补充，是全省唯一的土家文化旅游乡镇。主要以土家文化体验，土家民俗演艺、研究、影视、拍摄、写生绘画、休闲度假旅游为主体，争当张家界市乃至湖南省文化旅游精品工程和世界土家文化旅游目的地。

编纂始末

根据中国地方志指导小组办公室《中国名镇志文化工程实施方案》(中指办字〔2015〕22号)的要求，2015年年初，永定区地方志编纂委员会申请将王家坪镇作为全国少数民族文化古镇列入中国名镇志文化工程，并呈送了相关申报资料。2015年5月30日，中国地方志指导小组办公室下文将《王家坪镇志》正式纳入《中国名镇志丛书》编纂范畴。但由于单位人手少，其他业务工作任务重，此项工作一直未能实质性地推进。

2016年7月，永定区地方志编纂委员会向区委、区政府呈送《关于编纂王家坪镇志》的专题报告和工作方案，很快得到区委、区政府及王家坪镇党委、镇政府的高度重视。成立了由区委书记、区长为主任的《王家坪镇志》编纂委员会，将编纂《王家坪镇志》作为推动区域经济协调发展和打造旅游文化名镇的基础性工作来抓，在人、财、物等方面给予了全力支持。市作家协会、市摄影家协会及方志工作爱好者，也积极参与。湖南省和张家界市地方志编纂委员会的领导、专家先后两次到王家坪镇，就名镇志编写工作进行专题调研；中国地方志指导小组办公室和方志出版社名镇志编辑部专家到现场进行指导。在他们的帮助下，于2016年8月31日在王家坪镇马头溪村召开了由中央、省、市、区、镇五级单位参加的篇目评审会。

2016年9月初，获悉第二批《中国名镇志系列丛书》决定在年底前出版。为赶上丛书出版进度，2016年9月6日，《王家坪镇志》编辑部通过深思熟虑，本着从资料的拥有程度和个人对王家坪镇的情感与责任心出发，决定起用土生土长的王家坪镇本地写作爱好者直接承担《王家坪镇志》的编撰工作，要求苦战3个月完成初稿写作任务。为保证编写工作有序有效推进，由编辑部主任甄如辉主持全局，具体负责协调相关工作；由区地方志编纂委员会负责编写人员的业务培训、编纂思路和基本框架的设计及文字统筹等工作；张家界市摄影家协会原主席姜阳春负责图片的筛选和拍摄，王家坪镇文化站站长李炎雄负责资料收集、初稿编写的协调组织，并撰写形成初稿。

《王家坪镇志》初稿编写工作从9月7日正式开始，采取工作任务“倒逼法”把具体工作细化到每一天。9月8日，在王家坪镇文化站召开《王家坪镇志》编纂工作第一次会议，撰写基本要求进行了培训；根据篇目分工，制定了每周一碰头的工作制度，所有编写人员24小时保持电话畅通，以便随时掌握进展情况。由于这批写作人员从未参与过志书的编纂工作，初稿写作修改异常艰难。通过全体编写人员的团结协作，《王家坪镇志》初稿于2016年11月15日前完成，但质量与名镇志要求相差甚远。为此，区地方志编纂委员会主动邀请张家界市地方志编委会领导专家现场指导，及时调整工作思路，完善篇目结构，并由市、区两级方志专业人员分工对初稿进行全面审核，于2016年12月6日基本完成《王家坪镇志》送审稿。

2016年12月25日，在张家界阳光酒店二楼会议室召开了由中国地方志指导小组办公室、湖南省地方志编纂委员会、张家界市地方志编纂委员会方志专家和张家界市籍作家组成的专家评审会。《王家坪镇志》编纂委员会成员单位主要负责人及编辑部全体成员参与了评审会，认真听取了各位专家的评审建议，中国地方志指导小组办公室陈旭提出了较为系统的修改意见。根据修改意见，编辑部在2017年3月6日完成了《王家坪镇志》资料的调整和补充，并报送给张家界市地方志编纂委员会、湖南省地方志编纂委员会进行复审和终审，于2017年3月15日修改完成终审稿。

《王家坪镇志》的编纂过程凝聚着众多人的心血。这部志书虽算不上精品佳作，但全面系统地记录了王家坪的千年历史和文化，以及改革开放以后这片土地所焕发出的勃勃生机，记录了王家坪镇土家人生活的点点滴滴。笔里充满了激情，诗里追逐着梦想，画里蕴藏着风情，书里流露着芳香。由于整个编纂过程较为仓促，不当之处难免。《王家坪镇志》凝聚着全体编辑人员的心血，感谢全体编辑人员家属对工作的理解和支持。非常感谢张家界市地方志编纂委员会对《王家坪镇志》的业务指导，湖南省地方志编纂委员会市县志工作指导处对《王家坪镇志》的关心。书中有些资料来源于石继丽女士的《王家坪密码》，在此表示感谢。

编　者

2017年3月15日